MINERVA
はじめて学ぶ教職
9

吉田武男
監修

学校経営

浜田博文
編著

ミネルヴァ書房

監修者のことば

　本書を手に取られた多くのみなさんは，おそらく教師になることを考えて，教職課程をこれから履修しよう，あるいは履修している方ではないでしょうか。それ以外にも，教師になるか迷っている，あるいは教師の免許状だけを取っておく，さらには教養として本書を読む方も，おられるかもしれません。

　どのようなきっかけであれ，教育の営みについて，はじめて学問として学ぼうとする方に対して，本シリーズ「MINERVA はじめて学ぶ教職」は，教育学の初歩的で基礎的・基本的な内容を学びつつも，教育学の広くて深い内容の一端を感じ取ってもらおうとして編まれた，教職課程向けのテキスト選集です。

　したがって，本シリーズのすべての巻によって，教職に必要な教育に関する知識内容はもちろんのこと，それに関連する教育学の専門領域の内容もほとんど網羅されています。その意味では，少し大げさな物言いを許していただけるならば，本シリーズは，「教職の視点から教育学全体を体系的にわかりやすく整理した選集」であり，また，このシリーズの各巻は，「教職の視点からさまざまな教育学の専門分野を系統的・体系的にわかりやすく整理したテキスト」です。もちろん，各巻は，教育学の専門分野固有の特徴と編者・執筆者の意図によって，それぞれ個性的で特徴的なものになっています。しかし，各巻に共通する本シリーズの特徴は，文部科学省において検討された「教職課程コアカリキュラム」の内容を踏まえ，多面的・多角的な視点から教職に必要な知識について，従来のテキストより大きい版で見やすく，かつ「用語解説」「法令」「人物」「出典」などの豊富な側注によってわかりやすさを重視しながら解説されていることです。また教職を「はじめて学ぶ」方が，「見方・考え方」の資質・能力を養えるように，さらには知識をよりいっそう深め，そして資質・能力もよりいっそう高められるように，各章の最後に「Exercise」と「次への一冊」を設けています。なお，別巻は別の視点，すなわち教育行政官の視点から現代の教育を解説しています。

　この難しい時代にあって，もっと楽な他の職業も選択できたであろうに，それぞれ何らかのミッションを感じ，「自主的に学び続ける力」と「高度な専門的知識・技術」と「総合的な人間力」の備わった教師を志すみなさんにとって，本シリーズのテキストが教職および教育学の道標になることを，先輩の教育関係者のわれわれは心から願っています。

2018年

吉　田　武　男

はじめに

　本書は，教師を目指している学生，現職派遣や修学休業等により大学院修士課程や教職大学院で学ぶ現職教師，そして学校現場で教育実践の改善に取り組んでいる現職教師をはじめとする教職員の皆さんを主要な対象として編集された。

　書名だけを見て，「これは学校管理職か，それを目指して管理職試験を受けようとする教師のための本だろう」と早合点してしまう向きもあるかもしれない。もちろん，そのような方々にも是非読んでいただきたいとは思うが，むしろ学校管理職になりたいなどと考えたこともないような学生さんや，若手・中堅の教職員の方々に読んでほしいと考えながら編集されている。最新の教育職員免許法および同施行規則に基づく「教育に関する社会的，制度的又は経営的事項」の教職課程コアカリキュラムの内容にも対応しており（表参照），学校経営について理解を深めたいと考えているすべての方々に手に取っていただけるよう，できるだけわかりやすい章構成と記述を心がけた。

　学生や一般の教職員を対象として刊行されている「学校経営」のテキストはけっして多くない。それに類する図書も，教員免許更新講習のテキストとしての使用や，大学院レベルの授業での使用を想定されていて，基礎的なことを学ぶには少々難しい内容のものがみられる。そのようなこれまでの傾向には，主として三つくらいの理由があった。

　一つは，「学校経営」という概念がそもそも一般教職員や教師を目指す学生には直接的な関係の薄いものだと考えられる傾向が強かったことである。教師にとっていちばんの関心事は児童生徒のことや授業実践自体にあり，教師の教育実践をとりまく学校の組織・経営の問題は二の次の扱いをされてきた。とくに「実践的指導力」が重視され，「授業や生徒指導にすぐに使える知識や技術」を培う必要性が強調される中で，教師や他の一般職員，学生が学校経営について学ぶということは，必ずしも奨励されてこなかった。

　二つめは，そもそも「学校経営」は校長をはじめとする学校管理職が責任を負う業務であり，その他の教職員が担うべき職務ではないという認識が広く定着してきたことである。本書のなかで述べられているように，政策的には1990年代後半以降，「学校の自主性・自律性の確立」が重要性を増し，その具体的施策が展開されてきた。そのなかで，校長のリーダーシップの発揮は強調されているものの，一般教職員による学校経営への主体的な関与は，少なくとも政策サイドからはあまり積極的に論じられてこなかった。

　三つめは，教育職員免許法施行規則による要件に「教育に関する社会的，制度的又は経営的事項」と表現されているように，学校経営はあくまでも，教室における教育実践をとりまく社会的・制度的諸条件の一角に位置づけて把握される傾向にあった。おそらく多くの大学の教職関連科目名においても「学校経営」という言葉はほとんど使用されていないであろう。教育学関連の研究室名としても，「教育行政」「教育制度」に比して「学校経営」を冠するところは少数派のようである。

はじめに

全体目標	現代の学校教育に関する社会的,制度的又は経営的事項のいずれかについて,基礎的な知識を身に付けるとともに,それらに関連する課題を理解する。なお,学校と地域との連携に関する理解及び学校安全への対応に関する基礎的知識も身に付ける。											
一般目標	(1-1)社会の状況を理解し,その変化が学校教育にもたらす影響とそこから生じる課題,並びにそれに対応するための教育政策の動向を理解する。				(1-2)現代公教育制度の意義・原理・構造について,その法的・制度的仕組みに関する基礎的知識を身に付けるとともに,そこに内在する課題を理解する。				(1-3)学校や教育行政機関の目的とその実現について,経営の観点から理解する。			
到達目標　　本書における章	1)学校を巡る近年の様々な状況の変化を理解している。	2)子供の生活の変化を踏まえた指導上の課題を理解している。	3)近年の教育政策の動向を理解している。	4)諸外国の教育事情や教育改革の動向を理解している。	1)公教育の原理及び理念を理解している。	2)公教育制度を構成している教育関係法規を理解している。	3)教育制度を支える教育行政の理念と仕組みを理解している。	4)教育制度をめぐる諸課題について例示することができる。	1)公教育の目的を実現するための学校経営の望むべき姿を理解している。	2)学校における教育活動の年間の流れと学校評価の基礎理論を含めたPDCAの重要性を理解している。	3)学校経営の仕組みと効果的な方法を理解している。	4)教職員や学校外の関係者・関係機関との連携・協働の在り方や重要性を理解している。
序章	○	○	○		○	○			○	○		
第1章	○		○	○						○	○	○
第2章				○	○	○	○		○			
第3章	○				○	○	○		○			
第4章	○		○		○	○	○		○	○	○	○
第5章			○		○	○	○					
第6章			○		○	○	○	○				
第7章	○	○										
第8章										○	○	○
第9章	○	○							○			
第10章	○		○	○								
第11章	○	○	○	○								
第12章	○	○	○	○					○	○		
第13章	○	○	○	○		○			○			
第14章	○	○	○	○					○	○	○	○
第15章	○	○	○	○					○	○	○	○

一般目標	(2)学校と地域との連携の意義や地域との協働の仕方について,取り組み事例を踏まえて理解する。		(3)学校の管理下で起こる事件,事故及び災害の実情を踏まえて,学校保健安全法に基づく,危機管理を含む学校安全の目的と具体的取組を理解する。	
到達目標　　本書における章	1)地域との連携・協働による学校教育活動の意義及び方法を理解している。	2)地域との連携を基とする開かれた学校づくりが進められてきた経緯を理解している。	1)学校の管理下で発生する事件,事故及び災害の実情を踏まえ,危機管理や事故対応を含む学校安全の必要性について理解している。	2)生活安全・交通安全・災害安全の各領域や我が国の学校をとりまく新たな安全上の課題について,安全管理及び安全教育の両面から具体的な取組を理解している。
序～3章				
第4章	○	○		
第5～11章				
第12章	○	○		
第13章	○	○	○	○
第14章	○	○	○	
第15章	○	○	○	○

iii

およそ以上のような事情から、「学校経営」というタイトルのテキストはこれまで限られていた。だが他方で、過去20年余の間に学校や教師をとりまく環境は大きく変化し、制度的な変更もなされてきた。ひとことで言えば、学校という組織に在職して教育実践やその改善に携わるすべての人々にとって、他人事（ひとごと）ではなく自分事（じぶんごと）として学校経営に参画することが必要になってきた。じつは、これまで学校経営の研究に取り組んできた研究者の間では、すべての教職員・保護者、および地域住民の方々が学校経営について理解を深め、積極的に参画する方向での議論がなされてきた。しかし、学校をとりまく制度的環境がそのような変化を阻害したり、停滞させたりすることも多かった。ところが、総合的な学習の時間をはじめとする特色あるカリキュラム編成や、改訂された学習指導要領が学校におけるカリキュラム・マネジメントの必要性、学校による指導組織の工夫（教員加配の申請に係る諸要件や少人数集団編成の活用など）などを例として、教室における授業実践を学校の組織・経営のありようが左右するという環境が急速に広がっている。

　いま日本では、人口減少が急速に進行している。各地で学校が小規模化し、統廃合も相次いでいる。複数の学校が統合を余儀なくされ、通学区域が拡大し、児童生徒の学習と生活に影響を及ぼす環境条件は大きく変貌しつつある。並行して、児童生徒は多様な課題に直面し、その背景要因は複雑に絡み合っている。各教師は自分の学級と授業のことだけを考えて、校長・副校長・教頭が組織運営に専念する、という旧態依然の姿勢や体制では、こうした新たな状況のなかでよりよい教育実践を生み出していくことは困難である。教師の長時間勤務の問題に現れているように、現実の学校は広範囲の教育課題への対応を容赦なく迫られている。このような事態を踏まえると、各学校とその学校に関係する人々は、児童生徒の最善の利益の実現を考えて、学校内外の多種多様な人々や施設・設備や情報などを集約して教育実践の質的改善に向けてそれらの機能を収束させていく努力を必要としている。

　これからの学校において、学校経営は、各学校に関係しているすべての人々に身近なものとして理解される必要がある。読者の皆さんには、そのような意図を踏まえながら本書に収められた各章の論考を読み進めていただきたい。

2019年2月吉日

編著者　浜田博文

目次

監修者のことば
はじめに

序章　現代の学校と学校経営 … 1
1 「何かを学ぶところ」は「学校」か … 1
2 「学校」とは何か … 2
3 「教師」と「教員」の違い … 3
4 学校経営とは何か … 5
5 「学校の自主性・自律性」の確立へ … 6

第1章　教授・学習活動と学校経営 … 11
1 学校教育の質を決定づける諸要因 … 11
2 組織としての学校が有する力をどう捉えるか … 15
3 学校における教授・学習活動の性質 … 17
4 学校経営の意義と可能性 … 18

第2章　戦後教育の出発と学校経営 … 21
1 新たな学校・教育行政制度の出発――民主化の実現を目指して … 21
2 自主的・民主的な教育実践と学校経営の展開――民主化実現の諸相 … 24
3 戦後教育改革の見直し――教育における「逆コース」 … 27
4 戦後教育改革と学校経営の近代化論 … 29

第3章　学校教育の発展・拡大と学校経営 … 33
1 高度経済成長と学校化社会 … 33
2 大衆教育社会における高等学校教育の多様化 … 36
3 高度経済成長の終焉と学校病理 … 38
4 教育行政の集権化＝合理化と学校経営再編の動向 … 39
5 学校管理・統制社会における学校経営論 … 41

第4章　地方分権・規制緩和のなかの学校経営改革 … 45
1 臨時教育審議会の提言と高等学校教育の多様化 … 45
2 地方分権・規制緩和としての学校経営改革 … 47
3 「学力低下」「ゆとり教育批判」とテストスコアへの着目 … 48
4 教育における地方分権・規制緩和に関する制度改正 … 49
5 学校の自律性と「学校組織マネジメント」の重要性 … 54

第5章　学校経営を支える法制度 …… 57
1　学校の自主性・自律性の確立と教育法規 …… 57
2　教育に関する法の体系 …… 58
3　「教育を受ける権利」「教育の機会均等」と公教育原理 …… 61
4　教育基本法の概要と特徴 …… 63
5　学校経営の法制度 …… 66

第6章　学校経営を支える教育行財政制度 …… 69
1　教育を支える制度と教育費の制度 …… 69
2　教職員給与に関わる制度 …… 73
3　学校財務制度 …… 76
4　公費負担と私費負担の展望 …… 78

第7章　学校における教育課程とカリキュラム・マネジメント …… 81
1　教育課程行政の制度 …… 81
2　特色ある学校づくりと教育課程 …… 83
3　新学習指導要領と教育課程経営 …… 85
4　カリキュラム・マネジメントの意義 …… 89

第8章　学校組織の特徴と構造 …… 93
1　「組織」としての学校 …… 93
2　学校組織の構造 …… 95
3　学校組織の特徴 …… 97
4　教員の専門的自律性を基盤とした「組織」——孤立を越えて …… 99

第9章　学校経営を支える理論の展開 …… 105
1　学校を多様なメタファーで理解する …… 105
2　官僚制的な学校イメージ …… 106
3　新しい学校イメージ …… 110

第10章　学校改善と組織文化の変革 …… 117
1　学校改善提唱のはじまり …… 117
2　学校改善における重要な理論 …… 119
3　学校改善の視点と方法 …… 122
4　学校改善過程の実際と「学校の組織力」のこれから …… 124

第11章　教授・学習組織改革の展開と課題 …… 129
1　学年別学級制の成り立ち …… 129

  2 学年別学級制と教育組織……………………………………………………………131
  3 教授・学習組織改革の展開…………………………………………………………132
  4 学級経営と教授・学習組織改革……………………………………………………136
  5 教授・学習組織改革の課題…………………………………………………………138

第12章 地域・保護者との連携と学校経営改革……………………………………141
  1 戦後社会の変化と地域・家庭の教育力……………………………………………141
  2 1990年代以降における学校と地域・保護者の連携施策…………………………143
  3 学校参加とつながりの創出…………………………………………………………147
  4 多元的価値の取り込みと公正な社会づくり………………………………………148

第13章 学校安全と学校の危機管理………………………………………………153
  1 学校安全とは…………………………………………………………………………153
  2 学校安全の萌芽………………………………………………………………………154
  3 学校安全の展開………………………………………………………………………158
  4 学校における危機管理の動向………………………………………………………160
  5 次世代のための学校安全に向けて…………………………………………………162

第14章 「チーム学校」論と学校経営……………………………………………165
  1 新たな学校像としての「チーム学校」……………………………………………165
  2 「チーム学校」における相談機能の整備…………………………………………167
  3 学校の相談機能を担う教職員………………………………………………………169
  4 韓国の学校における相談教師………………………………………………………172
  5 「チーム学校」論による学校経営の課題…………………………………………174

第15章 学校経営をめぐる現代的課題……………………………………………177
  1 学校をとりまく環境条件の変容……………………………………………………177
  2 学校と地域社会の関係をめぐる課題状況…………………………………………180
  3 児童生徒の多様性の増大をめぐる課題状況………………………………………182
  4 教職員の勤務環境をめぐる課題状況………………………………………………184
  5 ガバナンス改革のなかの教育専門職………………………………………………185
  6 学校の自律性と協働性の確立へ向けて……………………………………………186

付 録 (教育基本法／教育基本法[旧]／学校教育法[抄]／学校教育法施行規則[抄]／教育職員免許法[抄]／地方教育行政の組織及び運営に関する法律[抄]／学校保健安全法[抄]／校長の専門職基準2009(一部修正版)——求められる校長像とその力量[抄])

索 引

序　章
現代の学校と学校経営

〈この章のポイント〉
　この章は本書全体を理解するうえでの基本的な概念について検討する。まずは「学校」とは何かについて，「公教育」という視点から考える。次に，そこで教育実践に携わる職業として「教員」という概念を理解する。そのうえで，本書が主題とする「学校経営」という概念の意義を検討し，現代の教育改革動向を踏まえながら，教員を志す人たちが学校経営について深く理解することの重要性について学ぶ。

1　「何かを学ぶところ」は「学校」か

　現代の日本で生活する人々にとって，「学校」はとても身近な存在である。子どもは6歳になると小学校に入学し，その6年後には小学校を卒業して中学校へ進学する。そして3年経てば中学校を卒業し，進学したければさらに高等学校，大学へと進学する。本書の読者にとって，すべての子どもが物心ついた時期からこのように長期間にわたって「学校」に通い続けることは，疑うべくもない常識と受けとめられているだろう。

　ここでは，そのように当然の存在となっている「学校」とは何かについて，あえて考えてみたい。

　最近，ある高等学校で教育学の出張講義をする機会があった。地域の進学校で，勉強も部活も一生懸命に取り組んでいる学校である。高校2年生のクラスで40分間の時間をいただき，冒頭で「学校とは何か？」と質問してみた。すると，ある生徒さんは「何かを学ぶところ」と答えた。筆者が「"何か"ということは，学ぶ内容は何でもいいのですね？」と尋ねると，別の一人の生徒さんは「人間関係を学ぶところ」と答えた。一方，別の生徒さんからは，「新しい知識や技術を学ぶところ」という言葉が返ってきた。このようなやりとりの後，筆者は，「それでは自動車学校は"学校"ですか？」と尋ねてみた。すると，ある生徒さんは「学校です」と答えたが，「違います」と話す生徒さんもいて，意見は分かれた。

　自動車学校は，車や道路の交通についての知識や技術を体系的に教えてくれる。運転免許証を取りたい人にとって，必要な知識・技術を効率的に学ぶことのできる場所である。よく考えてみると，現代社会において，知識や技術など

を学ぶための場は至る所にある。英会話やピアノをはじめ，対人関係のスキルを学ぶような場もある。しかし，それらをすべて「学校」というカテゴリのなかに含めてしまうことには躊躇を覚える人が多いのではないだろうか。つまり，「何かを学ぶところ」が「学校」だというだけでは，本書で考えようとする「学校」の説明として十分とはいえない。

2 「学校」とは何か

「学校」について考えるためには，「公教育」の意味と意義を理解する必要がある。なぜなら，現代における「学校」は，「公教育」の目的を達成するために設置され運営される公共的な機関だからである。

ヒトは誕生後も独り立ちして生活することができない時間を長期にわたって過ごす。通常は，家族という集団のもとで手厚い庇護を受けながら言語やコミュニケーション，基本的な生活習慣などを習得し次第に人間として成長し自律的な行動ができるようになる。もちろん，親はわが子に対して教育的な意図をもってさまざまな働きかけを行う。だが，それらはあくまでも親子関係を核として私的な領域で営まれる教育，つまり「私教育」と捉えられる。

▷1 「私教育」と「公教育」
親が自身の「私事」としてわが子を育てることは「私教育」，国家等の公的関与のもとで行われる教育は「公教育」と呼ばれる。教育は時代を問わず人々が生活する共同体（国家を含む）にとって重要な関心事であり，私教育と公教育の関係はさまざまな歴史を経験してきた。現代においては，子どもを親の私物ではなく社会的な存在と捉え，その権利を保障するために，私事を共同化して組織的に行う教育を公教育と理解すべきである。

現代ではこのような私教育も，乳幼児期以降，家庭の外での「習い事」に通わせる形態でなされるケースが少なくない。しかし，一般の人々の生活が労働と切り離されていなかった近世の時代までは，それぞれの家族の生活と労働のなかに，教育は一体化されていた。

ところが，19世紀後半以降の近代社会の発展とともに，国家が主体となって，すべての子どもを対象に，同一の内容を意図的・計画的に教育するという仕組みが形成されていった。それが近代公教育制度である。日本では，1872（明治5）年の「学制」頒布がその始まりである。今日のわれわれが認識する「学校」は，まさにその形態的特徴を備えている。

もちろん，それから145年以上を経る過程で，質的には大きな変化を経験してきた。1945（昭和20）年の敗戦を境にして国家主義・絶対主義国家から民主主義国家へ転換を遂げたことはとくに重要である。端的にいえば，学校へ通って教育を受けることが天皇に対する臣民の義務とされた戦前に対して，戦後は，教育を受けることはすべての国民の権利と位置づけられ，国家はその基本的人権を保障する立場に置かれた。

それを最も具体的に明示しているのが日本国憲法第26条第1項であり，「すべて国民は，法律の定めるところにより，その能力に応じて，ひとしく教育を受ける権利を有する」と定めている。ここでは，すべての国民が「教育を受ける権利」を有しており，それを平等に保障されるべきものだと明記されている。

また，憲法の規定を受けて教育基本法第1条は教育の目的を「教育は，人格の完成を目指し，平和で民主的な国家及び社会の形成者として必要な資質を備えた心身ともに健康な国民の育成を期して行われなければならない」と規定している。教育は単なる技術の習得やテストスコアの向上などの些末な事項に留まるのではなく個人の人格の完成を目指すものであること，それは未来社会の形成者を育成することであり，したがって，平和で民主的な国家と社会を構築していくことを目指して行われなければならないこと，がここに謳われている。親子や家族の内部で完結する私的な行為ではなく，広く人間社会の利益につながる公的な営みとして，現代公教育の意義を理解する必要がある。

　以上のような現代公教育を実現するためには，さまざまな理念に基づく制度や組織の構築とそれらの運営が欠かせない。なかでも「教育の機会均等」（教育基本法第4条）の保障は最も重要である。人種，国籍，民族，思想・信条，性別，社会的地位，経済的地位，門地，心身の障害の有無など，人間社会はこれまでさまざまなカテゴリを作ってお互いを差別する歴史を繰り返し，それは教育の機会に重大な格差をもたらしてきた。現代の日本でも，「教育の機会均等」は十分に保障されているとはいえない。したがって，あらゆる差別を排除してすべての人々に教育機会を平等に保障するという理念を，公教育機関である学校は絶対に忘れてはならない。

　以上をもとに説明するならば，学校とは，すべての人々の教育を受ける権利を保障し，平和で民主的な社会の形成者を育成するために設置・運営されている教育専門機関である。ここに含まれている公共的性質を保持するために，学校とそこで行われる教育には，国・地方公共団体によるさまざまな支援と規制の仕組みが形成されている。現行法制では，教育基本法第6条に「法律に定める学校は，公の性質を有するものであって，国，地方公共団体及び法律に定める法人のみが，これを設置することができる」と規定されたうえで，学校教育法第1条において，「この法律で，学校とは，幼稚園，小学校，中学校，義務教育学校，高等学校，中等教育学校，特別支援学校，大学及び高等専門学校とする」と明記されている。本書が初等・中等教育段階の教職に就こうとする読者を主に想定していることから，本書での議論は，小学校，中学校，義務教育学校，高等学校，中等教育学校，特別支援学校を主な対象とする。

▷2　教育の機会均等
日本では義務教育の就学率はほぼ100％に近いが，教育の機会均等についてはさまざまな視点から検討が必要である。例えば，経済のグローバル化が進むにつれて増大する，日本語を母語としない子どもの多くは，通常の授業の理解が難しい。また，高等学校や大学へ進学したくても家庭の経済的事情により断念するケースも少なくない。

3　「教師」と「教員」の違い

　学校が行う活動の中心は授業である。もちろん，学校に通う子どもたちの立場から見ると，休憩時間に運動場等で友達と遊んだり，給食を食べながら談笑したり，クラスメイトが一致団結して運動会・体育祭・文化祭などの行事に取

り組んだりした経験は，忘れがたい学校の経験だといえよう。しかし，それらをあわせて考えても，学校生活で最大の時間を占めるのは授業である。

教科等の授業を計画し実践することを生業(なりわい)とする人は，一般にどのように呼ばれているだろうか。

「教師（きょうし）」「先生（せんせい）」「教員（きょういん）」など，その呼称はいくつかある。日常的な会話ではとくに厳密な区別なく使われているこれらの言葉にも，よく考えると微妙な違いがある。

「教師」は学校の教師に限らず，幅広い場面や文脈で用いられることがある。例えば，学校の教師ではないＡさんのことを，「Ａさんは私にとって，人生の教師だ」と言ったとしても不自然ではない。大切なことを教えてくれた恩人とでもいうニュアンスであろうか。また，「家庭教師」という仕事があるように，学校以外の場で子どもに勉強を教える人にも，使われることが少なくない。

「先生」という言葉は，医師や弁護士，あるいは政治家等，社会的地位の高い人に対する敬称として使われることが多い。「学校の先生」が「学校の教師」と同義で使われるのは，子どもや親から，ひいては社会的に尊敬される存在として受けとめられてきたからであろう。

それでは，「教員」にはどのような意味があるのか。

「Ｂさんは私にとって人生の教員だ」などという比喩は意味不明であるし，敬称として使用されることもない。「教員」の使用場面は限定されており，それ自体に何らかの価値や優位性が込められているとはいえない。

教育基本法は次のように規定している。

　第九条　法律に定める学校の教員は，自己の崇高な使命を深く自覚し，絶えず研究と修養に励み，その職責の遂行に努めなければならない。
　２　前項の教員については，その使命と職責の重要性にかんがみ，その身分は尊重され，待遇の適正が期せられるとともに，養成と研修の充実が図られなければならない。

「教師」も「教員」も，英訳すれば"teacher"となる。しかし，日本において，公教育機関としての学校，つまり「法律に定める学校」において教科等の授業をはじめとした「教える仕事」に携わっている専門的職業人を指す用語は「教員」である。「教員」には「公務員」が含意されると誤解されることもあるが，そうではない。私立学校も含めて，日本では学校の教師という職業，あるいはその職業人を「教員」と呼称する。前掲の三つの言葉のなかでは，より中立的な用語だといえよう。

教員は，近代公教育制度の成立・発展とともに形成された。現代の日本ではその職に就くための条件として，教育職員免許法に定められた免許状という専門資格が必須とされている（免許状主義）。教員免許状の取得には大学で所定の単位を修得することが求められる（大学における教員養成）が，教育職員免許法に定められた所要の課程を有するのであればどの大学であっても教員免許状取得のための単位を修得することができる（免許状授与の開放制）。

▷3　戦後教員養成の原則
戦後の教員養成は「大学における養成」と「開放制」の2つの原則に基づいて形成・維持されてきた。それらは戦前との対比から重要な原則とされているが，免許状主義という原則で教員の資格条件と質を保証するということが両原則の大前提であることを忘れてはならない。

　もちろん，文脈によっては「教師」と「教員」のいずれを使っても大差ないことが少なくない。しかし，学校は公教育機関であるがゆえにさまざまな公的基準や規制，あるいは社会的要求や期待などから自由にはなりえない。そのことを踏まえた議論をする際には，両者の意味の違いを十分に考慮する必要がある。

4　学校経営とは何か

　「経営」という言葉は，利潤追求を目的とする民間企業等に結びつけて使われる場合が多い。そのため，教育の専門機関である「学校」とそれとを接続して用いることに違和感を覚える読者は多いかもしれない。しかし，もともと「経営」という言葉に利潤追求が含まれているわけではない。辞書で「経営」を引くと，「事業目的を達成するために，継続的・計画的に意思決定を行って実行に移し，事業を管理・遂行すること。またそのための組織体」と説明されている（『デジタル大辞泉』）。つまり，経営はどのような組織においても行われるべき営みだと考えることができる。

　学校の組織運営にかかわる用語として「学校経営」が積極的に用いられるようになったのは，1960年代以降である。その代表的な論者の一人であった吉本二郎は学校経営を，「一つの学校組織体（協力体系）の維持と発展をはかり，学校教育本来の目的を効果的に達成させる統括作用である」（吉本，1965，88ページ）と定義した。

　この定義の背景には，C. I. バーナードの経営論があった。バーナードは，明確な目的のために二人以上の人間が協働する際に体系的関係をなす物的，生物的，個人的，社会的構成要素の複合体を「協働体系」と呼び，その中核をなす人間活動の体系を「公式組織」と捉えて，組織とは「二人以上の人々の意識的に調整された活動や諸力の体系」（バーナード，1968，76ページ）と定義した。組織を構成する要素の一つとして彼が着目したのは人間自体ではなく，人々の協働意欲である。その二つ目は，人々の協働努力を誘う共通目的であり，三つ目は，その目的をさまざまな手段で伝えあう伝達（コミュニケーション）である。つまり，組織は共通目的の達成に向けて人々が協働努力を創り出していくための情報伝達の体系として把握された。吉本はこのような動態的な組織過程論に

依拠して,「学校組織とは,学校における教育活動の営みに関連する諸要因を位置づけ,これを機能的に活動させる内的秩序の体系」(吉本,1965,73〜77ページ)だと論じ,先掲の定義を示した。

この定義に含意された重要点は,「経営」が「協働する努力の体系を維持する作用なのであって,集団を管理することではない」(吉本,1965,92ページ)ということである。公教育制度のもとにある学校は,国家による規制つまり組織外部からの管理統制作用を受ける。しかし,たとえそうであっても,個々の学校は教育を受ける権利を保障するために,一人ひとりの子どもに最善の教育を行う使命を負った教育専門機関である。つまり,「その本質はあくまで教育活動に置かれ,教育行政機関の管理下にあっても,行政機関と区別された教育機関である点にその特質をもっている」(吉本,1965,51〜52ページ)。学校とは,教育実践に携わる教職員によって構成される組織なのである。だから個々の学校では「教育の論理に従った判断と決定の創造的行為」としての経営活動が不可欠であり,それは教育行政の作用から区別されるべきである。こうして,吉本は「学校経営の相対的独立性」を提起した(吉本,1965,110ページ)。

本書の第2章等で詳述するように,吉本が学校を一つの組織体と捉えて学校経営の相対的独立性を主張した背景には,1956年の地方教育行政の組織及び運営に関する法律(地教行法)をはじめとした教育の国家統制強化への政策展開があった。学習指導要領の法的拘束力や教員の教育の自由への統制などが強化されるなかで,「行政の論理」ではなく教育現場の実情に基づく「教授─学習の論理」「専門性の論理」の重要性を説き,教育活動の組織化という文脈から学校経営を捉えようとする努力が,「学校管理」でもなく「学校運営」でもない「学校経営」という概念を広めていった。

以上を踏まえ,あらためて学校経営を定義すると,「教育専門機関である学校が,教育目的を効果的に達成するために人的・物的・財的・情報的資源などを整備・活用・運営すること」だといえよう(浜田,2018,2〜3ページ)。後の章で展開されるように,1960年代とは異なり,今日では学校ごとに教育課題が多様化しており,なおかつ学校裁量権限が拡大しつつある。こうしたなかで,個々の学校は「行政の論理」に従属することなく多様な課題に対応し教育の質を改善する主体性・創造性をますます必要としている。

5 「学校の自主性・自律性」の確立へ

1 「学校の正統性」の揺らぎ

現代の学校教育は多くの課題に直面している。新学習指導要領が掲げる「社

会に開かれた教育課程」の実現に向けて,「主体的・対話的で深い学び」を追求する授業改革が差し迫って求められる。その一方で,子どもの貧困を背景とする教育格差と学力格差の拡大,インターネット環境の激変にともなう子どもたちの生活環境や交友関係の変化など,これまで以上に難しさと複雑さを抱える問題状況への対応が必要とされている。教員の長時間勤務を解消する必要が叫ばれても,少子化が進行するなかでは教員数増員は難しい。学校と教員は,そうしたなかで子どもたち一人ひとりの最善の利益を求めて日々の教育実践に取り組んでいかなければならない。

　1990年代の後半,地方分権・規制緩和を掲げた教育改革が活発化した時期にセンセーショナルに注目を集めたのが小学校における「学級崩壊」だった(朝日新聞社会部,1999)。教室のなかで子どもたちが勝手気ままな行動をとり,学級が集団としての体を成さず,授業が成り立たない。テレビのドキュメンタリー番組ではそのショッキングな映像が放映され,多くの新聞や雑誌でも関連記事が掲載された。「学級崩壊」は,「学校の教室ではお行儀よく席に着いて先生の話を聴く」ということが自明の常識ではなくなっている現実を象徴する現象だった。

　ちょうどその頃,「不登校」の数も毎年増大を続けていた。それは,「学校へ行くのは当然のこと」という考え方自体が揺らいでいることを多くの人々に印象づけた。1950年代には学校に登校しない(したくてもできない)児童生徒を指して「学校恐怖症」という表現が使われていた。学校というところは,行くのが当たり前であり,それができないのは一種の病気だ,という認識が一般的だったのである。それが後に「登校拒否」と言い換えられ,現在では「不登校」という言葉が定着した。学校へ行かないということは誰にもありうることだ,という考え方がより一般化したと言ってよいだろう。

　加えて,やはり同じ時期に関心を集めたのが,保護者から学校への無理難題要求である。これも,「学校」の存在に対する人々の認識の大きな変化という文脈で捉えることができよう。かつては「お上」として崇められてさえいた学校や教員が,保護者にとっての批判や攻撃の対象とされるようになったのである。

　以上の現象は,学校という制度の権威が絶対的なものから相対的なものへと変化してきたことをうかがわせる。戦後の20～30年くらいの間,「学校」は多くの人々から高い信頼と期待を向けられ,尊重される存在であった。その正統性は自明のものとされていた。だが,「学級崩壊」や「不登校」あるいは「保護者の無理難題要求」などの広がりは,その「正統性」が揺らぎをみせていることを示している。

　現代社会において,子どもの教育をめぐる状況は確実に困難さを増している。学校は,こうした事態を十分に踏まえて対応していく必要がある。

２　「学校の自主性・自律性の確立」を見据えて

　戦後の新たな学校制度が発足した1947年から数えても，すでに70年以上の歴史を経た（日本児童教育振興財団，2016）。後の章で論じられるように，その間の国内外の社会情勢の変化とともに，日本の学校とそれをとりまく状況は大きく変化している。とりわけ本書が主題とする学校経営を考えるうえで重要な節目となったのは，1998年の中央教育審議会答申「今後の地方教育行政の在り方について」である。今日における学校と教育委員会の関係，ならびに学校と保護者・地域社会との関係を形成する大きな契機をなしたものとして知られる同答申は，「はじめに」において次のように記している。

　　各学校の自主性・自律性の確立と自らの責任と判断による創意工夫を凝らした特色ある学校づくりの実現のためには，人事や予算，教育課程の編成に関する学校の裁量権限を拡大するなどの改革が必要である。また，学校の自主性・自律性を確立するためには，それに対応した学校の運営体制と責任の明確化が必要である。このため，校長をはじめとする教職員一人一人が，その持てる能力を最大限に発揮し，組織的，一体的に教育課題に取り組める体制をつくることが必要であり，このような観点から学校運営組織を見直すことが必要である。

　同答申は，「教育委員会と学校の関係の見直しと学校裁量権限の拡大」「校長・教頭への適材の確保と教職員の資質向上」「学校運営組織の見直し」「学校の事務・業務の効率化」「地域住民の学校運営への参画」についての具体的施策を提言し，以後，多くの制度改革が行われた。職員会議の法制化，学校評議員の制度化，副校長・主幹教諭等の制度化，学校評価の法制化などはその例である。

　このようにして，かつて学校経営のあるべき姿として主張された「学校の相対的独立性」は，制度的な裏付けを受けて「学校の自主性・自律性の確立」へと進展してきた。学校経営は，学校にさまざまな立場から関係する多様な当事者の参画と協働を視野に収めながら，公教育の理念を実現するために教育専門機関を自律的に運営することとして把握されなければならない。

　本書の各章では，現代の学校経営とそれをとりまく諸条件がどのような社会的・歴史的背景のもとに形成されてきたのか，現行の関連諸制度はどうなっているのか，学校という組織や教職員の職務の特徴はどうなっているのか，教授―学習活動と組織条件とはどのような関わりをもつのか，などについて論じていく。そして最後に，現代およびこれからの社会における教育課題を踏まえ

て，学校経営はどうあるべきかについて検討する。

Exercise

① 江戸時代には，すでに多くの子どもたちが寺子屋に通って読み書き算盤を習っていたとされている。明治以降につくられた学校と寺子屋の違いについて，さまざまな点から考えてみよう。
② 現代において，学校が国家等から受けている規制作用にはどのようなものがあるか考えてみよう。
③ 現代において，学校が国家等から受けている支援作用にはどのようなものがあるか考えてみよう。

📖 次への一冊

日本教育経営学会編『〈講座現代の教育経営1〉現代教育改革と教育経営』学文社，2018年。
　学校経営に関する専門学会が創設60周年を記念して刊行した全5巻のうちの第1巻。日本の学校経営に関する最新の政策動向とともに8つの諸国における改革動向を論じた論文が20章収められている。
浜田博文編著『学校を変える新しい力――教師のエンパワーメントとスクールリーダーシップ』小学館，2012年。
　学校の自律性確立に向けた制度改革を解説するとともに，「学校を変える」ことに成功した4つの学校の組織変革の具体的な事例を紹介している。
日本児童教育振興財団編『学校教育の戦後70年史――1945年（昭和20）―2015年（平成27）』小学館，2016年。
　戦後70年間における学校教育の歴史について，1年ごとに見開き2ページで示すとともに，それを理解するうえで重要な25のテーマについてわかりやすく解説している。

引用・参考文献

朝日新聞社会部『学級崩壊』朝日新聞社，1999年。
日本児童教育振興財団編『学校教育の戦後70年史――1945年（昭和20）―2015年（平成27）』小学館，2016年。
バーナード，C. I., 山本安次郎・田杉競・飯野春樹訳『新訳経営者の役割』ダイヤモンド社，1968年。
浜田博文「教育経営」日本教育経営学会編『教育経営ハンドブック』学文社，2018年。
吉本二郎『学校経営学』国土社，1965年。

第1章
教授・学習活動と学校経営

〈この章のポイント〉
　この章では，学校の教室で日々展開されている教育実践に影響を及ぼす諸要因を，ミクロからマクロの範囲で捉え，そこに組織的・経営的要因が含まれていることを理解する。そして，学校内部の組織的・経営的要因が教授・学習活動にどのような影響を及ぼしうるのか，それを踏まえて学校経営の在り方をどのように考えるべきなのか，などについて理解を深める。

1　学校教育の質を決定づける諸要因

1　最も直接的な要因としての「教員」と「教育課程」

　学校教育の改革について議論されるとき，最も高い関心を向けられるのが教員の質である。「教育は教師しだいだ」といわれると，それに真っ向から反論することは困難であろう。

　日本で初めて近代学校制度が創られた1872（明治5）年，全国に小学校を設立するのに先だって小学校教員養成を行うための師範学校が設立された。第二次世界大戦後，教育制度を刷新するにあたって戦前の師範学校が厳しく批判されて「大学における教員養成」と「免許状授与の開放制」に基づく制度が形成された。そして2017年の学習指導要領改訂を受けて，「主体的・対話的で深い学び」の実践に向けて教員の資質能力の向上が目指されている。これらはいずれも，教育実践に携わる一人ひとりの教員の質が，学校で行われる教育の在り方を大きく左右するものだという考え方と，時代や社会の違いを超えてそのことが堅固に認識されていることを示している。しかし，教員の質だけが学校教育の質を決定づけているのではない。

　それでは，教育の質に影響を及ぼす要因として，他にどのような要因がありうるだろうか。

　おそらく教員の質に引けをとらない程度の重要性をもつのが教育内容（または教育課程）だといえよう。教育内容は，教員にとっては児童生徒に「教える内容」であり，児童生徒の立場からみれば「学ぶ内容」である。それを教科・領域等に即して体系化して作成された教育計画が教育課程である。現代日本で

▷1　近代学校制度の始まり
1872（明治5）年8月学制が頒布され，国民皆学の理念や学問・実学の重要性などを説いて全国に学校制度を作る計画が示された。同年には，小学校教員養成のために，官立師範学校がただ一つ，東京に設置された。

▷2　戦後の教員養成
初等教育・中等教育のすべての段階の学校の教員に対して大学卒業を要件とする免許状制度を設けたことは，当時，世界的にみても画期的であった。

は，その国家的基準として学習指導要領が作成され，約10年おきに改訂される仕組みになっている。社会の変化を踏まえて児童生徒が学ぶべき内容を更新するためである。一人ひとりの教員は，個人の自由に基づいて授業を行うのではなく，国家基準に基づいて学校単位で教育課程を編成し，それに基づいて授業を展開する。

以上のことから，教員の質と教育課程の在り方は，学校教育の中核たる教授・学習過程を最も直接的に規定する位置にある。教授活動を担っている一人ひとりの教員が備えている知識・経験・技能等は，児童生徒の学習活動に直接的な影響力をもつ。その教授・学習過程を通じて取り扱われる教育内容と，それを教えるための手順や方法等もまた，児童生徒が習得する内容を直接的に規定する。したがって，教員の質と教育課程は，教育の質を決定づける最も重要な要因であるといってよいだろう。

2 制度・行政的要因と社会・環境的要因

国家的な事業として行われている公教育において，前掲の二つの要素はさまざまな制度と行政作用によって支えられている。

例えば，教員の資格要件は教育職員免許法によって詳細に定められており，教員免許状をもたない者は授業を行うことができない。免許状の有効期間は10年間とされており（同法第9条），その期間を更新するためには所定の免許状更新講習の課程を修了する必要がある（同法第9条の二）。また，公立学校の教員に対しては，研修機会が保障されるように任命権者に義務が課されており（教育公務員特例法第21条等），初任者研修（同法第23条等），中堅教諭等資質向上研修（同法第24条等）をはじめとするさまざまな研修が行政施策として展開されている。

また，教育課程は国家基準である学習指導要領に基づくものであり（学校教育法施行規則第52条等），授業では教科書を使用することになっており，その教科書は文部科学大臣による検定を受ける仕組みになっている（学校教育法第34条等）。このほかにも，各地方公共団体では，地域の特性に即した教材や資料などを作成して，各学校の教育課程や授業に生かしている。

このように，国・地方の制度・行政的な要因によって，各教室で行われる教授・学習過程の土台が形成されているといえよう。それは，国及び地方公共団体という単位で，教育の機会均等と教育の質的水準の確保を図ることを重要なねらいとしている。

ただし，学校で行われる教育活動は，それ以外の社会・環境的要因からも重要な影響を受けている。そのなかには一人ひとりの児童生徒の家庭環境（親の職業や経済的状況等）や，各学校をとりまく地域コミュニティの状況（自然環境や産業，文化的環境等）はもとより，より広く国・地域あるいは国際社会が教育

▷3 国家基準としての学習指導要領
学習指導要領は，1947（昭和22）年に初めて作成されたが，その際には「学習指導要領一般編（試案）」とされた。ところが，1955（昭和30）年以降になると「試案」の文字が消えて，1958（昭和33）年の改訂からは，官報に掲載される「告示」という形態で公布されることになり，法的拘束力をもつ国家基準として扱われるものとなった。

▷4 多種多様な研修機会
教育基本法第9条は「法律に定める学校の教員は，自己の崇高な使命を深く自覚し，絶えず研究と修養に励み，その職責の遂行に努めなければならない」と規定している。教員研修には，自己研修（自主研修），行政研修，大学院修学研修，校内研修等，さまざまな形態や内容がある。国・地方公共団体では，教員のライフステージに応じた研修プログラムの体系化を進めている。http://www.mext.go.jp/a_menu/shotou/kenshu/1244827.htm（2018年12月28日閲覧）参照。

や人材育成に何を期待しているか，ということも含まれる。

　言うまでもなく，誕生後，就学するまでの間，それぞれの家庭で身近な人々に囲まれながら子どもは成長する。もちろん就学後もそうした環境条件は継続しており，児童生徒の学習のありように大きく関与している。したがって，通学している児童生徒の実態や彼・彼女等の成育環境としての地域の状況は，学校における教授・学習活動を規定する。

　少し古いが，2001年に実施された調査の結果を紹介しよう（小松，2002，30ページ）。小学校の「学級崩壊」が社会的な関心事となり，新聞・テレビをはじめとしたマスコミでさかんに取り上げられていた時期である。小学校教員を対象にした質問紙調査のなかで，「あなたの学校で昨年度1年間の間に学級崩壊はありましたか？」と尋ねたところ，「あった」という回答が32.4％を占めた。その回答と「学校に協力的な地域住民が多い」という項目に対する回答結果とをクロスさせた結果が図1-1である。また，「地域で子どもを育てていこうという空気に恵まれている」という項目とのクロス集計結果は図1-2に示したとおりである。

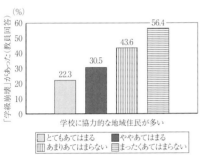
図1-1　「学級崩壊」と地域住民の学校への協力性の関係
出所：小松（2002）を基に作成。

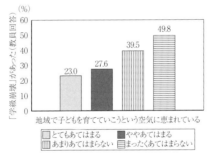
図1-2　「学級崩壊」と地域住民の子育て意識の関係
出所：同左。

　これらの結果から，学校に対する地域住民の協力意識や，子育てに対する地域住民どうしの協力意識のありようが，「学級崩壊」の有無と何らかの関係を有していることが推察できる。「学級崩壊」というと，教室という閉じられた空間で，特定の教員と児童生徒集団という限定された関係のなかで生起している現象であり，教員と児童生徒の関係に焦点が当てられがちである。しかし，一見そのようにみえる「学級崩壊」であっても，学校の外側で取り結ばれているはずの住民どうしや学校と住民との関係性をも視野に入れて把握する必要があることを，前掲の調査結果は示唆している。

　以上のことから，教授・学習過程に影響を及ぼす要因として，学校の外側で作用している制度・行政的要因と社会・環境的要因もまた，重要な意味をもつものだと考えられよう。

3 組織的・経営的要因

前項の二つの要因はそれぞれ、教室の内部と学校の外部において作用する。学校の教授・学習活動に影響を及ぼす要因を考えるとき、もう一つ重要な視点をもつ必要がある。それは、学校の内部で、かつ教室の外部を中心に作用する組織的・経営的要因である。

各学校には固有の人的資源（教員をはじめとするさまざまな職員等）、物的資源（校地、校舎、施設設備、教材教具等）、財的資源（学校予算等）が配置・配分されている。これに加えて、個々の教職員の経験に裏づけられた知識や、研修等を通じて新たに獲得した知識・情報等、情報的資源も有している。こうした諸資源は、いかに組織化してその機能を発揮させるかによって、教育効果に対する意義が違ってくる。

仮に同じような資源が同じように配置・配分されていたとしても、「それらを何のために、どのように活用するのか」を教職員集団の間で合意し共有できているのかによって、教授・学習活動の状況は異なる。1990年代末以降、地方分権・規制緩和を標榜する教育制度改革（第4章参照）を通じて、学校の自主性・自律性の確立が唱えられたのは、このような組織的・経営的要因の重要性に関心が向けられたからにほかならない。また、新学習指導要領が「カリキュラム・マネジメント」の重要性に着目していることも、同様である（第7章参照）。あるいはまた、2015年の中央教育審議会答申で提起された「チームとしての学校（チーム学校）」の重要性とそれに関する議論において、学校内部におけるさまざまな職員の協働性が指向されているのも、これに通底している（第14章参照）。

学校の組織的・経営的要因に注目して学校の自主性・自律性の確立を求める議論は、校長のリーダーシップの重要性を唱える傾向にある。学校管理職のトップに位置する校長のリーダーシップが重要であることは論をまたないが、校長はどのようなリーダーシップを発揮すべきかを不問にすることは危険である。学校組織を構成する教職員がそれぞれに職務意欲を高め、そのことによって日々の教授・学習活動の質的改善への動きが活性化する。そのような校長のリーダーシップの在り方を追求する必要がある（第9章参照）。2009年に日本教育経営学会が策定した「校長の専門職基準」（2012年一部改定）は、こうした考え方のもとに作成されたものである（巻末付録参照）。

4 関係諸要因の全体像

以上に述べてきた諸要因を図示したものが図1-3である。本書がとくに注目しようとするのは、言うまでもなく「学校の組織的・経営的要因」にあたる

▷5 求められる校長像
日本教育経営学会は学校の自主性・自律性の確立には校長のリーダーシップの発揮が不可欠であることを踏まえて、2009年に「校長の専門職基準──求められる校長像とその力量」を策定・公表した。そこで強調されている校長像は「教育活動の組織化をリードする」ことである。http://jasea.jp/wp-content/uploads/2016/12/teigen2012.6.pdf（2018年12月28日閲覧）。

ところである。ここには，校長のみならず，学校組織のあらゆる構成メンバーが関与しており，そのありようが，1コマ1コマの授業，個々の教室，一人ひとりの教員による教育実践を左右する。学校という組織が最終目的とする，児童生徒の学習の質を高めるということに，組織的・経営的要因が大きく寄与するということである。

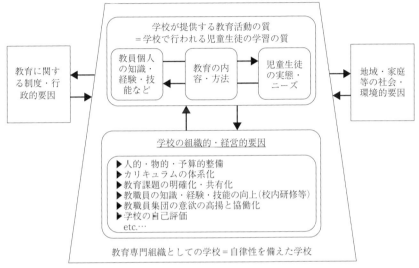

図1-3　学校の教授・学習活動に関係する諸要因の全体像
出所：筆者作成。

2　組織としての学校が有する力をどう捉えるか

1　「学校無力論」に対する疑問

　ここまで述べてきたように，学校教育の制度はすでに145年余の歴史をもち，巨大な公教育システムのもとにある。教員や教育課程は種々の仕組みで統制され，地方公共団体においてもさまざまな施策を講じてその平等と質を維持している。一つの学校は，そのなかでいかにも小さな存在である。そのような学校内部での組織的・経営的作用が，はたして教育活動にどれほどの違いを生み出せるものなのか。
　欧米で取り組まれた「効果的な学校（effective schools）」に関する研究は，この点に関して多くの示唆を与えてくれる（鍋島，2003；浜田，2007など）。アメリカでは，社会経済的階層の違いによって人々の居住する地域の棲み分けがはっきりしている。それは人種の違いに密接に結びついている。一般に大都市中心部に近い地域には人種的マイノリティの低所得階層が集まり，都市郊外の地域には白人の中・高所得階層の人々が多く居住する光景がみられる。

公立の小・中・高等学校について通学区域制がとられているアメリカでは，このような地域性の違いが各学校の児童生徒の違いに直結する。そこで問題とされたのは，貧困層の多い学校と豊かな白人が住む地域の学校の学力格差であった。厳しい黒人差別に対する撤廃運動が激しく展開された1950～60年代，それは「教育の不平等」問題として関心を向けられた。

　一般には，「マイノリティの多い学校で学力が低いのは，教育施設・設備や教員組織などの諸条件が白人の多い学校よりも低劣なため」という受けとめ方が存在した。ところが，1966年に公表された調査報告書「コールマン・レポート」は，学校に備えられた人的・物的諸条件ではなく，白人児童生徒とマイノリティ児童生徒の生育環境やそれによって規定される学習意欲の違いによる，という結論を示したのである。つまり，学校に入学した時点で両者の学力にはすでに格差が存在し，しかも，学校教育を受けてもその格差は解消されないということが提示された。

　「コールマン・レポート」は，社会的に不利な環境に置かれた子どもにとって，学校は大した効力をもちえないという認識，つまり「学校無力論」を提起した。それは，子どもにとっては，「不利な地域環境に置かれている学校とそこにいる子どもは，いくら努力しても無駄だ」ということを意味する。そして学校の教職員にとっては，「そのような子どもたちに学校教育によって付加価値をつけることは不可能だ」ということになる。学校教育あるいは教職の存在意義に対する重大な挑戦ともいうべき主張であった。

▷6　コールマン・レポート　アメリカ連邦教育局が実施した調査の報告書。報告書のタイトルは「教育の機会均等（Equality of Educational Opportunity）」であるが，調査責任者の名前（J. S. Coleman）の名前を冠して「コールマン・レポート」と呼ばれる。

2　「効果的な学校」に関する研究

　こうした見方に疑問を呈したのが，1970～80年代に展開された「効果的な学校」に関する研究であった。「効果的な学校」とは，貧困階層の子どもたちの学力を，中流階層の子どもたちと同じ程度の水準にまで導くことができている学校を指している（Edmonds, 1979, p.16）。研究者たちは，同じように不利な環境条件のもとにあるにもかかわらず，学校によって子どもの学力水準が異なっていて，なかには中流階層の子どもと同程度の学力を保障できている学校があるという点に注意を向けた。そのような学校を，「効果的な学校」と捉えて，なぜそうなりえているのかを追究したのである（浜田，2007）。

　「効果的な学校」にはほぼ共通して次のような特徴が見出された（Bossert, 1988）。

①子どもたちが学習に取り組みやすくなるような学校の風土がある。
②基礎的な技能をしっかり教えることを学校全体として重視している。
③すべての子どもの学力達成に対して教職員集団が高い期待を抱いている。

④子どもたちの学力達成度の状況を把握・診断し，指導の目標を明確化している。

⑤強力で計画的なリーダーとして教授・学習活動に関与している校長の存在。

包み込まれるような温かさを感じながら，子どもたちが安心して意見を出し合える雰囲気の教室がある。また，足を踏み入れた瞬間から，学ぶ意欲を掻き立てられるような「空気」を感じられる教室や校舎もある。いろいろな教室や学校を訪ねてみると学校や教室ごとにずいぶん雰囲気が異なると実感できる。①は学校全体にそれがゆきわたっていることを意味している。

②は，すべての学習の基盤をなす「読み・書き・そろばん」といった基礎的な技能を徹底的に定着させることが，全校的な重点事項になっていて，すべての教職員によってそのことが共通理解されていることを意味している。調査対象校が，不利な家庭・地域環境のもとに置かれていることを考えれば，合点がいくだろう。

③は，すべての教職員が，「この学校の子どもたちは，"できる力"をもっている」と信じて授業やその他の指導にあたっているということである。学習の到達目標を考えるうえでも，生活上の指導を行うに際しても，そもそも指導者側が子どもたちに高い期待をもっているかどうかによって，具体的な指導行動には大きな違いが生まれよう。

④の意味は②と組み合わせて考えると理解しやすいだろう。目標に照らして絶えず達成度を確かめて，次の目標を具体的に設定するということが，すべての教職員によってなされているということである。

そして⑤は，校内でなされている教育活動の質を高めるということに焦点づけて，校長が教職員に対して強力なリーダーシップを発揮しているということを意味している。

これらはいずれも，学校内部で教職員集団が創りあげるべき要因である。ここで明らかにされたことは，「学校内部の組織的・経営的な要因によって，子どもの学習の質に大きな違いが生み出される」ということである。そのことを実証したところに，「効果的な学校」に関する研究の重要な意義があった。

3 学校における教授・学習活動の性質

「効果的な学校」に関する研究は，学校の組織的・経営的要因の重要性を提起したという点で重要である。以後，校長のリーダーシップや学校組織文化の研究などが数多く行われ，学校組織研究，学校経営研究は大きく進展した。

ただし，「効果的な学校」に関する研究の成果を理解する際に留意すべき点

がある。それは，この研究があくまでも，社会経済的に低い階層の地域にある小学校を対象とした研究だったということである。教授・学習活動に直接関係する点でいえば，そのような特徴をもつ学校で第一に必要とされるのは，基礎学力の保障であった。そのことを所与として，それに関与しうる校長の強力なリーダーシップや学校の組織文化のありようが追究されたのである。[47]

▷7 「効果的な学校」に関する研究
「効果的な学校」に関する研究に触発された実証的研究は日本でも行われ，志水（2003, 2009, 2017）などにおいてその成果が公表されている。一方，「効果的な学校」に関する研究の方法や成果には学校経営研究としての限界があることについては，佐古（1994）や浜田（2007, 25〜27ページ）で論じられている。

しかし，一般的には，学校が取り組むべき具体的な教育実践の在り方は，単純には決まらない。「学力」に対する考え方は多様にありうるし，教員によっても異なる。学校段階が中学校であるか高等学校であるか，という学校種別の違いによっても，目指すべき教育の在り方は異なる。児童生徒数や教職員数等の規模の違いをはじめ，通学する児童生徒の学習ニーズや地域環境の実態等，考慮すべき要素は少なくない。

目指すべき教育が明確なケースを具体的にイメージするために，予備校との対比で考えてみよう。予備校には，大学進学を目指す生徒が入学試験を突破することを目的として集まる。そこでは，試験にパスするための知識やスキルを効率的・効果的に伝え，習得することが自明の目標となる。志望校の学力レベルに応じた能力別クラス編成や座席配置，あるいは知識を一方向で伝える「名物講師」による講義動画など，目的の達成に資するさまざまな方法が駆使される。

翻って，通常の小学校や中学校等の授業はどうだろうか。学校の教育課程は多様な教科をはじめ，道徳，特別活動，総合的な学習の時間など，上級学校の入学試験に直結しないさまざまな活動を含みこんで編成される。新学習指導要領で「主体的・対話的で深い学び」が掲げられたことに象徴されるように，学校教育では幅広い豊かな学力の追求が目指される。このことは，個別の教授・学習活動が目指すべき目標を外在的に決めることの難しさを示している。現場にいる教員と児童生徒が相互作用的に創りあげていくという性質を，学校の教授・学習活動は有している。[48]

▷8 教授・学習過程
授業のプロセスを客観的に捉えようとする概念として「教授・学習過程」がある。教師がある目標をもって教材を準備して児童生徒に教授しようとする働きかけと，それを受けて児童生徒が何らかの知識・技能・思考様式等を学習する活動の相互作用を，時間軸をもって把握しようとする。授業が教師から児童生徒への一方向の伝達行為ではないという理解を前提とする。教育方法学の授業分析のほか，教育心理学や教育社会学の視角からもさまざまな研究が行われている。

教授行為の主体である教員と，学習行為の主体である児童生徒が，教材を媒介にしながら相互に関わり合い，共同で紡ぎ上げていくプロセスこそが学校の授業であると考えることができる。だからこそ，教員には一定の裁量のもとで教授・学習過程を進めていくための専門的自律性を保障する必要がある。学校の授業は，予備校の講義動画を視聴する一方向的な伝達過程ではないのである。

4　学校経営の意義と可能性

学校で行われる教育活動は，ミクロからマクロに至る範囲の多種多様な要素によって影響を受けている。そのため，学校教育の質を改善したり高めたりしようとする場合，それらのうちどの要因に焦点を当てようとするかによってア

プローチの仕方は異なる。本章で述べてきたように、そのうちの重要な要因として学校の組織的・経営的要因が作用している。個々の学校には、多種多様な資源が配置あるいは配分されている。それは学校内部に限らず、周辺の地域に生活する人々や、存在する機関・施設、あるいは自然環境等にも潜在する。

序章第4節で、学校経営とは「教育専門機関である学校が、教育目的を効果的に達成するために人的・物的・財的・情報的資源などを整備・活用・運営すること」だと定義したが、そのような営為は、法令や基準に沿った上意下達の管理・監督・統制を意味するのではない。

こんにち、学校で行われるべき教育の在り方には、多様な考え方がある。新学習指導要領は、(1)知識及び技能、(2)思考力、判断力、表現力等、(3)学びに向かう力、人間性等という枠組みを提示しており、もはや知識量の拡大という単純で一方向的な教育からの脱却を求めている。一人ひとりの児童生徒の固有性を捉え、多様な個性を尊重しつつ、一人ひとりの人格の完成に向けて教育実践を創造することが要請されている。

他方で、児童生徒が抱える課題状況は、教員が個人的な知識・技能や教職経験に基づいて対処できる範囲を越えたケースが少なくない。不登校や深刻ないじめの背景要因の複雑化、さらには貧困等を背景とした非社会的行動や反社会的行動など、どのように対応すべきかを単純に判断できない事態は広がっている。

こうしたなかで、さまざまな専門性、経験、個性、特性を備えた教職員が互いの「異質性」を生かしながら「この学校」に通学する一人ひとりの児童生徒の実態やニーズを踏まえて独自の教育実践を生み出すことがますます必要とされる。学校経営は、教職員一人ひとりの自律性と組織としての協働性を大切にしながら絶えず進展し続ける創造的な営為として理解するべきである。

Exercise

① 教室で行われる教授・学習過程に影響を及ぼしている要因をあげてみよう。
② 学校内部の組織的・経営的要因としてどのようなことが考えられるだろうか。具体的な場面を想像しながらあげてみよう。
③ 現代の児童生徒が抱えるさまざまな問題状況や、新学習指導要領が示した課題を踏まえて、これからの学校経営に求められる課題について考えてみよう。

📖次への一冊

志水宏吉『「力のある学校」の探究』大阪大学出版会，2009年。
　「効果的な学校」に関する研究の知見を踏まえて，日本国内の学校調査の成果をもとに「そこに関わるすべての人がエンパワーされる学校」という意味で「力のある学校」という概念を提起し，関西地方の3つの学校の事例を詳細に紹介している。

浜田博文編著『学校を変える新しい力――教師のエンパワーメントとスクールリーダーシップ』小学館，2012年。
　1990年代末以降における学校の自主性・自律性の確立を掲げた教育改革を踏まえて，学校の自律性に基づいて学校改善に組織的に取り組むためにはどうすればよいか，学校を変えた4つの学校の事例を交えながら理論的・実践的な知見を平易に述べている。

日本教育経営学会編『（講座現代の教育経営5）教育経営ハンドブック』学文社，2018年。
　現代の教育経営に関係する重要な鍵概念を81個取り上げて，各概念の意味や実践・研究に関する最新の知見を織り交ぜながら見開き2頁で解説している。学校経営に関する政策・実践・研究の最新動向とその基礎概念を学ぶ恰好のハンドブックである。

引用・参考文献

小松郁夫研究代表『小学校における学級の機能変容と再生過程に関する総合的研究（中間報告書）』（日本学術振興会科学研究費補助金基盤研究（B）(2)），2002年。

佐古秀一「学校組織研究の視座と課題――目標活動性モデルの限界と転換に関する考察」金子照基編著『現代公教育の構造と課題』学文社，1994年，121～148ページ。

志水宏吉『公立小学校の挑戦――「力のある学校」とは何か』岩波書店，2003年。

志水宏吉『「力のある学校」の探究』大阪大学出版会，2009年。

志水宏吉『「つながり格差」が学力格差を生む』2017年。

鍋島祥郎『効果のある学校』解放出版社，2003年。

浜田博文『「学校の自律性」と校長の新たな役割――アメリカの学校経営改革に学ぶ』一藝社，2007年。

浜田博文編著『学校を変える新しい力――教師のエンパワーメントとスクールリーダーシップ』小学館，2012年。

Bossert, S.T., "School Effects," In Boyan, N. J. (ed.), *Handbook of Research on Educational Administration*, Longman, 1988, pp. 341-352

Edmonds, R., "Effective Schools for the Urban Poor," *Educational Leadership*, 37 (1), 1979, pp. 15-24.

第2章
戦後教育の出発と学校経営

〈この章のポイント〉
　戦後日本の教育改革は，占領国であったアメリカの影響を強く受けながら，また一方で戦前の教育体制への反省から，民主化・民主主義の実現を理念に進められた。ところが，サンフランシスコ平和条約の締結（1951年）によって独立国としての主権を回復すると，それまでの取り組み内容や方向性を見直すかたちでの制度改革（いわゆる「逆コース」）が展開した。本章では，1945～60年頃という，戦後日本において教育のあり方が大きく揺れ動くなかで形づくられていった学校経営の実践や理論について学ぶ。

1　新たな学校・教育行政制度の出発
　　　──民主化の実現を目指して

1　日本国憲法・教育基本法に基づく教育体制への転換

　第二次世界大戦後，敗戦国として出発することになった日本は，GHQ／SCAP（連合国最高司令官総司令部）の統治下で，戦前・戦中体制を大きく転換させる改革に取り組むことになった。それは教育についても例外ではない。その違いは，「戦前の『国家のための教育』から民主主義国家の礎となるべき個人の『権利としての教育』」（木村，2015，57ページ）への理念的転換として説明できる。
　「権利としての教育」という理念の下で展開された戦後教育改革は，戦前までの教育勅語を中核とした教育体制のあり方（勅令主義）を否定し，日本国憲法と教育基本法に基づく法律主義の考えで進められた（日本国憲法・教育基本法制の確立）。その根幹は，教育における民主化の推進，民主主義の実現として理解することができる。日本国憲法（1946年制定）は，第26条において「すべて国民は，法律の定めるところにより，その能力に応じて，ひとしく教育を受ける権利を有する」（第1項）とし，法の下ですべての国民に等しく教育の機会が保障されること（教育の機会均等）を謳っている。さらに，日本国憲法の理念を実現するうえでの教育の役割を規定した教育基本法（1947年制定）は，第4条において「すべて国民は，ひとしく，その能力に応じた教育を受ける機会を与えられなければならず，人種，信条，性別，社会的身分，経済的地位又は門地

▷1　GHQ／SCAP（連合国最高司令官総司令部）
ポツダム宣言の着実な執行を目的におかれた機関。戦後教育改革をめぐっては，その一部局である民間情報教育局（CI&E）が影響力を発揮し，主導的役割を果たした。

▷2　勅令主義
教育に関する法規を勅令（天皇による命令）によって定めること。

▷3　法律主義
教育に関する法規を国民の代表者が集う議会において定めること。

によって，教育上差別されない」とした。これは後述のように，性別や経済的理由等によって教育を受ける機会が制限された戦前の教育制度・教育体制を大きく見直すものだった。

2　『第一次米国教育使節団報告書』による勧告

　　GHQによる戦後初期の教育改革は，ポツダム宣言が示した「民主化」と「非軍事化」の2大方針に従って進められた。とりわけ1946年3月に提出された『第一次米国教育使節団報告書』(以下,『報告書』)は，「戦後の教育の民主的改革を推進するうえで積極的な意味をもつもの」(平原ほか，2001，31ページ)であり，戦後日本の教育における民主化実現の青写真としての性格をもつ。

　『報告書』は，使節団が戦火の色濃い日本に1か月程度滞在し，各地の実情を視回りながらまとめられ，日本教育の目的および内容，国語改革，初等および中等段階の教育行政，教育活動と教師教育，成人教育，高等教育の6章で構成される。また，全編を通して，戦前日本の教育における問題点を指摘しながら，これに代わる民主的な教育のあり方を勧告するという体裁をとっている。

　以下では，男女共学を基本とした単線型の6-3-3制学校制度の確立について取り上げ，その特徴を確認する。

3　教育の機会均等を保障する学校制度の創設

　『報告書』は，民主的な学校制度の実現について次のように勧告した。

　　われわれは，小学校の修業年数は六年と定めるべきだと考える。……六年制の小学校はまったくの無料とし，就学は義務としなければならない。授業料は徴収してはならない。……われわれは，小学校は男女共学を基礎として運営されるよう勧告する。(中略)

　　われわれは，小学校に引き続いて三年間，すべての少年少女を対象に「下級中等学校」を設けることを進める。……われわれは「下級中等学校」への就学を三年間の，あるいは十六歳までの義務とすることを勧める。この「下級中等学校」の授業料は無料にすべきである。(中略)

　　この「下級中等学校」の上に，授業料は徴収せず，希望者は全員が入学できる三年制の「上級中等学校」を設けることを勧める。ここでもまた，男女共学が財政的節約になるだけでなく，男女の平等を確立する助けとなるであろう。(中略)

　　「上級中等学校」を修了し，そのことを認められた卒業生は，師範学校，専門学校，大学予科に入学する資格を持つものとする(村井，1979，67～70ページ)。

▷4　『第一次米国教育使節団報告書』
CI&Eが招聘したアメリカの教育専門家27名によってまとめられた。団長は心理学者のジョージ．D．ストダード (George D. Stoddard, 1897～1981) が務めた。また，1950年には勧告内容の進捗等を確認するために，第一次使節団にも参加していた5名が再来日し，第二次教育使節団報告書をまとめている。

▷5　単線型
初等教育～高等教育までの各学校段階において統合が図られ，すべての人が平等に教育機会にアクセスすることが可能な学校体系のこと。

▷6　『学制百年史』によると，6-3-3-4制の単線型学校体系の実現は，「最も多くの人々の注目を集め，その実施と成果に期待」が寄せられ，「戦後の教育は六・三制であるということが教育改革の標語となるまでに強い印象を国民に与えた」という。

戦前まで日本の学校制度は，義務教育期間を小学校（1941年以後は「国民学校」）6年間に限っていただけでなく，経済的理由あるいは性差によって教育を受ける機会に違いが生まれる体系（分岐型学校体系）を採用していた。それに対して『報告書』は，義務教育期間を中学校（前記の「下級中等学校」）にまで伸ばし，無償での教育機会を高等学校（前記の「上級中等学校」）にまで広げることを勧告したという点で，当時世界的にも画期的な内容を含むものであった（木村，2015，65ページ）。さらに高等学校卒業者全員にその後の高等教育進学の機会を開くことによって，初等教育〜高等教育まですべての人に教育の機会均等を実現する単線型学校体系への道筋を提示した。同勧告も踏まえ，1947年に制定された学校教育法によって，小学校（6年間，国民学校から改称），新制中学校（3年間），新制高等学校（3年間）を設けた6-3-3制の学校制度が構築され，現在に至っている（図2-1）。

▷7　**分岐型**
初等教育段階については統合されるが，中等教育以降については性別や経済的理由等によってアクセスできる教育機会に差が生じる学校体系のこと。フォーク型学校体系と呼ばれることもある。また，初等段階からすでに分離され，初等教育〜高等教育のいずれの段階においても統合がなされておらず，身分や貧富，性別等さまざまな点から通学・進学できる学校系統が固定され，その間を行き来することができない学校体系のことを複線型学校体系と呼ぶ。

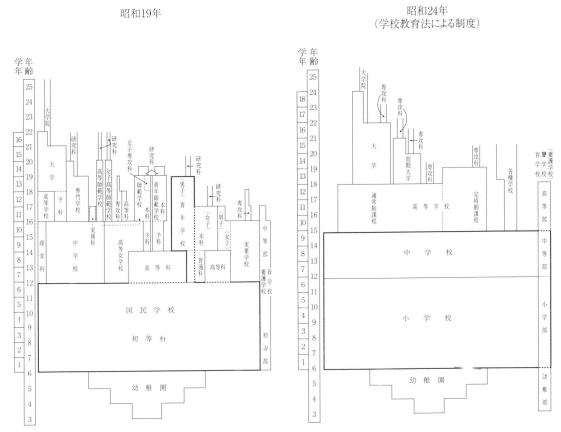

図2-1　戦前と戦後の学校体系の違い
出所：文部省（1981）。

▷8 　教科課程
どの学年でどういう教科を課するかを決め，また，その課する教科と教科内容との学年的な配当を系統づけたもの。1951年の改訂時に「教育課程」という現在の用語に改められた。

▷9 　経験主義
認識は経験を通じて形成されるという哲学に基づいて，教師が予め学習内容を準備・設定するのではなく，児童生徒の発想や経験を生かしながら，課題に対して体験的な学習を展開して，必要な事項を身につけさせようとする。

▷10 　地域社会学校
書籍中心の学びを重視する「学究的な学校（伝統的学校）」，児童中心的な「進歩的な学校（進歩主義的学校）」を批判し，個人の成長と民主主義的社会の実現の同時達成を目指す理念・運動論。現在日本で展開されるコミュニティ・スクール（学校運営協議会を設置した学校）とは，意味が異なる。

2 　自主的・民主的な教育実践と学校経営の展開
——民主化実現の諸相

1 　教育内容・方法の民主化——学習指導要領（試案）に基づく教育実践

　1947年に，戦後教育改革の理念を実現する教育課程のあり方を示した『学習指導要領一般編（試案）』が発行された。学習指導要領は，同書の目的を次のように謳っている。「この書は，学習の指導について述べるのが目的であるが，これまでの教師用書のように，一つの動かすことのできない道をきめて，それを示そうとするような目的でつくられたものではない。新しく児童の要求と社会の要求に応じて生まれた教科課程をどんなふうにして生かして行くかを教師自身が自分で研究して行く手びきとして書かれたものである」。ここに示されるように，戦後初の学習指導要領は，「試案」＝「教師にとっての手引き／ガイドライン」であり，強制力をもつものではなかった。

　その内容は，経験主義に基づく問題解決学習を重視するという特徴をもつ。そこには，アメリカのジョン・デューイ（John Dewey, 1859~1952）やエドワード・G. オルゼン（Edward G. Olsen, 1908~2000）の理論や教育実践の影響がみられる。デューイは『民主主義と教育』において，「教育とは経験の再構成」であるとした。そこでは，学校は児童らが生活社会のなかで経験してきたことを豊かにし，よって生活社会の問題解決にあたることができる市民を育成する役割を担うのであり，この経験が民主主義の涵養，民主主義社会の実現につながるとされた。またオルゼン（またはオルセン）は『学校と地域社会』において，児童の生活を中心に据えた学校を「地域社会学校（The Community School）」と呼び，学校と生活世界を結んでいく観点を「学校と地域社会を結ぶ十の架橋」（図2-2）と称し，いかに学校教育において実現していくかを示している。

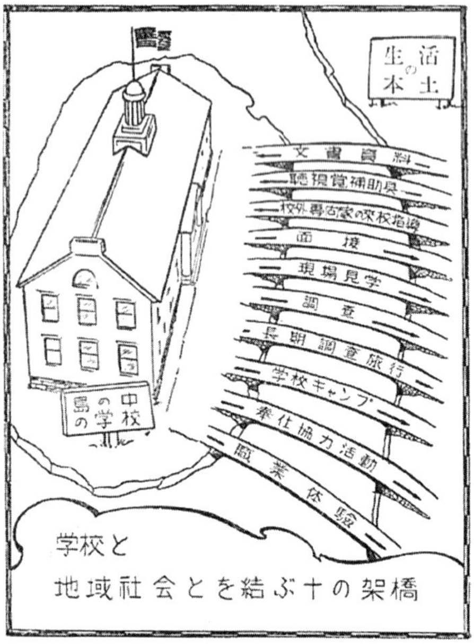

　戦前の教育課程との違いには，(1)修身・公民・地理・歴史を廃し，社会科を設けたこと，(2)家庭科を男女ともに課したこと，(3)自由研究の時間を設けたことがある。社会科は，「社会生活についての良識と性格とを養う」ことを目的に「子どもたちの現実の生活の問題解決に取り組む科目」（木村，2015，70ページ）として新設され，

図2-2　学校と地域社会を結ぶ十の架橋
出所：オルゼン（1950）。

教科課程のコア・カリキュラムとして位置づけられた。また，自由研究は，児童の個別的興味関心に基づいて進める教科の発展的学習のほか，クラブ活動や自治的活動，集団的活動を含むものとされ，これらはまさに「民主主義社会の市民として不可欠な『公民としての資質』を高めるために，また『民主主義生活の方法』を学ぶために欠かせないものとされた」（同上）教科外活動であった。ここには，児童らの生活世界を核にしながら「戦前のように国家ではなく児童の側から編成するという原則」（水原，2010，100ページ）が現れている。

このような考え方のもとで，戦後初期には，教師らによる自主的なカリキュラム編成の運動が全国各地で展開された。例えば，コア・カリキュラム運動としての「北条プラン」（千葉県館山市立北条小学校）や「明石プラン」（兵庫県明石市）のほか，地域教育計画としての「川口プラン」（埼玉県川口市）や「本郷プラン」（広島県豊田郡本郷町（現在は広島県三原市））などがある。

▷11 コア・カリキュラム
各教科あるいは活動（以下，教科等）を羅列するのではなく，それらの核（コア）となる教科等を配置し，コアとそれ以外の教科等を有機的に結びつけてカリキュラムを編成する考え方のこと。

2 学校運営の民主化──学校運営における民主的意思決定の重視

1949年には，民主化を標榜する新たな学校経営の実現に向けて，文部省編著の手引書が次々に刊行された。『小学校経営の手引』『新しい中学校の手引』『新制中学校・新制高等学校　望ましい運営の指針』などがそれにあたる。これらの手引が刊行された背景には，戦後の学校が教育・学校関係者にとって，まさに未知の存在であり，「新しい学校をどのように運営していくべきなのかは必ずしも明確ではなく，当時の関係者にとってはさまざまな戸惑いも大きかった」（三上，2015，15ページ）という事情があった。

これらの手引書を通じて，(1)従前は学校経営を学校の法制的な管理や事務的な処理として意味づけられてきたが，これらの手引きではそれら外部の扱いだけでなく児童生徒の指導のあり方についても積極的に取り扱っていること，(2)戦前までの独裁的な管理ではなく，全教師および父母の参加と協力に基づいた民主的運営（民主的意思決定）を強調していること，の2点を当時の学校経営の捉え方の特徴として理解することができる。

例えば，『小学校経営の手引』の章構成は，「現代の小学校教育，小学校の教科課程，小学校の教育組織，異常児童の教育（筆者注：現在の特別支援教育だけでなく，ギフテッド／タレンテッド教育も視野に含む），小学校における指導，児童の健康，学校と郷土社会，小学校事務の運営，小学校の建築と設備，真の指導者としての校長や指導主事」の10章立てになっている。その内容には前項で確認した教育課程と関連づけたものも多く含まれている。その意味では，教育内容・方法の民主化と学校経営の民主化は強く結びついていたといえる。

また『新しい中学校の手引』は，「学校経営は学校を能率的に運営してその教育目的を達成するために手際よく処理されなくてはならぬ要素がある」とし

▷12 ギフテッド／タレンテッド教育（Gifted and Talented Education）
学力，芸術，スポーツ等，ほかの児童生徒と比べてとくに秀でた才能をもつ児童生徒を対象に特別に提供される教育のこと。

たうえで、「学校の組織のこれらのさまざまな面を処理する指導上の責任は校長にあるが、しかし彼がそれらのものを独裁的に運営すべきものではな」く、「これらの要素の運営に当たっては、全職員や生徒たちの、そして時には両親たちの協力を求めなくてならない」と述べている。具体的には、学校の方針や実施方法等について広く教職員を参加させる教職員会議の重要性や、保護者と教師とが対等な立場で協力し発言することができるPTA◁13の組織化などを指摘している。保護者が支援的立場で学校にかかわるシステムは、保護者会や後援会、母の会などの名称を冠して戦前にも存在していた。ただ、それらが主として財政的支援を担っていたことを考慮すると、PTA はそれらとはまったく性格の異なる組織として、その役割を発揮することが目指されたのである。

▷13 PTA
PTAは第一次教育使節団報告書において、児童生徒の福祉を増進し教育計画を改善することを目的に勧告された。1947年には文部省が「父母と先生の会──教育民主化の手引き」を刊行し、PTAの結成が促された。

3　教育行政の民主化──公選制教育委員会の創設

　教育委員会は、アメリカの board of education をモデルにして戦後新たに設けられた地方ごとの教育行政機関である。教育委員会について『報告書』は次のように勧告している。

　　文部省は日本人の精神を支配した人々のための権力の座であった。われわれは、この官庁がこれまで行ってきた権力の不法使用の再発を防ぐために、カリキュラム、教育方法、教材、人事に渉るこの案調の行政支配を、都道府県や地方の学校行政単位に移譲することを提案する。(中略)
　　公立の初等および中等教育の行政責任は、府県ならびに地方的下部行政区画(市町村)が負うべきものである。
　　各都道府県には、政治的に独立の、一般投票による選挙で選ばれた代表住民によって構成される教育委員会、あるいは機関が設置されることを勧告する。この機関は、法令に従い、都道府県内の公立学校の一般的管理に当たるべきである。(中略)
　　われわれは、各都市、その他都道府県の下部行政区画においては、地区住民によって選ばれた一般人による教育機関が設立されるべきであり、この機関は、法令に基づいて、その地方のすべての公立初等・中等学校の行政管理に当たるべきである、と勧告する (村井, 1979, 67～70ページ)。

　この勧告を踏まえ、1948年に「教育委員会法」が制定され、教育委員会が制度化された。同法によると教育委員会とは、「教育が不当な支配に服することなく、国民全体に対し直接に責任を負つて行われるべきであるという自覚のもとに公正な民意により、地方の実情に即した教育行政を行うために、教育委員会を設け、教育本来の目的を達成することを目的」(第1条)に、都道府県及び

市（特別区を含む。以下同じ。）町村ごとに設置される（第3条）機関である。都道府県に置かれる教育委員会は「都道府県委員会」，市町村に置かれる教育委員会は「地方委員会」と呼ばれ，その委員は選挙によって選出されるという点が特徴的であった。

教育委員会は，戦後教育行政を特徴づける3つの基本原理を具現化している。

第一は，民主性である。教育行政に携わる者を民主的手続き（選挙）によって選出し，地域住民の意思に基づいた教育行政を実施することを意味する。戦前の教育行政が中央集権型・官僚統制型であったのに対して，教育のあり方は住民が決定するという考え方を反映している。

第二は，地方分権である。地方分権とは，それまで文部省（中央官庁）が有してきた教育事務にかかわる権限を，地方ごとに設けられることになった教育委員会に委ねることを意味する。日本国憲法にも新たに「地方自治」の項目が設けられ，教育においてもそれを推進することが求められたものといえる。

第三は，一般行政からの独立である。これは，教育委員会を一般行政部局から相対的に自立した組織（行政委員会）として位置づけることを意味する。政治的中立性を担保しつつ，継続的・安定的な教育行政の実現が目指された。

3　戦後教育改革の見直し──教育における「逆コース」

1　「地方教育行政の組織及び運営に関する法律」の制定

1951年のサンフランシスコ平和条約の締結により，独立国として再出発することになった後，国内では，戦後教育改革を見直し，"日本流"の内容・方法・制度への改変を図る動きが強まっていった。端的には，地方分権から中央集権への移行としてその特徴を描くことができる。以下，その具体例として，教育委員会制度と学習指導要領をめぐる法制上の変化についてみてみよう。

1956年には，教育行政における民主化を推し進めるべく導入された教育委員会制度を規定してきた教育委員会法が廃止され，新たに「地方教育行政の組織及び運営に関する法律」（以下，地教行法）が制定された。これにより，教育委員会を規定する法令が改められ，地方教育行政のあり方が見直されることになった。なかでも次の諸点は，戦後教育改革で示された教育行政の理念にかかわる変更点として重要な意味をもつ。

(1)　教育委員の任命を地方公共団体の長が議会の同意を経て任命する形式に変更
(2)　市町村教育委員会教育長の任命には都道府県教育委員会の，都道府県教育委員会教育長の任命には文部省（現在の文部科学省）の承認を必須化

▷14　行政委員会
地方公共団体におかれる委員会の一つ。都道府県知事や市町村長から相対的に独立しており，できる限り政治的な中立性が担保されるようになっている。教育委員会のほかに，選挙管理委員会や公安委員会等がある。

(3) 文部大臣や都道府県教育委員会による指導行政および是正措置要求に関わる権限の明文化
(4) 都道府県教育委員会の市町村立学校教員に関する人事権の掌握
(5) 教育予算に関わる権限を首長に一本化

　当時，文部省は地教行法制定の理由として，(1)教育における政治的中立性と教育行政の安定性の確保，(2)教育行政における国，都道府県および市町村の連携を密にする，(3)教育行政と一般行政の調和，(4)指導行政の重視，をあげていた。すなわち，国（文部省）―都道府県（都道府県教育委員会）―市町村（市町村教育委員会）というタテ方向のつながり（権限関係）の強化と同時に，教育行政（教育委員会）と一般行政（首長部局）というヨコ方向のつながりの強化が目指された法改正として説明することができる。これにより，戦後教育改革の理念の下で，民主化・地方分権・一般行政からの独立を原則に進められた地方教育行政は，文部省を頂点にしたピラミッド型の集権的構造の下に再度位置づけなおされることになった。

2 学習指導要領の国家基準化

　戦後教育を担う教師たちの手引として作成された学習指導要領は，時々の社会状況や教育に対する社会的要請を踏まえて現在に至るまでおよそ10年に一度の頻度で改訂されている。1947年，1951年に「試案」としてまとめられた学習指導要領は，1958年の改訂を機会に，制度的性格と理念・内容の両面において，大きく方針が転換された。

　まず制度的性格については，「教育課程の国家基準」という性格づけが法制度上明確にされた。それまでは，試案，つまり教師が自主的に教育活動や教育課程を編成するうえでの「手引き／ガイドライン」（参考資料）であり，教師たちはその内容に拘束される必要はなかった。しかし，この時の改訂を契機に学習指導要領は文部大臣（2001年以降は文部科学大臣）による「告示」という形式がとられることになった。告示形式への変更は，「学校教育における教育課程は学習指導要領に則ったものでなければならない」という「法的拘束力」を学習指導要領に付与するものと説明できる。

　理念・内容については，これまでの経験主義に代わって，系統主義の考え方に基づいて内容が編纂された。その背景には，国内および国外における社会状況，意識の変化があった。まず国内については，子どもたちの基礎学力が低下しているとの調査結果が示され，地域社会を主たるフィールドに子どもたちの興味関心や生活経験を中心にした学習のあり方が，「這いまわる経験主義」として批判されたことがある。また国外の状況に目を転じると，当時の冷戦構造下において，世界では宇宙開発までも視野に含んだ科学技術力を増大させるべ

▷15　系統主義
学問的系統性（順序，道筋）に沿って，学習内容を構成する考え方。教師が教える内容の順序を重視する点で経験主義とは大きく異なる。

くしのぎを削っていた。これらの背景を踏まえつつ，1958年改訂の学習指導要領では，「民族の独立と国家の繁栄を確保していくためには，現在の小・中学校教育の実状にかんがみ，いかに改善充実すべきか」という観点から，(1)道徳教育の徹底，(2)基礎学力の充実，(3)科学技術教育の向上，(4)職業的陶冶の強化を重点項目にして，改訂が進められた（水原，2010，123～138ページ）。

4　戦後教育改革と学校経営の近代化論

1　学校経営の近代化論の背景

　第2節で確認したように，戦後教育改革期の学校経営論は，民主化を鍵概念として展開されていた。「手引」をはじめとする文部省（編）著作による種々の刊行物は，まさに，「これらは進むべき方向を見失った多くの校長たちに，学校経営の理論と実践の民主化の方向を示し，大きな影響を与え」るものであったが，一方では「事態の急速な進展にいかに対処するかに目を奪われ，明確な視点をもった学校経営論はなされ」ていないという現実もあったという（大脇，1976，121ページ）。しかし，第3節で述べた地教行法の成立や学習指導要領の法的拘束力の明確化といった1956年以降の中央集権型教育体制・学校管理体制の整備・拡充を通じて，学校経営は「理想を指向する動きから現実的世界に視点が引き戻されていき」（大脇，1976，122ページ），科学的な管理を志向する近代経営学の知見を参照にした学校経営論が展開されることになる。これらを「学校経営の近代化論」と呼ぶ。

　一般に近代化は民主化と合理化の両面を通じて達成されるといわれるが，この時期においてそれらは対立的な主張として展開した。以下では，一見相反する立場を取る2つの理論を取り上げ，それらが学校組織や学校経営のありようをどのように説明しようしていたのかを確認する。

2　学校経営の合理化論

　学校経営における合理化論は，フレデリック・W. テイラー（Frederick W. Taylor, 1856～1915）による「科学的管理法（scientific management）」を学校経営に取り入れるなかで展開された。その代表的論者は，伊藤和衛（1911～89）である。伊藤は著書『学校経営の近代化入門』のなかで，戦後教育改革を通して，経営の民主化（詳しくは後述）には多くの力が注がれてきたが，近代化のもう一つの側面である経営の合理化については，「技術性・能率性・効率性が不十分というかほとんどなかったといってよく，したがって生産的でなかった」（伊藤，1963，15ページ）と評し，「経営が近代化してたゆみなく前進を続け

▷16　**科学的管理法**
職種ごとに設定される標準的な作業量を基にした出来高給制と職能別組織の構築を通じて，効率的・合理的な経営管理を目指す考え方。

ていくためには民主化だけでは足りない。それは何か。いうまでもなく経営の合理化である」(伊藤, 1963, 17ページ) と述べている。

経営の合理化のあり方を検討するにあたって伊藤は,「学校経営＝ある特殊なもの」とは見立てず, 経営一般の論理で説明がつく, つまり学校経営に (一般) 経営学的手法を導入することは可能であるという立場から, テイラーによる経営管理の考え方・手法をもとに学校経営の合理化のあり方を示した。

伊藤による合理化論の特徴の一つは, 学校経営が重層的構造をもつことを説明した点にある。図2-3が示すように, 学校内部組織は経営層・管理層・作業層として職階別に整理することができ, それぞれは主として担う機能に違いがみられるのであって, 学校経営における経営・管理・作業の「関連を理解することなしに学校経営を論ずることはできないとおもう」(伊藤, 1963, 31ページ) とした。

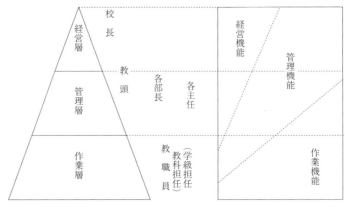

図2-3 学校経営における経営・管理・作業の関連
出所：伊藤 (1963, 30ページ) を基に作成。

3 学校経営の民主化論

学校経営の民主化論を主導したのは, 宗像誠也 (1908～70) である。宗像は, 前述した地教行法に端を発する中央集権的・官僚制的教育行政構造の再構築と学校経営の重層構造論, 学校管理における特別権力関係論が「癒着して, 学校教育に上命下服の官僚制の金串を刺し通す悪い使命を果たしつつある」(宗像, 1969a, 3ページ) とし, 学校経営の合理化論は学校の民主的運営はもとより教育そのものを荒廃させるものと強く批判した。

宗像に代表される学校経営の民主化論は, 学校を構成する教職員らが本質的に平等な存在であることを特徴とする。例えば, 著書『教育行政学序説 (増補版)』には, 次のような記述がある。「学校では, 単純化していうと, 授業を持たない校長一人を除き, 他の教師がすべて一様に40人の子どもを抱えて教えているのである。(中略) 決定的なことは, 工場の各職制はそれぞれ違った仕事

▷17 特別権力関係
19世紀末のドイツにおいて生まれた, 人が法律の直接の規定あるいは自らの同意に基づいて国または地方公共団体の特別な包括的支配権に服する関係のこと。これにより, 特別権力の行使者 (国や地方公共団体) は特別権力の服従者 (教員や児童生徒) に対して法的根拠なしに一方的に命令・制限することができると説明される。

をしているのに，学校では教師はすべて本質的に同じ仕事をしているのだということである」(宗像，1969b，313〜314ページ)。合理化論が，一般経営(学)の学校経営への適応を志向したのに対して，民主化論は学校組織の特殊性を認め，一般組織とは異なる経営のあり方を目指すものとして説明できる。この考え方は，職場づくり，学校づくりの運動論としても展開された。

4 学校組織は重層か単層か

以上の伊藤と宗像による主張に代表されるように，合理化論は学校経営における能率化や技術化を重視し，民主化論は学校経営における自由化や平等化を重視する理論として違いを描くことができる。このような重点の違いは，学校組織に対する理解の違いにも表れている。前者は学校組織を職務と主たる機能の異なる成員から構成される重層構造の組織として捉えるのに対して，後者は学校を構成する組織成員は平等(フラット)であるとする単層構造の組織として位置づける。この捉え方の違いは，重層・単層構造論争(あるいは伊藤・宗像論争と呼称)として，学校経営の近代化をめぐる一大論争を引き起こすに至っただけでなく，後代の「学校経営の現代化論」につながる基本的な問題を提起するものであったとされている。それは，「教職の特殊性は学校にどのような組織特性を条件づけるか」という教育活動と組織のあり方をめぐる問題であった。

Exercise

① 1948年，1951年，1958年の各学習指導要領において，小学校の教育課程の内容構成とそれぞれの配当時間がどのように変化したか調べてみよう。
② 教育委員会法から地教行法への移行は，戦後教育行政の基本原理にどのような影響を及ぼしたと考えられるか整理してみよう。
③ 学校経営の近代化論を構成する2つの考え方(合理化，民主化)の違いを整理してみよう。

次への一冊

小島弘道・勝野正章・平井貴美代『学校づくりと学校経営(講座現代学校教育の高度化8)』学文社，2016年。
　　教育改革の展開過程で「学校経営」がどのように議論されてきたのかを学ぶことができる一冊。
日本児童教育振興財団編『学校教育の戦後教育70年史』小学館，2016年。

戦後70年の教育改革の歩みとその間の重要トピックについて網羅的かつ平易な文章でまとめられた一冊。本章で扱った年代における社会全体の動きと教育における動向を関連させながら学ぶことができる。

テイラー，F. W.，有賀裕子訳『(新訳) 科学的管理法』ダイヤモンド社，2009年。
　伊藤和衛が学校経営の合理化論を展開するうえで参照した「科学的管理法」についてまとめられた一冊。近代経営学の出発点を確認することができる。

村井実『全訳解説　アメリカ教育使節団報告書』講談社学術文庫，1979年。
　『第一次米国教育使節団報告書』の勧告内容はもちろん，アメリカが戦前日本の教育をどのように評価していたのかも確認することができる一冊。

引用・参考文献

伊藤和衛『学校経営の近代化入門』明治図書出版，1963年。

オルゼン，E. G.，宗像誠也・渡辺誠・片山清一訳『学校と地域社会』(School and Community) 小学館，1950年。

大脇康弘「戦後日本における学校経営論の系譜――文献研究を中心として」大塚学校経営研究会編『学校経営研究』第1巻，1976年，121〜137ページ。

岡東壽隆・林孝・曽余田浩史編著『学校経営　重要用語300の基礎知識』明治図書出版，2000年。

木村元『学校の戦後史』岩波新書，2015年。

デューイ，J.，帆足理一郎訳『民主主義と教育』春秋社，1959年。

原聡介編集代表『教職用語辞典』一藝社，2008年。

浜田博文編著『教育の経営・制度』(田中智志・橋本美保監修　新・教職シリーズ) 一藝社，2014年。

三上昭彦「子ども・父母・住民の学校運営参加と日本の公教育システム」『明治大学人文科学研究所紀要』第76冊，2015年，1〜28ページ。

水原克敏『学習指導要領は国民形成の設計書――その能力観と人間像の歴史的変遷』東北大学出版会，2010年。

宗像誠也編『学校運営と民主的職場づくり――重層構造論・特別関係論批判を中心に』労旬新書，1969年 a。

宗像誠也『教育行政学序説 (増補版)』有斐閣，1969年 b。

村井実『全訳解説　アメリカ教育使節団報告書』講談社学術文庫，1979年，63〜65ページ。

平原春好・室井修・土屋基規『現代教育法概説』学陽書房，2001年。

文部省『学制百年史』1981年。(http://www.mext.go.jp/b_menu/hakusho/html/others/detail/1317552.htm　2018年11月7日閲覧)

文部省『学制百二十年史』1996年。(http://www.mext.go.jp/b_menu/hakusho/html/others/detail/1318221.htm　2018年11月7日閲覧)

文部省『小学校経営の手引』学藝図書，1949年。

文部省学校教育局『新制中学校・新制高等学校望ましい運営の指針』教育問題調査所，1949年。

文部省学校教育局編『新しい中学校の手引』明治図書出版，1949年。

山本敏夫・伊藤和衛編『新しい教育委員会制度――その批判的解説と資料』高陵社書店，1956年。

第3章
学校教育の発展・拡大と学校経営

〈この章のポイント〉
　1960〜70年代は，経済発展にともない「学校化社会」が成立した時期である。この時期は，就労の条件として就学が位置づけられ，学校─家庭─職業の一体的な構造がつくりあげられてきた。いわば，「学校経由の就職ルート」が成立し，一方では就学増加の達成と，他方では全階層に「競争の教育」を蔓延させ，1970年代には新たな課題である「学校病理」を生み出した。本章では，このような社会変動に着目し，管理・統制下における学校経営の再編とこの間に活発化した学校経営論の動向を解説する。

1　高度経済成長と学校化社会

1　経済政策の一貫としての教育政策

　戦後復興後，高度経済成長を遂げた1960〜70年代は，学校教育の発展・拡大の時期である。この時期，学校に対する期待が高まるとともに，学校─家庭─職業の一体的な構造がつくられ，社会に出るためには学校の存在が不可欠となった。「学校化社会」（木村，2015）と呼ばれるほど，学校が重要な要素として位置づけられていた。まず，本節では，この時代の社会背景と教育政策の関係を確認する。

　一般に「高度経済成長期」とは，GNP（国民総生産）が戦前の最高水準を越えた1955年から，オイル・ショックが起こる1973年までの期間のことである。1956年の『経済白書』では「もはや戦後ではない」と記されていたように，この期間，日本経済の成長率は10％前後を推移し，日本社会は経済成長路線を歩んできたといえる。1960年，池田勇人内閣が打ち出した「所得倍増計画」を皮切りに，東京オリンピックの開催や東海道新幹線の開通（1964年），大阪万国博覧会の開催（1970年）と続き，高度経済成長によって，日本は国際社会での地位を取り戻した。日本国民の生活必需品は，「３Ｃ」（カラーテレビ，クーラー，自動車）となり，1968年には，所得向上・消費拡大にともない，GNPはアメリカに次いで資本主義国第２位に成長した。

　このような社会変動にともない，この時期，経済界による教育要求が強くなった。文部省による『学制百二十年史』（1992年）では，「科学技術の革新を

▷1　オイル・ショック
1973年の第四次中東戦争でアラブ産油国が原油の減産と大幅な値上げを行い，原油価格が急騰した。国内では，マスコミによる連日の石油資源不足の危機が報道され，消費者がトイレットペーパーを買いだめする等の騒ぎとなった。

基盤とする経済の高度成長とあいまって，産業構造の高度化や雇用構造の根本的な変革が予想され，また生産性向上の基盤となる科学技術の著しい進歩の趨勢とあいまって，大量の科学技術者の養成とともに一般に人的能力の向上が急務」とされたと整理している。つまり，1960年代の教育政策は，経済界からの要求に応える形で展開されてきたといえるだろう。とくに，1963年の経済審議会人的能力部会答申「経済発展における人的能力開発の課題と対策」は，高度経済成長期の教育政策の骨格を示したものである。

　世界的な技術革新時代にあって，国際競争力を強化し，世界経済の進展に遅れをとらず大きな経済発展を成し遂げ，国民生活の顕著な向上を期するためには，独創的な科学技術を開発し，また新時代の科学技術を十分に理解し活用していく事がぜひとも必要である。この責務を果たしていくものは政府であり，企業であり，そしてまたわれわれ国民自身に他ならない。ここに経済政策の一環として人的能力の向上を図ることの必要性がある（下線部は筆者による）。

▷2　教育投資論
教育支出を人的資本への投入であると捉え，投資の効率によってその規模や配分が決定されるという考え方。

　答申は，教育政策を経済政策のなかで考えることを明確に主張し，教育における能力主義の徹底と「教育投資論」を通じて，社会と学校制度（主に，後期中等教育・高等教育）を再編する必要性を提起した。また，「人的能力の向上」という観点から「ハイタレント・マンパワー」の開発が目指され，中等教育段階において，水準別の能力開発という垂直的観点（例えば，「ハイタレント」や「ロータレント」）から選別し，その能力差に応じた教育システムを形成していくことが求められた。

2　能力主義に基づく「学校経由の就職ルート」の確立

　経済発展を支える人材の効率的・効果的養成は，義務教育後はそれぞれの適性や能力に応じた教育を受けるべきであるという能力主義的な考え方に基づく。日本の教育における「能力主義」とは，「競争的秩序のもとでの学力による序列化」という意味で用いられてきたところに特徴がある（木村, 2015, 93ページ）。

　1963年の答申で打ち出された能力主義的な考え方は，「結果として高度な職業能力よりも，企業内教育の可能性や効率性を示す，より一般的な能力を，新卒労働力に要求する」こととなり，「産業界の一元的能力主義は，偏差値に代表される同じく一元的な学歴主義と接続して，学校と企業を横断する一元的な競争メカニズム」を生み出した（野崎, 2006, 156〜157ページ）。これらを規定した社会経済的な要因は，年功序列，終身雇用を枠組みとした能力主義化による

「日本型雇用」である。労働の場における能力評価において言語能力や数理能力，忍耐力などが重視されるなかで，学力偏差値的な一元的尺度が用いられる状況が社会と教育を貫いて支配的となった（乾，1990，204～205ページ）。その結果，学校には「労働力供給機構」としての役割が期待され，「学校経由の就職ルート」が成立した（木村，2015，92～94ページ）。

このような状況は都市部に限ったことではなかった。広田照幸は，「重要なのは，高度成長期の終わりころまでには，ほとんどの子供たちが卒業後，組織に雇用されて働くという進路を取るようになったということ」であり，「進学するか否かが子供の人生に決定的な重要性を持つよう」になるなかで，とりわけ農村部の学校では，「かつてないほど地域の人々から頼りにされる存在になった」と指摘する（広田，1999，107～108ページ）。子どもの将来を具体的に保障する装置となった学校は，進学のための学力を養うとともに，ムラ社会という狭い世界で育った親たちには担えない役割（進学先の選定や就職の世話，就職先の集団生活で適応するための言葉づかいや礼儀作法などの習得等）を果たす重要な場であった。

3 高度経済成長と進学率の上昇

このような1960～70年代にかけて成立した学校と仕事とのつながりは特異なものであるが（ブリントン，2008），ベビーブーム世代の就学行動も重なり，教育政策は大きな影響を受けることになった。

ベビーブーム世代が高等学校に進学する時期になると，高等学校や大学への進学率は大きく変化した。まず，1970年代半ばまで，義務教育後の教育機関である高等学校への進学率が上昇している。1960年には57.7％であった高等学校進学率は，1970年には82.1％，1975年には91.9％に達し，準義務教育とまで言われるようになった。このように，1960年代を通じて，中学校卒業後の進路は高等学校進学へと集中し，「高校の大衆化」が進んだ（木村，2015，112ページ）。

高等学校進学率の上昇は，高等教育機関（大学・短期大学）への進学希望者を増大させた。進学率は1960年には10.3％であったが，1970年には23.6％，1975年には38.4％に達した。高等学校に比べて緩やかではあるが，2005年には高校生の半分以上が大学や短期大学に進学する状況に至っている（図3-1）。

また，1962年には，中堅工業技術者を養成する必要性が高まり，学校教育法の一部改正にともない，中学校卒業者を入学資格とした5年一貫の工業教育を施す高等専門学校という新しい学校が「一条校」に加えられた。近年は減少傾向にあるものの，1962年には19校が設置され，1975年には65校まで設置された。

▷3 ベビーブーム世代
特定の地域で一時的に出生率が急上昇する現象のことであり，日本では，第二次世界大戦後に起こった人口急増現象を指して，第一次ベビーブームと呼ぶ（1947～49年）。この期間に生まれた世代を「団塊の世代」と呼ぶ。

▷4 一条校
「学校教育法」第一条に定められた学校の総称である。現在は，幼稚園・小学校・中学校・義務教育学校・高等学校・中等教育学校・大学・高等専門学校・特別支援学校がこれにあてはまる。

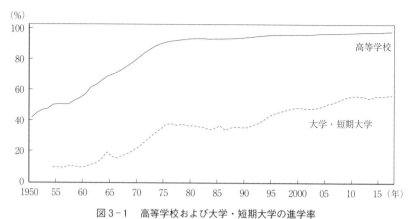

図3-1　高等学校および大学・短期大学の進学率

注：1950〜83年までは，「高等学校の通信制課程（本科）への進学者を除く」進学率，1984年以降は，「高等学校等への進学率」による。
出所：「学校基本調査」を基に作成。

2　大衆教育社会における高等学校教育の多様化

1　大衆教育社会と高学歴志向

　大正期に登場したと言われる「教育する家族」は，高度経済成長期の末頃には社会全体に広がり，「大衆教育社会」と呼びうる社会をつくりあげた。大衆教育社会は，経済との関係において高度で柔軟な経済運営を可能とする条件を提供するとともに，社会の階層的秩序の形成と学校で生み出される社会的不平等を正当化する心理的基盤をつくりあげた（苅谷，1995，200〜201ページ）。それゆえ，高等教育への進学率の上昇にともない，子どもによりよい未来を生きさせたい親たちは，ますます「よりよい職場と地位に結びつく，より高い学歴を……」という高学歴志向へと向かっていくことになった。

　しかし，このような教育の大衆化は，これまでの経済発展にともなう産業構造の変容・複雑化等に対応する人材養成の必要性とは相反する状況を引き起こしたともいえる。それは，「大衆の教育要求や進学意識は一般性・汎用性を志向しがちで，しかも同等・均質な要求となる」ため，「『効率的』人材養成という社会的要請と合致しない」ものであったからである（日本児童教育振興財団，2016，52ページ）。つまり，科学技術の進展に対応しようとした文部省の構想とは異なる意識が社会的に構築された。

2　高等学校教育の多様化政策の失敗

　1960年代の教育政策は，一方では文部省による高等学校多様化政策の失敗という側面から捉えることも可能である（乾，1990）。文部省には，1966年の中央

▷5　大衆教育社会
大衆教育社会とは，「教育が量的に拡大し，多くの人々が長期にわたって教育を受けることを引き受け，またそう望んでいる社会」である（苅谷，1995，12ページ）。

教育審議会答申「後期中等教育の拡充整備について」に代表されるように，「職業教育を充実させることで企業横断的な職業能力を養える環境を作り上げよう」という政策構想があった（野崎，2006，156ページ）。

答申では，当時の高等学校教育では，「さまざまな生徒の能力と将来に応じた教育が施されているとはいいがたく，教育課程をじゅうぶんに消化できなかったり，ほとんど職業に対する準備もなく就職したりする」生徒が多いことが課題と認識された。そのため，「生徒の適性・能力が多様であるとともに，高等学校の卒業生に対する社会の要請も多様」であることから，「専門的な技術教育」とともに，「一定の熟練度を身につけさせる技能教育」が必要であると捉えられた。

そこで，このような要請に応えて後期中等教育の拡充整備を推進するためには，「わが国の教育界と一般社会とにしばしば見受けられるかたよった考え方を改める努力が必要である」と提言された。例えば，「職業に対して偏見をもち，人間の知的能力ばかりを重視して，技能的な職業を低く見たり，そのための教育訓練を軽視したりする傾向」や「上級学校への進学をめざす教育を重視するあまり，個人の適性・能力の自由な発言を妨げて教育の画一化をまねく」考え方等であり，答申は，このような意識に対する「反省」を促すものであった。そのうえで，「教育内容・方法の両面から再検討を加え，生徒の適性・能力・進路に対応するとともに，職種の専門的分化と新しい分野の人材需要とに即応するよう改善し，教育内容の多様化を図る」ことが目指された。しかし，高学歴志向・大衆教育社会や，学校と企業を横断する一元的な競争メカニズムが存在する産業社会の下では，企業横断的な職業能力は必要とされず，かえって学力を尺度とした高等学校の序列化をもたらした。結果的に，「多様化された職業教育は，そのまま一元的な学校序列の最下層に位置づく存在」になってしまった（野崎，2006，157ページ）。

３　学習指導要領1968年改訂──「教育の現代化」

このような社会を背景に，教育内容も大きく変化した。1968年の学習指導要領の改訂は，一般に「教育の現代化」といわれている。それは，1957年の「スプートニク・ショック[6]」にともない，それまでの子どもの経験や個性，主体性を重視する経験主義[7]から学問の系統性を重視した教育への大転換を果たしたアメリカの「教育の現代化」運動に対応していたからである。つまり，従来の経験主義的な内容を見直し，教科の系統性を重視した内容へと改訂された1958年改訂の路線を引き継ぐものであった。具体的には，授業時数が最低時数から標準時数に改められるとともに，理数系を中心に高度で科学的な教育内容が盛り込まれた。また，教育課程では，従来の4領域（各教科，特別教育活動，道徳，

▷6　スプートニク・ショック
1957年にソビエト社会主義共和国連邦が世界最初の人工衛星（スプートニク1号）の打ち上げに成功した。冷戦下において，アメリカ社会に多大な衝撃を与え，科学技術教育に取り組む教育改革を促した。

▷7　経験主義
理論的認識よりも自己の具体的な経験を重んずる態度のことである。ジョン・デューイによって樹立された経験主義教育は，知識主義，教科書中心主義に対し，学習者の経験こそ教育の本質であるとする考え方である。

学校行事）から，特別教育活動と学校行事をあわせて3領域（各教科，道徳，特別活動）とされた。

3 高度経済成長の終焉と学校病理

1 受験競争の過熱化と学校病理の出現

　1973年のオイル・ショック以降，高度経済成長は終わりを迎えた。しかし，高学歴志向が問題化するなかで，学歴獲得の手段として受験を成功させるために，子どもたちの間で激しい受験競争が繰り広げられた。

　しかし，この時期の「競争」は，高度経済成長期のそれとは異なるものであったといわれている（久冨，1993）。高度経済成長期の進学競争がほとんどすべての階層に開かれるとともに，学校教育の発展・拡充により階層上昇の機会が開かれたという意味からも「開かれた競争の時代」であったのに対して，オイル・ショック以降は，「閉じられた競争の時代」にあたる。久冨義之は，この時期の競争は，拡大しない間口へ向かってひしめき合う競争であり，競争者相互の関係を著しく対立的にしていくとともに，そのなかで子どもたちの自己評価は「他者との相対比較」に強く縛られ，「事実上逃れることが難しい」という意味で閉塞的な状況になっていたと指摘する（久冨，1993，38～40ページ）。

　これ以降，学校は2つの局面を迎えることになる（野崎，2006，158～159ページ）。一つは，受験競争のさらなる激化である。1977年には「乱塾時代」という言葉も生まれ，受験競争にますます拍車がかかった。いま一つは，学校への信頼の崩壊である。教育現場ではこれまでにない「詰め込み」授業が展開されるなかで，「新幹線授業」と揶揄されるカリキュラムの消化に追われる事態も見受けられた。このような状況下において，授業についていけない多くの子どもたち，すなわち「落ちこぼれ」等の問題を生むことになった。この時期，学

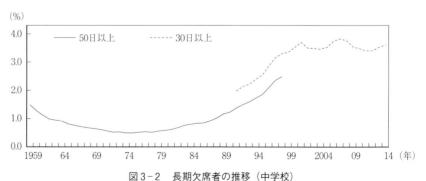

図3-2　長期欠席者の推移（中学校）

注：1998年以前は，年間の欠席日数50日以上，1991年以降は30日以上。
出所：学校基本調査を基に作成。

校が直面したこのような「学校病理」には，長期欠席（登校拒否）や校内暴力等があげられる。図3-2のとおり，戦後減少していた長期欠席者は，1970年半ばより再び上昇することになった。このような現象によって，人々の学校に対するまなざしは大きく変化し，1980年代以降，学校不信が高まり，学校の権威性は著しく低下することになった。

▷8　校内暴力
在校中の児童生徒が学校内あるいはその周辺で引き起こす他者や物に危害を加える暴力行為のことである。文科省では，「対教師暴力」「生徒間暴力」「対人暴力」「器物破損」の4つに類別してその発生率等を調査している。

2　「ゆとり教育」へのシフト

こうした流れから転換を図ったのが1977年の学習指導要領の改訂である。校内暴力や長期欠席（登校拒否）等のさまざまな病理現象が噴出するとともに，詰め込み教育というあり方も批判されはじめ，「教育の現代化」は後退を余儀なくされた。代わって台頭したのは，ゆとりある充実した学校生活の実現，学習負担の適正化を目指す「教育の人間化」であった。教育課程の基準として，「知・徳・体の調和のとれた人間性豊かな児童生徒の育成」「ゆとりある充実した学校生活の実現」「児童生徒の個性や能力に応じた教育の実施」の3つの柱が示された。指導内容を精選・集約・中核化して授業時数を削減し，負担を減らすことで，地域や学校の実態に合わせて学校や教師が授業時数の運用に創意工夫を加えることができる「ゆとり教育」へのシフトである。この傾向は，1998年の改訂において「ゆとり教育」を実質的な内容とする学習指導要領まで引き継がれることになった。

4　教育行政の集権化＝合理化と学校経営再編の動向

1　学校管理運営秩序の確立

1960～70年代は，学校経営にとっては，経済発展のための手段として教育を捉える見方が広がりをみせ，公教育に対する国家関与強化が教育基本法体制の再編によって進められ，「教育行政の集権化＝合理化」が急速に展開した時期である。まず，1956年の「地方教育行政の組織及び運営に関する法律」（以下，地教行法）の制定により，文部省と地方自治体の教育行政，各学校とを縦の関係として位置づけることで，集権化が進められた。1960年までに，戦後教育改革で焦点化した学校経営機能を縮小させるとともに，学習指導要領の法的基準性の強化や教科書検定の強化等により，「教育経営の機能を学校から行政側に吸収して学校活動を統制する仕組み」が整備され，また，勤務評定の実施や教頭職の省令化等を通して，「学校の管理運営の秩序を確立していく方向」が示された（小島，1996，8ページ）。

学校に対する管理・統制が強まる社会の下で，学校という場所のあり方がさ

まざまに問われることになる。それゆえ，地教行法の制定から1971年の中央教育審議会答申「今後における学校教育の総合的な拡充整備のための基本的施策について」（以下，四六答申）が出されるまでの15年間は，「学校経営においては激動の時期であった」と捉えられている（中留，1984，129ページ）。

　一方，1966年には，ILO・ユネスコによって，「教師の地位に関する勧告（the Recommendation Concerning the Status of Teachers）」が出された。勧告において，教職の専門性が認められるとともに，教育政策の策定に参加すべき存在であることが示され，教師を専門職として捉える動きが強まった。これにより，専門職集団として学校を捉える流れが導出された。

2　1970年代の学校経営再編の動向

　「教育経営の"外堀"としての法制度上の整備」による学校管理運営秩序の確立が第一段階であったとすると，その後の四六答申で示された「学校経営政策による学校内部組織の管理運営秩序の確立」を第二段階として捉えることができる（小島，1996，8ページ）。

　四六答申は今後の教育制度全体についての改革を提言していた。それは大規模な教育改革の提案であったため，明治の学制，第二次世界大戦後の教育改革に続く「第三の教育改革」と位置づけられている。高度経済成長の終焉によって，提言された政策の多くは実現しなかったが，学校に対する管理・統制が強まるなかで学校の教育経営機能は弱体化した。そのため，各学校において，行政の教育意思を確実に実現させることが重要とされ，四六答申の諸政策を通して，校内責任体制の確立などの仕組みが整備された。

　具体的には，「各学校が，校長の指導と責任のもとにいきいきとした教育活動を組織的に展開できるよう，校務を分担する必要な職制を定めて校内管理組織を確立すること」が求められ，そのために，「新しい学校経営の方式」が必要だと考えられた。また，校内管理組織を構築するために，「学校の種類や規模およびそれぞれの職務の性格に応じて，校長を助けて校務を分担する教頭・教務主任・学年主任・教科主任・生徒指導主任などの管理上，指導上の職制を確立」する必要性が示された。これを受けて，1974年には「教頭」の法制化がなされ，さらに，1976年には「主任」が省令化された。ここに「校内責任体制の確立」を見ることができる。

▷9　学制
1872年に領布された近代学校法令のことである。文部省が教育行政の統括を行うことや，学区制の導入などの特徴がある。1879年本令は廃止され，代わって「教育令」が発布・施行された。

5 学校管理・統制社会における学校経営論

1 学校経営論の分化・成立の構造

　一方，このような管理・統制下において，学校経営をめぐる研究的議論は活発化した。とくに，1950～60年代にかけて多様に分化しながら，1970年以降は1960年頃より芽生えた教育経営論の展開と相まって，再編・拡充の動きが見られた（図3-3）。

　1960年代においては，多様な「学校経営論」が台頭した。その多くは，論者の研究方法との相互規定的関係にあるとともに，立場を問わず，「何らかの形で，経営の合理化と民主化が課題とされていたこと」が特徴である（大脇，1984，12ページ）。大別すれば，より合理化に重点を置いた経営論である「近代化＝合理化論」と「法規主義的経営論」，より民主化に重点をおいた経営論である「職場＝民主化づくり論」等をあげることができる。

　そして，1960年代後半から，多様な学校経営論は，学校組織の主要構成員である教師の専門的自律性を基礎にして，経営の合理化と民主化の統合を指向する「民主化・合理化統合論」に到達した。代表的な論者として，吉本二郎や高野桂一があげられる。中留武昭による学校経営論の系譜を参照すれば，彼らは，「いずれもが民主化と合理化を教育効率の実現を目的にした学校経営の原理とし，その目的達成のためには経営に必然的につきものの合理化を高めるためにも民主化こそを前提に据えるという統合論に立っている」と整理できる（中留，1986，66ページ，以下の各論者も同様）。

　吉本は，カール・マンハイムの合理性概念の整理から，機能的合理性を基盤にした教育を組織するためには「協力の体系」を学校内部組織において明らか

▷10 カール・マンハイム　ハンガリー生まれの社会学者である。イデオロギーの研究を通じて知識の〈存在被拘束性〉という観点を練り上げ，知識社会学の方法を樹立した。

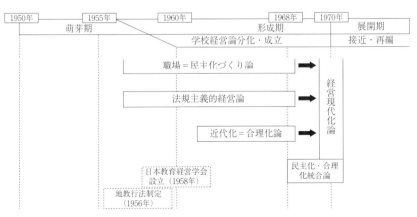

図3-3　「地教行法」制定以降の学校経営論の系譜
出所：中留（1986）を基に作成。

にする必要があるとした。また，そのためには実質的合理性としての「感情的体系」である学校が社会的に成立・発展することが課題であるとする立場を取っている。一方，高野は，民主化の意味を「人間の教育的な相互関係の感情の論理」においている点で吉本と共通しているが，それを合理化とともに学校の教育的条件を整備するための「職場の人間関係の科学」として捉えた。そして，そこに働く「権力の質」こそが合理化の方向を決定づけるという仮説を明らかにしている。

また，民主・合理化統合論では，民主化を前提とした合理化を進めるにあたって，「教育の論理」の重要性が意識されていることが特徴的である。

> 学校経営の権限の本質は，公の支配権によって定められており，これを無視することはできない。しかし，学校経営は，（中略）教育の論理に従った判断と決定の創造的行為である。教育行政の形式と命ずるままの内容で学校を動態化することはできないし，またそれだけでは経営の役割を果たすものとはいえない（吉本，1965，110ページ）。

吉本は，単位組織としての学校を経営主体として捉え，「学校経営の相対的独立性」を主張した。これは「学校経営の相対的な自由と経営領域」を認めることであり，つまりは学校を「責任ある経営主体」として位置づけるということである。このことは，学校管理社会において，後の「自律性」の議論につながる重要な視点であったといえるだろう。

2 学校経営の現代化論

このように，1960年代後半から一つの結節点へと辿りついた学校経営論は，内部に「各経営論の対立と相互接近の二面性をもった多義的，包括的な用語として」成立した。ここに台頭した「経営現代化論」は，(1)行動科学の方法論から経営現象を科学的に記述・説明・予測しようとする問題意識をもち，(2)経営民主化と経営合理化の具体的な統一を課題とし，(3)学校組織としての専門職組織を取り上げている点で共通している（大脇，1984，12ページ）。また，これまでの教育不在の経営論から教育との密接な関連構造のもとに分析された教育の存在する経営論が必要であると捉えられた（中留，1986，67ページ）。

つまり，学校経営の現代化論とは，教育の論理に基づいて，教職員組織における「民主化」と「合理化」を目指す学校経営の営みを捉える枠組みである。この枠組みのなかで吉本によって構築された単位組織としての学校を経営主体とする認識は，その後の研究関心において，前提認識として共有され，学校の自律性論へと引き継がれている（浜田，2007，14ページ）。このように，学校経営

を独自の対象領域に据える学校経営学の理論構築がなされたのは，まさにこの時期である（浜田，2004，105ページ）。このことを踏まえ，制度的背景による理論の限界を乗り越えつつ，学校経営の現代化論を継承することが必要である。

Exercise

① 本章で紹介した広田照幸の『日本人のしつけは衰退したか——「教育する家族」のゆくえ』を読み，わが国において形成されてきた「教育する家族」について報告しよう。
② 1970年代後半から問題化した「学校病理」について，本章で紹介しきれなかった「いじめ」や「自殺」の推移についても確認してみよう。
③ 「民主化・合理化統合論」の吉本二郎と高野桂一の学校経営論にはどのような違いがあるだろうか。参考文献であげた著書をもとに検討してみよう。

📖 次への一冊

日本児童教育振興財団『学校教育の戦後70年史——1945年（昭和20）—2015年（平成27）』小学館，2016年。
　戦後70年の学校教育史について，その概観を捉えるのに便利な一冊である。編年体と重要テーマ別にまとめられており，「学校制度」や「学校経営」についても簡潔に整理されている。

広田照幸『日本人のしつけは衰退したか——「教育する家族」のゆくえ』講談社現代新書，1999年。
　近現代の社会全体の変化を踏まえて学校教育を考えるために重要な一冊。3つの時期（大正期，高度経済成長期，高度経済成長期後）の教育・家族問題をわかりやすく整理している。

吉本二郎『学校経営学』国土社，1965年。
　単位組織としての学校の経営について理論化した本書は，1959年に出された『現代学校経営原論』から6年後に出された。この間の学校経営政策と学校経営論の動向を踏まえて練られた労作である。

大塚学校経営研究会『学校経営研究』第18巻，1993年。（http://hdl.handle.net/2241/00124755　2018年3月30日閲覧）
　大塚学校経営研究会の研究紀要であるが，当該巻では「日本の学校経営論の再検討」という特集が組まれており，1960年代に公刊された学校経営研究の諸成果を比較しながら捉えることができる。

引用・参考文献

乾彰夫『日本の教育と企業社会──一元的能力主義と現代の教育＝社会構造』大月書店，1990年。

大脇康弘「学校の管理社会化に抗する学校経営理論構築の課題」大塚学校経営研究会『学校経営研究』第9巻，1984年，11～17ページ。

小島弘道「戦後教育と教育経営」『日本教育経営学会紀要』第38号，1996年，2～20ページ。

苅谷剛彦『大衆教育社会のゆくえ──学歴主義と平等神話の戦後史』中公新書，1995年。

木村元「社会変動と教育」木村元・小玉重夫・船橋一男『教育学をつかむ』有斐閣，2009年，56～63ページ。

木村元『学校の戦後史』岩波新書，2015年。

久冨善之『競争の教育──なぜ受験競争はかくも激化するのか』旬報社，1993年。

経済審議会人的能力部会答申「経済発展における人的能力開発の課題と対策」1963年。

高野桂一『学校経営の科学──人間関係と組織の分析』誠信書房，1961年。

中央教育審議会答申「後期中等教育の拡充整備について」1966年。

中央教育審議会答申「今後における学校教育の総合的な拡充整備のための基本的施策について」1971年。

中留武昭『戦後学校経営の軌跡と課題』教育開発研究所，1984年。

中留武昭「学校経営論の系譜」神田修・河野重男・高野桂一編著『必携　学校経営』エイデル研究所，1986年，2～75ページ。

日本児童教育振興財団『学校教育の戦後70年史──1945年（昭和20）─2015年（平成27）』小学館，2016年。

野崎剛毅「学習指導要領の歴史と教育意識」『國學院短期大学紀要』第23巻，2006年，151～171ページ。

浜田博文「「学校の自律性」研究の現代的課題に関する一考察」大塚学校経営研究会『学校経営研究』第29巻，2004年，102～115ページ。

浜田博文『「学校の自律性」と校長の新たな役割──アメリカの学校経営改革に学ぶ』一藝社，2007年。

広田照幸『日本人のしつけは衰退したか──「教育する家族」のゆくえ』講談社現代新書，1999年。

ブリントン，M. C., 池村千秋訳，玄田有史解説『失われた場を探して──ロストジェネレーションの社会学』NTT出版，2008年。

文部科学省『学制百二十年史』。（http://www.mext.go.jp/b_menu/hakusho/html/others/detail/1318221.htm　2018年3月30日閲覧）

吉本二郎『学校経営学』国土社，1965年。

第4章
地方分権・規制緩和のなかの学校経営改革

〈この章のポイント〉

　高度経済成長による社会の変容が地方分権・規制緩和を軸とした学校経営改革の進展を促してきた。それにともない，学校は自律的経営を行うことを求められている。本章では，1980年代以降に実施されてきた学校経営改革を概観するとともに，学校が，その自律性を生かして，学校改善を進めていくにあたっては，教師の自律性と協働性を両立させる必要があることを学ぶ。

1　臨時教育審議会の提言と高等学校教育の多様化

1　臨時教育審議会と教育改革

　1984年，政府全体の責任において教育改革に取り組むため，内閣総理大臣の諮問機関として臨時教育審議会が発足した。臨時教育審議会は第一次答申（1985年）から，第四次（最終，1987年）答申まで，4つの答申をまとめた。第一次答申は，教育改革の基本方向と審議会の主要課題を検討し，学歴社会の弊害の是正，六年制中等学校の設置，単位制高等学校の設置などについて提言した。

　また第四次答申は当時の状況について「我が国は，明治以来の追い付き型近代化の時代を終えて，先進工業国として成熟の段階に入りつつある。この変化に対応して，従来の教育・研究の在り方を見直さなければならない。まず，生活文化面では，生活水準の上昇，自由時間の増大，社会保障の整備，高学歴化の進展等を背景として，国民のニーズの多様化，個性化，高度化が進展しており，日本人の求める生活の豊かさの内容は，物の豊かさから心の豊かさへ，量の豊かさから質の豊かさへ，ハード重視からソフト重視へ，画一・均質から多様性・選択の自由の拡大などの方向へと向かっている」との認識を示していた。

　こうした認識のもと，教育改革を推進するための基本的な考え方として，「個性重視の原則」「生涯学習体系への移行」「変化への対応」の3点を提言した。このうち，学校経営改革に関していえば，個性重視の原則について，第四次答申は，「今日，社会の成熟化の進展に伴い，人々の意識は個性化・多様化するとともに，選択の自由への要請が大きくなっている。教育においても，国民の教育に対する要求の高度化，多様化に柔軟に対応し，これまでの教育の画

一性，閉鎖性の弊害を打破するうえで，『選択の機会の拡大』を図ることが極めて重要である。このためには，教育行政や制度もまた柔軟で分権的でなければならず，関連する諸規則の緩和が必要である」と指摘している。

これらの提言を受け，以後，教育の分野においても，その他の行政分野と同様に，地方分権・規制緩和を特徴とする制度改革が行われていく。

2 高等学校教育の多様化

臨時教育審議会答申を受け，1988年，学年による教育課程の区分を設けず，決められた単位を修得すれば卒業が認められる単位制高等学校が制度化された。このことは，「生涯学習の観点から，学習歴や生活環境などが多様な生徒に対し広く高等学校教育の機会の確保を図るとともに，高等学校教育の多様化・弾力化に資するためのもの」（文部省通知，1988年3月31日）とされている。2016年の単位制高等学校の設置数は，1007校である。

1991年，中央教育審議会（以下，中教審）答申「新しい時代に対応する教育の諸制度の改革について」は，「今後は，生徒の個性に応じた実質的平等を目指していくことが大切であり，このためには，生徒がそれぞれの個性に応じて学校・学科や教育内容等について多様な選択ができるシステムにすることが重要である」と指摘した。これを受け，1994年，高等学校に総合学科を設けることが制度化された。2016年，総合学科は375校に設置されていた。

1997年，中教審第二次答申「21世紀を展望した我が国の教育の在り方について」は中高一貫教育の選択的導入を提言した。同答申は中高一貫教育の選択的導入の主な趣旨として，「中等教育全体の多様化・複線化の一環であり，子どもたちや保護者の選択の幅を広げること」，および「［ゆとり］のある学校生活の中で，それぞれの子どもの個性や創造性を大いに伸ばす」ことをあげていた。

この答申を受け，1999年，「中等教育の一層の多様化を推進し，生徒一人一人の個性をより重視した教育の実現を目指すものとして」中高一貫教育が制度化された。中高一貫教育には，生徒や保護者のニーズ等に応じて，設置者が適切に対応できるよう，中等教育学校◁1，併設型の中学校・高等学校◁2，連携型の中学校・高等学校◁3の3つの実施形態がある。2016年には，中等教育学校が52校，併設型が461校，連携型が82校，設置されていた。

このように，高等学校教育においては，1980年代以降，臨時教育審議会答申が強調した「選択の機会の拡大」や，多様化・柔軟化が進展してきた。

▷1　中等教育学校
一つの学校として，一体的に中高一貫教育を行うもの。学校教育法第1条に規定されている。

▷2　併設型の中学校・高等学校
高等学校入学者選抜を行わずに，同一の設置者による中学校と高等学校を接続するもの。

▷3　連携型の中学校・高等学校
市町村立中学校と都道府県立高等学校など，異なる設置者間でも実施可能な形態であり，中学校と高等学校が，教育課程の編成や教員・生徒間交流等の連携を深めるかたちで中高一貫教育を実施するものとされる。

2 地方分権・規制緩和としての学校経営改革

1 中教審答申「今後の地方教育行政の在り方について」の提言

　中教審答申「今後の地方教育行政の在り方について」(1998年)は臨時教育審議会が提言した学校教育における「選択の機会の拡大」および地方分権・規制緩和といった理念について，より具体的な提案を行っている点で重要である。

　「選択の機会の拡大」については，保護者や住民の意向に配慮しながら，就学する学校の指定を弾力的に運用することが提言されている。

　地方分権・規制緩和について，同答申は，教育行政において，文部科学省から都道府県教育委員会，市町村教育委員会への権限の委譲を提言するとともに，市町村教育委員会から学校への権限委譲についても提言している。

　同答申の第3章は「学校の自主性・自律性の確立について」と題され，例えば「許可・承認・届け出・報告事項について，(中略)学校の自主的判断にまかせ，学校の裁量を拡大する方向で」学校管理規則を見直すこと，「校長及びそれを補佐する教頭に，教育に関する理念や識見を有し，地域や学校の状況・課題を的確に把握しながら，リーダーシップを発揮するとともに，教職員の意欲を引き出し，関係機関等との連携・折衝を適切に行い，組織的，機動的な学校運営を行うことができる資質を持つ優れた人材を確保すること」等が提案されている。

　また，それまでは法令上の位置づけが明確ではなく，意思決定権を有するように運用されることもあった職員会議について，「職員会議は，校長の職務の円滑な執行に資するため，学校の教育方針，教育目標，教育計画，教育課題への対応方策等に関する教職員間の意思疎通，共通理解の促進，教職員の意見交換などを行うものとすること」も提言されている。このことは，学校経営における校長の権限をより強化することを意味する。

　一方で，「学校が地域住民の信頼にこたえ，家庭や地域が連携協力して教育活動を展開するためには，学校を開かれたものとするとともに，学校の経営責任を明らかにするための取組が必要」との観点から，「学校の教育目標とそれに基づく具体的教育計画，またその実施状況についての自己評価を，それぞれ，保護者や地域住民に説明すること」や，「学校が保護者や地域住民の意向を把握し，反映するとともに，その協力を得て学校運営が行われるような仕組み」を設置することも提言されている。

　以上のように，同答申は，教育委員会から学校への権限委譲を提言すると同時に校長の権限を強めることを提言している。また，強化された権限を有効に活用できる校長や教頭の人材確保も提言されている。ただし，校長の権限が強

▷4　学校管理規則
教育委員会と学校との間の管理関係を定めた教育委員会規則の通称であり，その法的根拠は地教行法第33条1項にある。

化される一方で，教育サービスの受け手である保護者や地域住民の意向を学校運営に反映させることや，教職員が教育活動の自己評価を行うことによって保護者等に対して説明責任を果たすことが求められている。

▷5　説明責任
「アカウンタビリティ（accountability）」の訳語である。「アカウンタビリティ」は，公共性の高い事業や専門性の高い仕事に従事する組織や個人が，その使命や目的に基づいて有効かつ適切に成果を生み出す責任を意味するとされる。

2　教育改革国民会議の提案

2000年，小渕恵三内閣総理大臣が有識者を集めて設置した「教育改革国民会議」は同年12月，「教育改革国民会議報告―教育を変える17の提案」を公表した。学校経営にとくに関係が深い提案としては次の3点があげられる。

(1)「地域の信頼に応える学校づくりを進める」については，「各々の学校の特徴を出すという観点から，外部評価を含む学校の評価制度を導入し，評価結果は親や地域と共有し，学校の改善につなげる」「通学区域の一層の弾力化を含め，学校選択の幅を広げる」「学校評議員制度などによる学校運営への親や地域の参加を進める」ことなどが提案されている。ここでは臨時教育審議会答申で提言されていた学校選択や，前項の答申で提案されていた保護者や住民の学校運営参加，学校の自己評価に加え，外部評価の導入も提案されている。

(2)「学校や教育委員会に組織マネジメントの発想を取り入れる」については，「学校に組織マネジメントの発想を導入し，校長が独自性とリーダーシップを発揮できるようにする」「予算使途，人事，学級編成などについての校長の裁量権を拡大」することが提言されている。ここでは前項の答申で強調された校長の権限強化に加え，学校への組織マネジメントの導入が提案されている。

(3)「新しいタイプの学校の設置を促進する」については，「地域独自のニーズに基づき，地域が運営に参画する新しいタイプの公立学校（"コミュニティ・スクール"）を市町村が設置することの可能性を検討する。これは，市町村が校長を募集するとともに，有志による提案を市町村が審査して学校を設置するものである。校長はマネジメント・チームを任命し，教員採用権を持って学校経営を行う」ことなどが提案されている。

3　「学力低下」「ゆとり教育批判」とテストスコアへの着目

1　「学力低下」「ゆとり教育批判」

佐藤・岡本（2014）は，1990年代には，『朝日新聞』において「学校教育における『ゆとり』を実質的なものにすべきこと，そのためにも授業時間数の削減に意味をもたせる必要があること」などが主張されてきたことを指摘している。

こうしたなか，1998年に2002年から実施される小中学校の学習指導要領の改

訂が告示された。その改訂について審議した教育課程審議会答申（1998年）は、「単なる完全学校週5日制対応のためということでなく、子どもたちの学習の現状や教育課題を踏まえ、授業時数の縮減以上に思い切って教育内容を厳選し、もっぱら覚えることに追われていると指摘されるような状況をなくして、子どもたちがゆとりの中で繰り返し学習したり、作業的・体験的な活動、問題解決的な学習や自分の興味・関心等に応じた学習にじっくりと創意工夫しながら取り組めるようにすることに努めた」と述べている。

この教育内容の削減を提言した答申を背景に、教育評論の領域では、1990年代後半から教育に「ゆとり」を求める考え方を批判する議論が力を得ていった（佐藤・岡本、2014）。「ゆとり教育」批判は、具体的には学力低下批判として展開された。学力低下批判では、大学生や子どもの学力が低下していることが指摘され、それにもかかわらず、教育内容が削減されることなどが批判された。

2　テストスコアへの着目

学力低下論争は、2003年に実施されたOECDによる生徒の学習達成度調査（PISA）の結果が公表され、当時の中山成彬文科相が「学力低下」を公式に認めたことをきっかけに終結した。PISA2003は、初めて実施されたPISA2000に比べ、読解と数学の点数の落ち込みが大きく、日本にも「PISAショック」と呼ばれる現象を引き起こした（松下、2011）。この「PISAショック」を契機として、2007年度から、PISAでの出題に近い「B問題」を含んだ「全国学力・学習状況調査」がほぼ毎年、実施されるようになり、現在に至っている。その調査結果が都道府県ごとに公表され、各都道府県間の競争が促されたことにより、PISAが求める「読解力」「活用」「思考力・判断力・表現力」といった能力の育成や、「全国学力・学習状況調査」の正答率を高めることが、学校経営において重要な課題だと考えられるようになってきている。

▷6　第7章▷6を参照。

4　教育における地方分権・規制緩和に関する制度改正

1　学校選択制

1996年、行政改革委員会は「規制緩和の推進に関する意見（第2次）」において、学校選択の弾力化について、(1)市町村教育委員会に対して、学校選択の弾力化の趣旨を徹底し、保護者の意向に対する十分な配慮や選択機会の拡大の重要性の周知を図ることにより、弾力化に向けて多様な工夫を行うよう指導することや、(2)保護者の意向を生かす一つの機会である学校指定の変更や区域外就学の仕組みについては、選択機会の拡大の観点から、身体的理由、地理的要

▷7　行政改革委員会
法律に基づき、1994年に総理府に設置され、3次にわたる意見を内閣総理大臣に提出し、1997年に解散した。この委員会に課せられた任務は、規制緩和の実施状況の監視、その他の行政改革の実施状況の監視、行政情報公開に係る法制度の調査審議であった。

因，いじめの対応に限定されていると解釈されがちであった「相当の理由」について，弾力的に取り扱えることを周知すべきであることなどを提言した。

これを受け，文部省は，1997年，通学区域制度の運用にあたっては，各市町村教育委員会において，地域の実情に即し，保護者の意向に十分配慮した多様な工夫を行うよう，通知した。また，2000年，教育改革国民会議は，「通学区域の一層の弾力化を含め，学校選択の幅を広げる」ことを提案した。これらの提案を受け，2002年，学校教育法施行規則第32条および第33条に，(1)就学校の指定の際，あらかじめ保護者の意見を聴取できること，その際の手続等を公表すること，(2)就学校の変更の際，その要件及び手続を明確化し公表するものとすることが規定された。なお，文部科学省は，(1)の「保護者の意見を踏まえて，市町村教育委員会が就学校を指定する場合を学校選択制」としている。

こうした施策の結果，1997年以前に学校選択制を導入していた市町村は33であったが，2012年に学校選択制を導入していた市町村は246となった。

2 学校評議員と学校運営協議会の制度化

中教審答申「今後の地方教育行政の在り方について」(1998年)を受け，2000年，学校教育法施行規則が改正され，学校評議員が制度化された。評議員は当該学校の職員以外の者で教育に関する理解および識見を有するもののうちから，校長の推薦により，学校の設置者により委嘱される。評議員は校長の定めに応じ，学校運営に関し意見を述べることができるが，評議員が一堂に会する会合は，合議制（合議によって事を決定し行う制度）の機関ではない。校長が意見を求める事項を判断する。校長は，評議員の意見を参考としつつ，自らの権限と責任において，学校運営についての判断，決定を行う。2015年3月，全公立学校のうち学校評議員を設置ずみの学校は，75.4%（2万8731校）であった。

また，教育改革国民会議および，総合規制改革会議，中教審答申「今後の学校の管理運営の在り方について」(2004年)の提言を受けて，同年，保護者や地域住民が一定の権限と責任をもって学校運営に参画することを可能とする仕組みとして，学校運営協議会制度が，「地方教育行政の組織及び運営に関する法律」の改正により導入された（第47条の6）。その委員は，保護者，地域住民，その他教育委員会が必要と認める者などのうちから教育委員会によって任命される。学校運営協議会は，学校評議員とは異なり，合議制の機関である。

学校運営協議会は，(1)校長が作成した学校運営の基本的な方針を承認する，(2)学校の運営について教育委員会や校長に対して意見を述べる，(3)学校の職員の人事に関して，教育委員会に対して意見を述べるといったように，学校評議員に比べて強い権限を有する。校長は，承認された基本的な方針や，学校運営に関する意見に基づき，学校運営の責任者として具体的な事項について決定

▷8 総合規制改革会議
2001年，内閣府に政令で設置された組織である。内閣府本府組織令によれば，その役割は，「経済に関する基本的かつ重要な政策に関する施策を推進する観点から，内閣総理大臣の諮問に応じ，経済社会の構造改革を進める上で必要な規制の在り方の改革に関する基本的事項を総合的に調査審議する」ことであった。この会議は，2001年から2004年にかけて開催された。

し，校務を行うことが求められている（図4-1）。このように，学校運営協議会委員は，学校運営に関与するにあたり，学校評議員に比べ，より強い権限を有している。2017年4月には，学校運営協議会は3600校に設置されていた。

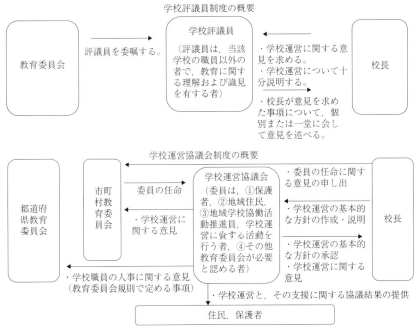

図4-1　学校評議員制度と学校運営協議会制度の概要
出所：大林（2018）。

中教審答申「今後の学校の管理運営の在り方について」（2004年）は，地域住民が学校運営に参加することの意義について，(1)地域住民のニーズが学校経営や教育活動に反映されることを通して，地域の状況に応じた学校づくりが進むこと，(2)学校による地域住民や保護者に対する説明責任の意識が高まること，(3)学校と地域住民との連携・協力が促進されること，等をあげている。

このことから，学校評議員や学校運営協議会が制度化されることによって，地域の状況に応じた学校づくりや学校と地域住民の連携・協働が促されるだけでなく，権限を強化された校長が，保護者等の学校の利害関係者に対して，学校経営の説明責任を果たすようになることが期待されていると言えよう。

③　学校評価の制度化

教育改革国民会議の提案等を受け，2002年に施行された小学校設置基準において，小学校は自己評価の実施とその結果の公表に努めることとされた。また，保護者等に対する情報提供について，積極的に行うこととされた。

その後，さらなる学校評価の推進を図るため，2007年，学校評価の根拠や情報提供に関する規定が学校教育法に新設された。「小学校は，（中略）教育活動

その他の学校運営の状況について評価を行い、その結果に基づき学校運営の改善を図るため必要な措置を講ずることにより、その教育水準の向上に努めなければならない」（第42条）とされた。また、「小学校は、当該小学校に関する保護者及び地域住民その他の関係者の理解を深めるとともに、これらの者との連携及び協力の促進に資するため、教育活動その他の学校運営の状況に関する情報を積極的に提供する」（第43条）と規定された。

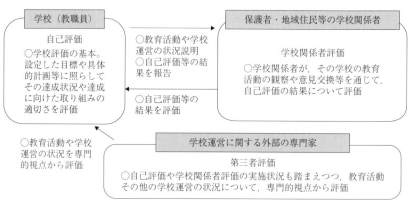

図4-2　「学校評価ガイドライン［平成28年改訂］」における学校評価の捉え方
出所：筆者作成。

「学校評価ガイドライン［平成28年改訂］」によれば、学校評価の目標は、(1)学校運営の改善、(2)説明責任の遂行、(3)教育の質の保証・向上にある。学校評価は、基本的に、自己評価と学校関係者評価から構成されるが、第三者評価が行われることもある。自己評価は、学校評価の最も基本となるものとされ、その結果は、保護者・地域住民等の学校関係者に報告される。学校関係者は、学校の教育活動の観察や意見交換等を通じて、自己評価の結果を評価する（図4-2）。

このように、学校への権限委譲が進められる一方で、学校評価が行われることにより、学校の説明責任が追求されることを通して、学校運営の継続的な改善と、教育の質の保証の両立が期待されている。

4 「新たな教員評価」の普及

中教審答申「今後の地方教育行政の在り方について」（1998年）は、「校長・教頭への適材の確保と教職員の資質向上」も提言していた。このうち、教職員の資質向上を図るための方策の一つとして、2000年以降、従来の勤務評定に替わる「新たな教員評価」が全国的に普及してきた。従来の勤務評定は、職員の勤務成績を評定し、その結果を給与等の処遇や職員の指導に反映させるものであった。しかし、校長の観察によって教員を評価するため、評定の客観性や評定精度に疑問があることや、評定結果が教員本人に告知されないことなどによ

り，教員の能力開発につながりにくいことなどの問題が指摘されてきた。

　それに対して，2000年，東京都は教員の能力開発を主な目的とした「新たな教員評価」を導入した。その方法上の特徴は，学校の目標達成の手段としての教員自身による目標設定と，その目標の達成度（業績）の自己評価，管理職との面談等で構成される目標管理型の評価手続きにあった。また，東京都の「新たな教員評価」の結果は，給与等の処遇に反映されるものであった。

　教員の能力開発や学校の目標達成を目的とし，目標管理を方法とした「新たな教員評価」は，その後，全国に普及していった。しかし，多くの自治体では，評価結果を給与等の処遇に反映させていくことを留保していた。

　しかし，2014年に地方公務員法が改正され，勤務評定に関する規定が削除され，人事評価に関する規定が定められた。人事評価とは「職員がその職務を遂行するに当たり発揮した能力及び挙げた業績を把握した上で行われる勤務成績の評価」とされる（第6条）。任命権者は，定期的に職員の執務について人事評価を行わなければならず，人事評価を任用，給与，分限その他の人事管理の基礎として活用するものとされた（第23条）。

　この法改正にともない，「新たな教員評価」についても，評価結果を給与等の処遇に反映させる自治体が増加してきた（文部科学省「人事評価システムの取組状況」）。学校経営の観点からいえば，「新しい教員評価」の結果を給与等の処遇に反映させることが，教員の資質向上や学校の組織化を促し，児童生徒の学習の質を高めることになるのか，を注視していく必要があるように思われる。

５　学校管理職の「民間人」登用

　「校長・教頭への適材の確保」の方策の一つとして，校長・教頭の任用資格に関する規制が緩和されてきた（表4-1）。1998年の中教審答申「今後の地方教育行政の在り方について」は，「校長・教頭の任用資格の見直し」として，「校長の資格については，……『教諭の免許状を所有し，かつ教育に関する職に5年以上勤務した経験を有すること』に加え，10年以上教育に関する職に就いた経験がある者については，教諭の免許状を所有しなくても校長に任用できることとするとともに，特に必要がある場合には，都道府県教育委員会等がこれと同等の資質・経験を有すると認める者についても校長に任用できるものとすること」を提言した。これを受け，2000年に学校教育法施行規則が改正され，答申の提言通り，校長の任用資格に関する規制が緩和された。

　また，2006年の中教審答申「新しい義務教育を創造する」は，「教頭については，管理職として民間企業等で培った経営感覚を生かすことが期待されることから，校長と同様に民間人などを登用できるよう，資格要件を緩和することが適当である」と指摘した。これを受け，2006年に学校教育法施行規則が改正

表4-1　校長・教頭の任用資格の緩和

1999年以前	教諭の免許状を所有し，かつ教育に関する職に5年以上勤務
2000年以後 （①〜③のいずれか）	①教諭の免許状を所有し，かつ教育に関する職に5年以上勤務
	②教育に関する職に10年以上勤務
	③任命権者が①，②と同等の資質を有すると認める者（校長のみ）
2006年以後	上記①，②に加え，③について校長だけでなく教頭を含む

出所：筆者作成。

され，教頭の任用資格に関する規制も緩和された。

　このように，学校経営改革においては，学校に権限を委譲する一方で，校長・教頭の任用資格の規制が緩和され，民間での管理職経験が，学校経営に生かされることが期待されている。しかし，教諭としての教育経験が，学校管理職に不要であるのかについては，今後，精査される必要があるだろう。

5　学校の自律性と「学校組織マネジメント」の重要性

1　学校の自律性の重要性

　以上のように，日本では「先進工業国として成熟の段階に入りつつある」ことなどを背景に，臨時教育審議会答申以降，「選択の機会の拡大」や，地方分権，規制緩和を軸とした学校経営改革が行われてきた。「選択の機会の拡大」については高等学校教育の多様化，学校選択制の拡大が実施されてきた。

　地方分権，規制緩和を軸とした学校経営改革は，中教審答申「今後の地方教育行政の在り方について」(1998年)や教育改革国民会議の提言などを契機に，2000年代に入って実施されていった。学校への権限委譲については，例えば，文部科学省「教育委員会の現状に関する調査」によれば，教育課程に関して，1998年には47.5％の教育委員会が，学校管理規則で学校の各種取組について許可・承認による関与を行わないこととしていた。それに対して，2005年には，89.0％の教育委員会が，それを行わないこととしていた。

　こうして拡大されてきた学校の権限が有効に活用されるようにするため，2000年に学校教育法施行規則が改正され「校長の職務の円滑な執行に資するため，職員会議を置くことができる」(第48条)とされる等，校長の権限が強化されてきた。また，「校長・教頭への適材の確保」の方策として，校長・教頭の任用資格に関する規制が緩和されてきた。ただし，校長の権限が強化される一方で，学校には利害関係者である保護者や地域住民に対して，説明責任を果たすことが求められるようになってきた。具体的には，学校評価や，学校の情報公開，学校評議員，学校運営協議会が制度化されてきた。あわせて「新たな教

員評価」の実施を通じて，教職員の職能発達や学校の目標達成が図られてきた。

　学校の自律性を高める学校経営改革の進行と平行して，2000年前後に，「ゆとり教育」や「学力低下」が批判され，PISA2003による「PISAショック」を背景とした「全国学力・学習状況調査」の実施も相まって，児童生徒のテストスコアの向上が，学校経営上の大きな課題と考えられるようになってきた。

　こうした状況下において，教職員が，保護者等に対する説明責任の要求の有無にかかわらず，自律的に，「学校組織マネジメント」，すなわち自校の児童生徒の実態を踏まえて，目指す児童生徒の姿を設定し，その姿を実現するためのカリキュラムや各種の取り組みを創造し，それを協働で実施し，その成果と課題を省察していくことを通じて，児童生徒の学習の質を徐々に高めていくことが重要なように思われる。ここで，目指されるべき児童生徒の姿は，テストで高いスコアを獲得する児童生徒に限らない。そうした学校の目標の設定についても，教職員が児童生徒の実態を踏まえて，自律的に行うことが求められよう。

2　教師の自律性と協働性を両立する必要性

　しかし，学校では，教職員が自律的に，「学校組織マネジメント」を展開していくことは，容易なことではない。学校教育では，教室での教育実践は，個々の教員に任せざるをえない側面が大きいからである（佐古，2011）。そうした「個業」としての学校組織に対して，学校経営改革では，校長に強化された権限を生かして「リーダーシップ」を発揮させることで対処しようとしている。

　しかし，校長の「リーダーシップ」の発揮のされ方によっては，教職員が目指したいと思えない学校の目標が設定されたり，実践する必要性を感じないカリキュラムなどを，校長によって実践させられたりする事態が生じかねない。

　そうした教師の自律性が損なわれる事態が生じることは，教師の実践に関する内発的な意欲の低下を通じて，教育の質の低下をもたらしかねない。しかし，だからといって，教職員が，目指す児童生徒の姿を共有せず，個々人が，ばらばらな教育を実践するならば，自律的な学校改善を期待することは難しい。

　よって，学校が，その自律性を生かして，学校改善を進めていくにあたっては，教師の自律性と協働性を両立させる必要がある。その方策の一つに，佐古の提唱する学校組織開発の理論と実践（「内発的改善力を高めるための学校組織の基本デザインと変革方法論」）がある（佐古，2011）。

　佐古の提唱する学校組織開発は，教職員が協働で学校ビジョンを生成することと，実践の協働的改善から構成される。こうした学校組織開発の実践方法論を自校の実態に応じて応用することが，学校の自律性が求められる状況下で，教師の自律性と協働性を両立させるための一つの方途であるように思われる。

Exercise

① 地方分権・規制緩和を軸とした学校経営改革は，なぜ，どのように行われてきたのかを説明してみよう。
② PISAが求める能力の育成や，「全国学力・学習状況調査」の正答率を高めることが，学校経営において重要な課題だと考えられるようになってきた背景や経緯を，「学力低下」「ゆとり教育批判」の展開を含めて説明してみよう。

📖次への一冊

佐古秀一・曽余田浩史・武井敦史『学校づくりの組織論』学文社，2011年。
　佐古の学校組織開発の理論と実践事例が説明された論考。曽余田，武井の論考を含め，学校組織開発に関心がある人にとっては必読の一冊。
佐藤博志・岡本智周『「ゆとり」批判はどうつくられたのか──世代論を解きほぐす』太郎次郎社エディタス，2014年。
　「ゆとり世代」「ゆとり教育」の位置づけや呼び方の妥当性を再検討することを目的とした一冊。「ゆとり世代」と呼ばれて嫌な思いをした人は，本書を読めば，そう思わずにすむようになるだろう。
松下佳代「PISAリテラシーを飼いならす──グローバルな機能的リテラシーとナショナルな教育内容」『教育学研究』81(2)，2014年。
　OECD-PISAのリテラシー概念がどのような性格をもち，参加国の教育政策にどのような影響を与えているのかを検討することを通じて，その影響をコントロール可能なものにすることを目的とした論考。
浜田博文『「学校の自律性」と校長の新たな役割──アメリカの学校経営改革に学ぶ』一藝社，2007年。
　学校の自律性が要求され，校長に期待される役割が変容してきたのはアメリカも同様であった。その変容の経緯や内容が詳述された一冊。

引用・参考文献

安藤知子「教員評価と人事考課制度」水本徳明編著『実践教育法規2017』小学館，2017年。
大林正史「コミュニティ・スクール」水本徳明編著『実践教育法規2018』小学館，2018年。
佐古秀一「学校の組織特性と学校づくりの組織論──学校の内発的改善力を高めるための学校組織開発の理論と実践」佐古秀一・曽余田浩史・武井敦史『学校づくりの組織論』学文社，2011年。
佐藤博志・岡本智周『「ゆとり」批判はどうつくられたのか──世代論を解きほぐす』太郎次郎社エディタス，2014年。
松下佳代「PISAで教育の何が変わったか──日本の場合」『教育テスト研究センターCRETシンポジウム報告書』2011年。

第5章
学校経営を支える法制度

〈この章のポイント〉
　1945年の第二次世界大戦敗戦後，日本の教育は，憲法や，法律をはじめとする法令に基づくこととすること，すべての国民の「教育を受ける権利」を保障すること，学校教育をはじめとする公教育を義務・無償・中立の原理をもって組織化することなど，戦前までの教育制度のありようを大きく転換して現在に至っている。現在，「学校の自主性・自律性」の確立が目指され，教育基本法以下，法制度の内容が大きく変容している。学校組織を規定する法制度も同様である。本章では，戦後以降に成立した教育法制度の基礎・原理を学ぶとともに，学校経営に関する近年の法制度改正について解説する。

1　学校の自主性・自律性の確立と教育法規

1　法律主義

　現在の日本では「法律主義」に基づいて公教育が進められている。法律主義とは，法律を規範とし，裁判においては法律に基づき判決・量刑がなされるべきという考え方である。日本国憲法第26条では国民の「教育を受ける権利」を「法律の定めるところ」に保障することを強調している。教育基本法第16条でも「教育は，不当な支配に服することなく，この法律及び他の法律の定めるところにより行われるべきもの」とし，教育における法律主義を確認している。

2　行政裁量

　公教育は，法律に基づいて運営される。他方で，法律で公教育のすべてを規定することは不可能であるし，現実的でもない。ゆえに，そこには教育行政機関（文部科学省や教育委員会）による行政裁量の余地が生まれる。例えば，「小学校設置基準」では「1学級当たりの児童数」について40人を上限とすることを法的に規定しているが，実際には「35人学級」を実施している地方公共団体もある。学校教育の内容は文部科学大臣が定める学習指導要領によって法的に規定されるが，これを踏まえたうえで「平和教育」「防災教育」「世界遺産教育」など特色ある取り組みを展開している地域もある。

▷1　法律主義と勅令主義
戦前の日本では，天皇がその大権に基づいて発する「勅令」により教育の基本事項について決定していた。こうした政治的支配者の命令に基づいて公教育を進めていく考え方を「勅令主義」という。民主主義，法治主義の立場から，「勅令主義」に基づく法制度づくりは，現在の日本において許されていない。

3 学校裁量の拡大

「公の性質」(教育基本法第6条)を有する学校は,公設・公営され,公費で運営されている。ゆえに学校経営は,前述のように法令により規定され,また他方では常に行政を媒介して条件づけられている(堀内,1985,78ページ)。この「条件づけ」は,これまで学校における諸活動を強く制約してきた。

しかし,1998年中央教育審議会答申「今後の地方教育行政の在り方について」以降,法令や行政の制約を前提としながらも,後述のように「学校の自主性・自律性」の確立を目指し法制度が改められている。学校に求められるのは,法制度を前提としながらも個々の学校の実情に応じた教育活動を展開するための仕組みづくりを行うことである。教員に求められるのは,法制度やそれによって構築された仕組みを理解したうえで,充実した教育活動を展開することである。

2　教育に関する法の体系

1 成文法主義

法は,成文法と不文法に分けられる。「成文法」とは,文字で書き表され,文書の形を備えている法のことである。「制定法」ともいわれる。「不文法」とは,成文法以外の一切の法のことである。文書の形で意図的に制定されたものではないが法として存在するものを指している。図5-1は日本における法の体系を示したものである(下村,1995)。

日本では成文法主義を採用している。成文法主義とは,法は可能な限り成文化すべきであるという考え方のことである。裁判の場における判決や量刑の法

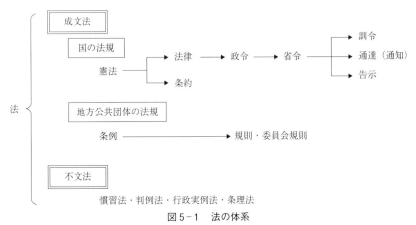

図5-1　法の体系
出所:下村(1995)を一部改変。

的根拠（法源）は，日本においては第一に成文法である。だが，法は成文化できても，し尽くすことはできない。ゆえに，日本においても不文法は存在し，成文法を補完する役割を果たしている。

2　成文法の種類

　成文法には国の法規と，地方公共団体の法規がある。国の法規は国内全域で効力をもつ。地方公共団体の法規は当該地方公共団体に限定して効力をもつ（法律用語研究会編，2012）。

① 国の法規

〈憲法〉　憲法とは国家の統治体制の根本事項を定めた法のことである。日本においては日本国憲法のみが国の最高法規としてこれに該当する。憲法改正は法律改正よりハードルが高く，各議院の総議員の3分の2以上の賛成が必要であり，かつ国民投票によりその過半数の賛成を必要とする（日本国憲法第96条第1項）。

〈国際法規（条約など）〉　複数の国家間で文書による合意によって成立し，合意に参加した国の国内において効力を発揮する法がある。このような法は，国際法規と総称される。「条約」「規約」「協定」「憲章」「議定書」などの名称が使用されるが，効力や効力範囲はどれも同じである。教育に関する国際法規には，「児童の権利に関する条約」や「障害者の権利に関する条約」などがある。

〈法律〉　国会の議決を経て制定される。教育に関する法律には，教育基本法，学校教育法，地教行法，教育公務員特例法，学校保健安全法などがある。

〈政令〉　閣議における決定により，憲法や法律の規定事項を実施するために制定される命令である。教育に関する政令には，学校教育法施行令などがある。

〈省令〉　各省の大臣により，法律や政令の規定事項を実施するために制定される命令である。教育に関する省令には，学校教育法施行規則などがある。

〈訓令・通達（通知）・告示〉　訓令・通達は，各省の大臣などが所掌事務に関して，所管機関やその職員に対して発せられる命令である。告示は，各省の大臣などが，その所掌事務に関連する事項を国民に広く知らせる行為を指す。学習指導要領は告示による。告示は必ずしも命令ではないが，学習指導要領は学校における教育課程の編成の法的基準として位置づいている（学校教育法施行規則第52条など）。

② 地方公共団体の法規

〈条例〉　地方公共団体（都道府県と市区町村）により当該議会を経て制定される。

〈規則・委員会規則〉　地方公共団体の長（都道府県知事と市区町村長）は，法令や条例に違反しない範囲内で規則を制定することができる。また，教育委員会などの行政委員会は，同様に委員会規則を制定することができる。教育委員会規則がその例である。

▷2　国会
「国会は，国権の最高機関であつて，国の唯一の立法機関である」（日本国憲法第41条）。

▷3　地教行法
地方教育行政の組織及び運営に関する法律。

▷4　閣議
「内閣は，法律の定めるところにより，その首長たる内閣総理大臣及びその他の国務大臣でこれを組織する」（日本国憲法第66条）。内閣の職権行使について意思決定をするために開く会議を閣議という。内閣総理大臣が主宰する。法律の公布や政令の決定などの重要事項は「閣議案件」とされる。

▷5　行政委員会
政治的中立性の確保などのため，一般行政組織から独立した地位をもつ行政機関。地方行政においては，選挙管理委員会や教育委員会がこれに当たる。

▷6　教育委員会規則
教育委員会は，地教行法第15条の規定に基づいて教育委員会規則を制定できる。教育委員会規則のうち，学校の施設設備，組織編制，教育課程，教材その他の教育機関の管理運営について基本的事項を定めたものは，とくに「学校管理規則」と呼ばれることが多い。

3　法的効力の原理

　成文法には，効力に優劣がある。その原理には，形式的効力の原理，後法優先の原理，特別法優先の原理，以上の3つがある。

① 形式的効力の原理

　「憲法」「法律」「政令」「省令」は，法の形式による分類である。この形式には上位・下位がある。形式的効力の原理とは，上位の形式にある法令が下位のそれに優先して効力を発揮するという原理を指す。国の法規でいえば，上位から順に「憲法＞法律＞政令＞省令」となる。学校教育法は法律のほか施行令，施行規則があるが，上位から「学校教育法（法律）＞学校教育法施行令（政令）＞学校教育法施行規則（省令）」となる。また上位の法に違反する法を制定することはできない。例えば憲法に違反する法律や政令を制定することはできない。また，地方公共団体は国の法規に違反するような条例や規則を定めることができない。

　なお，教育基本法は法律であり，学校教育法などの教育関係法律と同一の形式である。しかし，成立経緯などから他の法律とは別格に位置づけられている。

② 後法優先の原理

　同一効力をもつ法律間では，時間的に新しく制定された方が効力を発揮するという原理である。例えば，（旧）教育基本法は1947年に施行され，2006年に全部改正されている。この場合，2006年に全部改正された教育基本法の方が新しいので，これが現在の教育基本法として効力をもっている。

③ 特別法優先の原理

　特別法が一般法に優先するという原理である。法令のなかには一般に広く適用される「一般法」と，同じ事項について特定の人・職などにのみ限定して適用される「特別法」の関係にある法令がある。例えば，服務のあり方や身分について公務員一般に広く適用される地方公務員法と，教員などの教育公務員にのみ適用される教育公務員特例法がある。両者は「一般法」と「特別法」の関係にある。教員の場合，原則的には地方公務員法の適用を受けるが，両法の規定に齟齬がある場合，「特別法」である教育公務員特例法の適用を受ける。

▷7　齟齬
両法で，例えば服務のあり方や条件附採用期間，研修の規定に齟齬がある。

4　不文法の種類

　不文法には，慣習法，判例法，行政実例法，条理法がある（法律用語研究会編，2012）。それぞれ慣習（社会生活のなかで反復して行われ，ある程度まで人の行動を拘束するようになった規範），判例（裁判の先例），行政実例（法令の解釈・運用についての所管省庁の見解）に基づいて成立する規範である。これらは，裁判の場において，成文法がない場合に法源とされることがある。条理法は，条理（社会生活における根本理念であって，ものごとの道理，筋道，理法，合理性を指す言葉）

に基づいて成立する規範である。裁判の場では，成文法も慣習・判例・行政実例もない場合に法源とされることがある。

3 「教育を受ける権利」「教育の機会均等」と公教育原理

1 「教育を受ける権利」と「教育の機会均等」

「教育を受ける権利」は，日本国憲法第26条によりすべての国民に与えられた基本的人権の一つである。これを実現するためには，「教育の機会均等」の実現が図られなければならない。両者は表裏一体である。

日本国憲法第26条第1項では，「すべて国民は，法律の定めるところにより，その能力に応じて，ひとしく教育を受ける権利を有する」と規定している。「その能力に応じて，ひとしく」は，「法の下の平等」(日本国憲法第14条第1項)に基づくものであり，人種，信条，性別，社会的身分，門地など，「能力」以外の理由によって差別があってはならないことを示している。

「教育を受ける権利」と「法の下の平等」の規定を受けて，教育基本法第4条では「教育の機会均等」を定めている。「すべて国民は，ひとしく，その能力に応じた教育を受ける機会を与えられなければならず，人種，信条，性別，社会的身分，経済的地位又は門地によって，教育上差別されない」とし，「能力」以外の理由によって差別があってはならないことを改めて規定した（第1項）うえ，障害者の支援（第2項）や経済的修学困難者の奨学（第3項）が規定されている。どこに住んでいるのか，いかなる家庭で生育されているのか，障害の程度はどうか，経済状況はどうかなど，学校に通う子どもの背景は多様である。しかし，学校教育において，「能力」以外の理由で教育上差別があることは許されないことを，法では保障している。

▷8 能力に応じた教育
教育基本法第4条にある「能力に応じた教育」については，子どもの身体的・肉体的・精神的能力や適性，発達の要求や必要に応じた教育と理解されることが一般的である。

2 公教育原理

上に示した国民の「教育を受ける権利」や，「教育の機会均等」の実現のためには，公教育制度の組織化が必要である。公教育原理とは，そのために欠かすことができない考え方を指す。義務性，無償性，中立性の3つがある。

① 義務性

教育の義務性とは，法律などにより，子どもやその保護者に一定の教育を義務づけることである（桑原，1990年，140～143ページ）。

現在の日本においては，日本国憲法第26条で，国民の「教育を受ける権利」を定めたうえ（第1項），「すべて国民は，法律の定めるところにより，その保護する子女に普通教育を受けさせる義務を負ふ。(後略)」(第2項)とし，子に

表 5-1 義務教育制度の要素

要　素		学校教育法の規定
(1)保護者に課す義務	就学義務	第16条 　保護者は，次条に定めるところにより，子に九年の普通教育を受けさせる義務を負う。 第17条 　保護者は，子の満六歳に達した日の翌日以後における最初の学年の初めから，満十二歳に達した日の属する学年の終わりまで，これを小学校，義務教育学校の前期課程又は特別支援学校の小学部に就学させる義務を負う。ただし，子が，満十二歳に達した日の属する学年の終わりまでに小学校の課程，義務教育学校の前期課程又は特別支援学校の小学部の課程を修了しないときは，満十五歳に達した日の属する学年の終わりまでとする。（後略） 第18条 　前条第一項又は第二項の規定によつて，保護者が就学させなければならない子（以下それぞれ「学齢児童」又は「学齢生徒」という。）で，病弱，発育不完全その他やむを得ない事由のため，就学困難と認められる者の保護者に対しては，市町村の教育委員会は，文部科学大臣の定めるところにより，同条第一項又は第二項の義務を猶予又は免除することができる。
(2)国や地方公共団体に課す義務	就学援助義務	第19条 　経済的理由によつて，就学困難と認められる学齢児童又は学齢生徒の保護者に対しては，市町村は，必要な援助を与えなければならない。
	学校設置義務	第38条 　市町村は，その区域内にある学齢児童を就学させるに必要な小学校を設置しなければならない。（後略）
(3)社会に課す義務	避止義務	第20条 　学齢児童又は学齢生徒を使用する者は，その使用によつて，当該学齢児童又は学齢生徒が，義務教育を受けることを妨げてはならない。

出所：筆者作成。

▷9　普通教育
「普通教育」とは，全国民に必要とされる，一般的・基礎的な教育を意味し，おおよそ職業的・専門的でない教育を指している。

普通教育を受けさせる義務を保護者に負わせている。教育基本法第5条第1項でも繰り返し規定している。いわゆる義務教育の「義務」は，子の「教育を受ける権利」を保障するために保護者に課した義務を指している。

義務性は，上記の(1)保護者に課す義務，さらには(2)国や地方公共団体に課す義務，(3)社会に課す義務，以上の3つの要素から成り立っている（表5-1）。

② 無償性

教育の無償性とは，法律などにより，教育を受ける者が教育を受け，あるいは保護者が子に教育を受けさせるために，授業料，教材費その他すべての就学に要する費用を直接にはまったく負担しないことを指す（馬場，1990，342～344ページ）。

現在の日本においては，日本国憲法第26条第2項で，「義務教育は，これを無償とする」としている。しかし，義務教育であれば無制限に無償であるかというと，現在までにはそうはなっていない。教育基本法第5条第4項で「国又は地方公共団体の設置する学校における義務教育については，授業料を徴収しない」，すなわち国公立の義務教育諸学校の授業料のみを無償と規定するにとどまっている。

無償についてその他の法律でいえば、「義務教育諸学校の教科用図書の無償措置に関する法律」により、国・公・私立問わず義務教育の期間における教科書の無償給与が保障されている。

③ 中立性

教育の中立性とは、法律などにより、教育に対する政治的勢力や宗教的勢力の支配を排除することを指す（榊、1990、344～347ページ）。教育基本法第14条・第15条では、教育の政治的・宗教的中立性について規定している。

政治的中立性については、「良識ある公民として必要な政治的教養は、教育上尊重されなければならない」（第14条第1項）としている一方、「法律に定める学校は、特定の政党を支持し、又はこれに反対するための政治教育その他政治的活動をしてはならない」（第14条第2項）と規定している。宗教的中立性については、「信教の自由」（日本国憲法第20条）の趣旨に基づき、「宗教に関する寛容の態度、宗教に関する一般的な教養及び宗教の社会生活における地位は、教育上尊重されなければならない」（第15条第1項）としている一方、「国及び地方公共団体が設置する学校は、特定の宗教のための宗教教育その他宗教的活動をしてはならない」（第15条第2項）と規定している。

政治教育、宗教教育ともに、教育上尊重される必要があるが、学校教育に限定していえば、党派的な政治教育や特定の宗教のための宗教教育を禁止している。ただし、党派的な政治教育は国・公・私立を問わず禁じられているが、特定の宗教のための宗教教育は私立学校では禁止されていない。

4 教育基本法の概要と特徴

1 現在の教育基本法の概要とその特徴

教育基本法は、前述の通り日本の教育法規の中で別格の地位が与えられている。それゆえ、戦後に制定されて以降長らく一度の改正も行われてこなかった。

見直し論議が活発になったのは、近年のことである。教育改革国民会議が「教育改革国民会議報告――教育を変える17の提案」（2000年）を示し、そのなかで教育基本法の見直しを提言した。教育基本法の改正は、直接的には中央教育審議会答申「新しい時代にふさわしい教育基本法と教育振興基本計画の在り方について」を受けて行われたが、結果的には「教育改革国民会議報告――教育を変える17の提案」で示された以下の3つの観点に沿って行われた。(1)新しい時代を生きる日本人の育成、(2)伝統、文化など次代に継承すべきものを尊重し、発展させていくこと、(3)教育基本法の内容に理念的事項だけでなく具体的方策を規定すること、以上の3点である。

▷10 公立高等学校の授業料無償に関する措置
授業料無償の範囲を公立高等学校に広げる動きもある。「公立高等学校に係る授業料の不徴収及び高等学校等就学支援金の支給に関する法律」が2010年に施行され、公立高校の授業料は無償となり、私立高校には高校就学支援金が支給されることになった（現在は高所得世帯には適用しないように法が改められている）。

▷11 教育公務員の政治的中立性
教育公務員は、教育基本法制だけでなく、公務員法制（地方公務員法第36条、教育公務員特例法第18条）、公職選挙法制（公職選挙法第137条）などにおいても政治的中立性が求められている職である。また、公民館などの社会教育においても（社会教育法第23条）、教育行政においても（教育基本法第16条）、中立性を確保する必要があることを法的に規定している。

▷12 教育改革国民会議と17の提案
2000年3月、小渕恵三首相（当時）の私的諮問機関（座長：江崎玲於奈）として発足した。会議設置の趣旨は、「戦後教育の総点検」と「21世紀の日本を担う創造性の高い人材を目指し、教育の基本に遡って幅広く今後の教育のあり方を検討する」であった。17の提案には、新しい時代にふさわしい教育基本法の改正の他、教育評価の体制づくり、組織マネジメントの発想の導入、コミュニティ・スクール設置促進など、2000年以降の日本の教育政策のあり方に影響を与えているものもある。

▷13 中央教育審議会
通称は中教審。文部科学大臣の諮問に応じ，教育の振興，生涯学習の推進に関する重要事項に関して審議し，意見を述べることなどを任務としている。審議会の委員は，学識経験のある者のうちから文部科学大臣が任命する。中教審は，その時々の教育政策のあり方に大きく影響を及ぼしてきた。

▷14 現行教育基本法と旧教育基本法
条文構成は，それぞれ次のようになっている。
【現行教育基本法】
前文，第1条（教育の目的），第2条（教育の目標），第3条（生涯学習の理念），第4条（教育の機会均等），第5条（義務教育），第6条（学校教育），第7条（大学），第8条（私立学校），第9条（教員），第10条（家庭教育），第11条（幼児期の教育），第12条（社会教育），第13条（学校，家庭及び地域住民等の相互の連携協力），第14条（政治教育），第15条（宗教教育），第16条（教育行政），第17条（教育振興基本計画），第18条（法令の制定）。
【旧教育基本法】
前文，第1条（教育の目的），第2条（教育の方針），第3条（教育の機会均等），第4条（義務教育），第5条（男女共学），第6条（学校教育），第7条（社会教育），第8条（政治教育），第9条（宗教教育），第10条（教育行政），第11条（補則）。

教育基本法の主な改正点

① 【前文】本法制定の趣旨等を明らかにしたこと。
　人間の育成の方向性として，新たに「公共の精神を尊び，豊かな人間性と創造性」を挙げ，さらに「伝統を継承し，新しい文化の創造を目指す教育を推進する」ことも掲げられた。（前文）

② 【第1章（第1条から第4条）】教育の目的及び目標について，「公共の精神」や「伝統と文化の尊重」など，今日重要と考えられる事柄を新たに規定したこと。教育に関する基本的な理念として，新たに生涯学習社会の実現を規定したこと。
　教育の目標について5項目にわたって示された。
　生涯学習については，「その生涯にわたって，あらゆる機会に，あらゆる場所において学習することができ」る社会の実現が目指されることになった。
　旧法では，教育における「男女平等」が規定されていた。これが削除された一方で，障害のある者に対し，「十分な教育を受けられるよう，教育上必要な措置を講じなければならない」と新たに規定した。

③ 【第2章（第5条から第15条）】教育の実施に関する基本について定めることとし，大学，私立学校，家庭教育，幼児期の教育並びに学校，家庭及び地域住民等の相互の連携協力について新たに規定したこと。
　義務教育の目的について新たに規定した。これを受け，義務教育を含めた学校教育においては，「体系的な教育が組織的に行われなければならない」ことや，「規律を重んじ」「自ら進んで学習に取り組む意欲を高めることを重視して行われなければならない」とされた。教員については「絶えず研究と修養に励」むことと規定された。その他，「大学」「私立学校」「家庭教育」「幼児期の教育」について新たに規定するとともに，「学校，家庭及び地域住民等の相互の連携協力」に努めることも新たに規定した。

④ 【第3章（第16条から第17条）】教育行政における国と地方公共団体の役割分担，教育振興基本計画の策定等について規定したこと。
　教育行政について，国と地方公共団体のそれぞれの役割について新たに示すとともに，「教育振興基本計画」の策定を両者に求めている。

⑤ 【第4章（第18条）】この法律に規定する諸条項を実施するため，必要な法令が制定されなければならない旨を規定したこと。
　「この法律に規定する諸条件を実施するため，必要な法令が制定されなければならない」と規定し，教育基本法とその他の教育法規との関連性を，より明確に示した。

2006年に施行された現在の教育基本法は，前文と4章18条文で構成され，旧法（前文と11条）と比較して構成も内容も大きく変わることとなった。▷14

2 「理念法」としての教育基本法

教育基本法は，元来，教育の指針・基準を指し示す「理念法」としての機能を有していた。現在の教育基本法は，旧教育基本法と比較しても教育理念に関する条項が増加しており，「理念法」としての機能が強化されている（佐々木，2009）。

第1条の「教育の目的」を受けて第2条でより具体的な「教育の目標」として5項目を定めたこと，第5条で義務教育の目的について定めたこと，第6条

において義務教育を含めた学校教育について「学校生活を営む上で必要な規律を重んずるとともに自ら進んで学習に取り組む意欲を高めることを重視」して進めることを定めたことなどがその例である。これらにともなって，学校教育法では校種別の教育の目的・目標について整備されることとなった（図5-2）。

また，第9条において教員は「絶えず研究と修養に励」むこと（第1項），教員の資質・能力を高めるために「養成や研修の充実」（第2項）を図ることも規定された。そのほか，大学（第7条），幼児期の教育（第11条）といった義務教育以外についても指針が定められた。第10条（家庭教育）では「生活のために必要な習慣を身に付けさせるとともに，自立心を育成し，心身の調和のとれた発達を図るよう努めるものとする」とされ，第13条（学校，家庭及び地域住民等の相互の連携協力）では，3者が「相互の連携及び協力に努めるものとする」とされた。

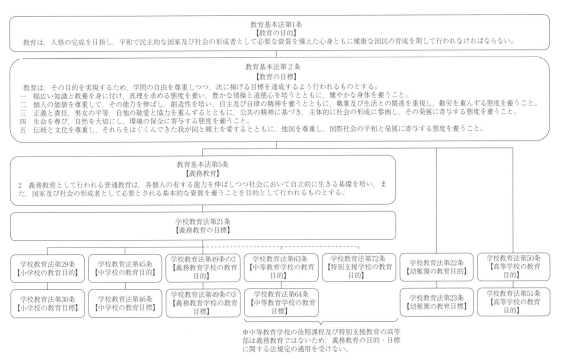

図5-2　教育の目的・目標に関する法規定の階層

出所：筆者作成。

3　「政策法」としての教育基本法

教育基本法は，元来，教育政策の具体的あり方について示す「政策法」としての性格は強調されてこなかった。しかし，「理念や抽象論を展開するより具体的で建設的な提案を行うこととした」という教育改革国民会議の提案が改革の契機となり，「政策法」としての機能が強化されている（佐々木，2009）。

その象徴といえるのが，教育基本法第17条に規定された教育振興基本計画で

ある。教育振興基本計画とは，学校教育のほか，生涯学習，社会教育，幼児教育，体験学習，学校での奉仕活動，芸術・文化教育，スポーツなどについて整備・改善の目標や具体的な実施方策について定めた計画のことである。政府が，「教育の振興に関する施策の総合的かつ計画的な推進を図るため，教育の振興に関する施策についての基本的な方針及び講ずべき施策その他必要な事項について，基本的な計画を定め」（教育基本法第17条第1項）ること，地方公共団体はこれを「参酌」（教育基本法第17条第2項）して地方の実情に応じて具体的な教育振興基本計画を定めることが規定されている。

5 学校経営の法制度

1 学校管理職の登用と研修の制度

近年の学校経営に関する法制度は，ひとくくりにいえば，「学校の自主性・自律性」の確立を目指す方向で整備が進められている。整備の観点は多様であるが，ここでは学校の内部組織の整備に焦点を当てて紹介する。

与えられた裁量を活かして特色ある学校づくりを進めることができる人材を学校管理職に登用することや，そうした資質を身につける機会としての研修のあり方が議論の俎上に載せられている。登用のあり方については，従来，校長や教頭については，教諭と同様「教員免許状」を所持していることが必要であった。現在は資格要件に「教育に関する職に十年以上あつたこと」（学校教育法施行規則第20条第2号）が加えられ，教員免許状の所持状況や教員としての勤務経験を問わず，優れた経営感覚をもつ者に，校長・教頭への門戸を開いている。研修については，校長としての資質として「組織マネジメント」[15]が重要視されるようになったことを受け，文部科学省により『学校組織マネジメント研修』（文部科学省，2004年）のテキストが作成されている。

2 職員会議の補助機関化

「職員会議」は，従来から学校に設置されていた組織であり，学校のなかで最も基本的で重要な組織とみなされてきた。しかし，法令上長らく規定されておらず，教育委員会規則などに規定されるのみであった。それゆえ，各学校で職員会議のありようは多様であった。場合によっては職員会議があたかも「議決機関」であるかのように運営され校長の経営方針に沿わない決定が行われたり，その「決定」が校長の経営判断を歪ませたりする場合もあった。2000年の法改正により，職員会議について「校長の職務の円滑な執行に資するため，職員会議を置くことができる」「職員会議は，校長が主宰する」（学校教育法施行

▷15 組織マネジメント
「組織マネジメント」の意味内容は論者によって多様である。文部科学省によれば，①求める目的に向かって効率的・効果的に組織全体が動くために，②組織内外の刻々と変化する環境からの規制作用や影響に対して，的確な情報解析をもとに，それらをうまく受け入れたり回避したりしながら，③内外の資源（人的，物的，財的，情報，ネットワーク）や能力を統合，開発し，④人々の活動を調整することとされる（文部科学省，2004）。

規則第48条）と明記された。職員会議を校長の「補助機関」として法制度上位置づけることにより，校長を中心とした学校経営を推進することが目指されている。

3　副校長・主幹教諭制度

校長の役割が拡大していくにともなって，「校務をつかさどる」校長を補佐する体制づくりが重要になっている。校務に携わる教頭や主任の役割は重要である。しかし，従来の主任制について「校務運営面」で「十分に機能していない」という評価もあった。2007年の学校教育法改正により，校務について校長を補佐する職として，副校長，主幹教諭が規定された。副校長は「校長を助け，命を受けて校務をつかさどる」（第37条第5項）と，主幹教諭は「校長及び教頭を助け，命を受けて校務の一部を整理（後略）」（同第9項）すると，それぞれ規定された。とくに主幹教諭については校長等と教諭との「パイプ役を担う職」として位置づけられた。これにより校長→副校長→教頭→主幹教諭→教諭という職階制度が確立した。学校における権限と責任を明確化しつつ緩やかな「教育官僚制」への移行を促し，機動的で組織的な学校運営が目指されている。

4　学級編制と教職員配置

学級編制（児童生徒を一定人数で編制すること）と教職員配置は，学校における教育活動の成否を決定する重要なファクターであると同時に，学校経営の基礎条件を決定している。

義務教育段階の公立学校の場合，義務教育標準法の規定により，学級編制の標準を40人（小学校第1学年においては35人，義務教育標準法第3条第2項）として学級数に応じた教員数を算定し，くわえて一定の条件により加配教員数を算定し（第7条），これらをあわせて教職員定数を算出する。これらの規定と県費負担教職員制度が連動することにより全国的に一定水準の教育条件を確保している。他方で，学級編制や教職員配置は，法令に基づきながら各都道府県の権限で基準を定めており，独自の判断で標準以上基準を都道府県独自に定めることができる（第4条）。各市町村においては，法令や県が定める基準を踏まえながら，児童生徒の実態を考慮した独自の学級編制・教職員配置を行うことができる（第4条）。つまり学級編制と教職員配置は，法令で一定の標準を定めながらも，各都道府県・各市町村の裁量によって実態としては多様である。学校経営にあっては，これらを効率的・効果的に活用し，よりよい教育活動を展開することが目指されている。

▷16　校務
学校教育法第37条第4項では，「校長は，校務をつかさどり，所属職員を監督する」と規定されている。「校務」とは，教育，養護，事務を含めた学校運営にあって必要な職務のすべてを包括的に指すものと解するのが一般的である。「つかさどる」は管理運営を行うことをさすが，責任と権限のニュアンスが含まれる。

▷17　主任
法令では，必置の主任として小学校においては教務主任，学年主任，保健主事，生徒指導主事，中学校においてはこれに加え進路指導主事がある。

▷18　義務教育標準法
公立義務教育諸学校の学級編制及び教職員定数の標準に関する法律。

▷19　加配の条件
義務標準法では，少人数指導・専門的な教科指導の実施，障害に応じた特別な指導の実施，日本語能力に課題のある児童生徒への指導の実施，地域の社会的条件で教育上特別の配慮を必要としている場合や，学校運営体制に特別の配慮を必要としている場合などがあげられている。

▷20　県費負担教職員制度
公立の義務教育諸学校の教員の給与を（市町村の学校で勤務する職員であるにもかかわらず），各都道府県が負担する制度。多額の教員給与費を都道府県が負担することでより安定的に教員を供給することを可能にする。その一部を国庫負担とすることで，全国一律的な学級編制・教職員配置が実現する。

Exercise

① 「法令主義」とはどのような考え方か。「勅令主義」と比較しながら説明してみよう。
② 義務性・無償性・中立性とはどのような考え方か。具体的に示されている法令をあげ，説明してみよう。
③ 近年に整備された学校経営の法制度にはどのようなものがあるか。学校の内部組織の整備の観点から新設・改正された法制度をあげ，その要点を整理してみよう。

📖 次への一冊

芦部信喜他『憲法（第6版）』岩波書店，2015年。
　憲法の解説書として，長らく大学生のテキストとして使われている著書の第6版。憲法の全般にわたり解説が加えられている。社会権としての「教育を受ける権利」を国民に保障することについても詳述されている。
解説教育六法編修委員会編『解説教育六法2018』三省堂，など。
　法令の条文だけでなく，判例や解説を掲載している。教育六法を出版している出版社は複数あり，とくに解説は多かれ少なかれ各社で異なっている。複数の教育六法の解説を読み比べると理解が深まる。
佐々木幸寿『改正教育基本法——制定過程と政府解釈の論点』日本文教出版，2009年。
　教育基本法を，一条々々，国会における審議内容を踏まえて解説をした一冊。新旧の教育基本法を読み比べると，何が変わり，何が変わらなかったのかを理解することができる。

引用文献・参考文献

桑原敏明「義務教育」細谷俊夫・奥田真丈・河野重男・今野喜清編『新教育学大事典』第2巻，第一法規，1990年，140～143ページ。
榊達雄「教育の中立性」細谷俊夫・奥田真丈・河野重男・今野喜清編『新教育学大事典』第2巻，第一法規，1990年，344～347ページ。
佐々木幸寿『改正教育基本法——制定過程と政府解釈の論点』日本文教出版，2009年。
下村哲夫『定本　教育法規の解釈と運用』ぎょうせい，1995年。
馬場将光「教育の無償性」細谷俊夫・奥田真丈・河野重男・今野喜清編『新教育学大事典』第2巻，第一法規，1990年，342～344ページ。
法律用語研究会編『法律用語辞典』（第4版）有斐閣，2012年。
堀内孜『学校経営の機能と構造』明治図書出版，1985年。
文部科学省『学校組織マネジメント研修——これからの校長・教頭等のために』2004年。

第6章
学校経営を支える教育行財政制度

〈この章のポイント〉
　はじめに，教育行財政制度を担う文部科学省・教育委員会の役割について説明する。次に，教育財政に焦点をあて，国・都道府県・市区町村・学校に関わる費用とその負担，それを規定する法律や制度を整理する。また，公費・私費の観点から子どもに関わる費用についても概観する。同時に学校を支える教職員の給与制度と教職員の任用や人事管理について説明する。最終的には，学校経営を支える制度・施策について説明できるようになることを目的としている。本章では，学校経営・学校運営を支える教育行財政制度について学ぶ。

1　教育を支える制度と教育費の制度

1　教育行政の担い手

　教育に関わる制度・政策を担い運用しているのが教育行政▷1である。教育行政には国が担う中央教育行政と都道府県・市区町村といった地方公共団体が担う地方教育行政がある。

　中央教育行政は文部科学大臣・文部科学省が中心となって行っている。文部科学省設置法には文部科学省の任務が「教育の振興及び生涯学習の推進を中核とした豊かな人間性を備えた創造的な人材の育成，学術及び文化の振興，科学技術の総合的な振興並びにスポーツに関する施策の総合的な推進を図るとともに，宗教に関する行政事務を適切に行うこと」（文部科学省設置法第3条第1項）と規定されている。文部科学省は任務を達成するために，教育改革・生涯学習に関すること，地方教育行政に関すること，教職員に関すること，初等中等教育に関すること，教育施設に関すること，社会教育・家庭教育に関すること，文化に関すること，教育機関や地方公共団体に対して指導助言・研修を行うこと等の事務をつかさどる（文部科学省設置法第4条）。中央教育審議会（以下，中教審）をはじめとする文部科学大臣の諮問機関が設置され，それらを通して外部の意見を聞き政策プロセスのなかに反映してきた。とくに，中教審は，教育の重要事項について学識経験者や有識者が調査・審議し，文部科学大臣に対して答申を示すことができる。これまで中教審答申に基づき学習指導要領の改訂

▷1　**教育行政**
教育の目的に沿った目標を設定し，目標を達成するための諸条件である教育に関わる施設設備・教育内容・教職員といった条件を法律や政策にそって整備する。

や法律改正等が進められてきた。しかし，2000年以降には，内閣総理大臣の諮問機関として「教育改革国民会議」「教育再生会議」「教育再生実行会議」が置かれ，2006年の教育基本法の改正は「教育再生会議」の提案に基づいて行われた。

他方，地方教育行政の担い手は教育委員会である。教育委員会は，選挙管理委員会や監査委員と同様に政治的に中立な立場として，一般行政からの独立性を確保されるべき存在である。教育委員会は，都道府県および市区町村等におかれる合議制の執行機関であり，生涯学習・教育・文化・スポーツ等の施策を担当している。教育委員会制度の意義は「政治的中立性の確保」◁2「継続性・安定性の確保」◁3「地域住民の意向の反映」◁4にある。教育委員会制度の特徴としては，「首長からの独立」◁5「合議制」◁6「住民による意思決定（レーマンコントロール）」◁7がある（文部科学省HP「教育委員会制度について」）。地方教育行政において指摘される課題には（文部科学省初等中等教育局「教育委員会制度について」），「権限と責任の所在が不明確であること」「地域住民の意向が十分に反映されないこと」「教育委員会の審議が形骸化していること」「迅速な対応に欠ける」といったことがある。地方教育行政は一般行政から独立性を確保するとしながらも，2014年の「地方教育行政の組織及び運営に関する法律」（以下，地教行法）の改正により，教育長に責任が一元化されると同時に首長と教育委員との協議によって大綱の策定と総合教育会議の設置を行うことができるようになった。

さて，義務教育の教育行政における国・都道府県・市区町村の役割は以下のように分類できる。国は，基本的な制度の枠組みを制定，学習指導要領等の全国的な基準の設定，地方公共団体における教育条件整備に対する財政的支援，指導・助言・援助を行う。都道府県教育委員会は，広域的な処理を必要とする教育事業の実施，市区町村における教育条件整備に対する財政的支援，指導・助言・援助を行い，市区町村教育委員会は学校の設置管理を行う。教育委員会は法令または条例に違反しない範囲で，学校の施設設備，組織編制，教育課程，教材の取り扱いなどの管理運営の基本的事項に関して教育委員会規則を制定する。教育委員会には学校に対して必要な指導・助言ができる指導主事が置かれ，学校の自主的な教育活動を支援している。

文部科学省は教育委員会に対して，法令違反や怠り等の不適正な実態があった場合，地教行法第49条による「是正の要求」や指示を行うことができる。是正要求を受けた場合，地方公共団体は措置を講じる必要がある。このように，日本の教育行政制度は地方自治を基本としつつ，教育の機会均等と水準確保のため国が関与する仕組みとなっている。

2 国における教育財政制度

文部科学省はしばしば他の省庁と対立することがある。例えば，2006年の義

▷2　政治的中立性
個人の精神的な価値の形成を目指して行われる教育においては，内容は中立・公正であることが重要である。教育行政の執行に際しても特定の党派から中立性を確保する必要がある。

▷3　継続性・安定性の確保
教育は，子どもの健全な成長発達のため，学習期間を通じて一貫した方針の下，安定的に行われることが必要となる。

▷4　地域住民の意向の反映
教育は地域住民によって関心の高い分野であり，専門家だけでなく広く地域住民の意向を踏まえて行う必要がある。

▷5　首長からの独立
行政委員会として独立した機関を置き，教育行政を担当させることにより，首長への権限の集中を防止し，中立的・専門的な行政運営を担保する。

▷6　合議制
多様な属性をもった複数の委員による合議により，さまざまな意見や立場を集約した中立的な意思決定を行う。

▷7　住民による意思決定（レーマンコントロール）
住民が専門的な行政官で構成される事務局を指揮監督することで，専門家の判断のみによらない広く地域住民の意向を反映した教育ができる。

務教育費国庫負担制度における教職員給与の国の負担割合の削減については，一般財源化しようとする総務省や財務省との対立図式が出来上がった。また，国の予算を管理している財務省は「『子どものために』という名目で感覚的に教育関係予算の額を増大させることに着目するのは正しい政策判断とは言えず（中略）財政当局のみならず，教育政策の責任者は十分に認識すべき」という見解を公表している（財務省HP「4．教育」）。

2016年，文部科学省は少人数教育や英語教育の強化を図るために教職員定数を新たに3万5000人確保すべきだと主張した。これに対して，財務省は公立の小中学校の児童生徒数の減少にともない教職員定数を減らすべきだと主張している。結果として，2018年度予算案では，特別支援教育における教職員定数の改善はされたものの，児童生徒数の減少による教職員定数の自然減と教職員の低年齢化による平均給与水準の低下により，2017年度よりも教員給与総額が20億円減少している。

そもそも日本の財政は，国税・地方税を中心とした税収入によって成立する。日本の税制度において，税収入は地方よりも国が多く，支出は地方が多い。つまり国税中心の集権的な制度となっている。国の収入は交付税交付金や国庫補助金として地方へ再分配され，税収入の地方間格差を是正する仕組みとなっている。

▷8　交付税交付金
すべての地方自治体が一定の水準を維持できるよう財源を保障する観点から，国が地方に代わって徴収し再配分する税のことで，使途が特定されない交付金を指す。

▷9　国庫補助金
国が使途を指定したうえで地方公共団体に交付する補助金および負担金等を指す。補助金は，国が施策を実施するために特別の必要性を認めた場合地方公共団体に交付するもの。

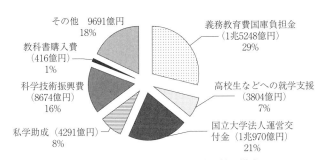

図6-1　平成29年度文部科学省予算の構成
出所：文部科学省資料より筆者一部改正。

2017年度の国の予算は約97兆円，そのうち文部科学省予算の総額は5兆3097億円であり国の一般歳出予算の約6％を占めている。文部科学省の予算は(1)「義務教育費国庫負担金」，(2)「国立大学法人運営交付金」，(3)「科学技術振興費」の順に高い。なかでも人件費である「義務教育費国庫負担金」は文部科学省の予算の約3割を占めている（図6-1）。

3　国・地方（都道府県・市区町村）・学校の教育費

一般的に公立義務教育諸学校は，市区町村によって設置・運営されている。

学校に関わる経費は「設置者負担主義」に基づき義務教育諸学校の場合は市区町村が担う。これは，学校教育法第5条「学校の設置者は，その設置する学校を管理し，法令に特別の定のある場合を除いては，その学校の経費を負担する」に示されている。しかし，市区町村単位では財政基盤に差があること，日本国憲法第26条で義務教育の無償について規定されていることから，国・都道府県も義務教育費の経費を負担している。地方行政である教育に対して国が費用負担する是非については何度も議論があった。しかし，義務教育のナショナルミニマムを保証すること，教育は「国民形成」の機能を有していることから，効果が国全体までにおよぶという考えのもと，国が義務教育費を担うことが容認されてきた。

　このように義務教育の費用は，国・都道府県・市区町村によって担われる。また，義務教育費以外の教育費についても国・都道府県・市区町村から支出されている。以下，国・都道府県・市区町村で予算執行されるもの，国から都道府県，都道府県から市区町村，市区町村から学校といった重層構造として予算執行されている教育費について述べる。

① 都道府県：都道府県教育委員会レベルの教育費

　都道府県は，主に(1)学校教育費，(2)社会教育費，(3)教育行政費，(4)生涯学習関連費といった教育費を取り扱っている。

　「地方教育費調査報告書」によると「学校教育費」とは，公立大学や「公立の幼稚園，小学校，中学校，特別支援学校，高等学校，中等教育学校，専修学校，各種学校及高等専門学校における学校教育活動のために支出した経費」と説明されている。「社会教育費」は，体育・文化関係・文化財保護を含んだ「地方公共団体が条例により設置し，教育委員会が所管する社会教育施設の経費及び教育委員会が行った社会教育活動のために支出した経費」のことである。「教育行政費」とは，所管の教育研究所等を含んだ「教育委員会事務局の一般行政事務及び教育委員会の運営のために支出した経費」のことである。都道府県の扱う教育費の総額の約7割を教職員の人件費が占めている。

② 市区町村：市区町村教育委員会レベルの教育費

　義務教育段階の学校予算に関しては，設置者である市区町村が最も強く関わっている。市区町村の教育予算は，「教育総務費」「小学校費」「中学校費」「幼稚園費」「社会教育費」「保健体育費」に分類できる。

　「教育総務費」とは，教育委員会の運営経費，広報費，委託料，教育委員の手当て，人件費等を指し，「社会教育費」とは，公民館・図書館・児童館・市民会館・文化会館等の運営経費，光熱費，施設建設費，修繕費，職員の人件費等である。「保健体育費」としては，市民体育館・グランド・市民プール・総合運動場・青少年野外活動センターの運営経費，光熱費，職員人件費，学校開

放や市民体育祭への補助金等がある。小学校費と中学校費は，学校の運営経費，光熱水費，施設建設・修繕費，県費負担教職員以外の人件費等がこれにあたる。県費負担教職員以外の教職員とは，給食調理員，用務員，技師，また市区町村で独自に採用した教職員のことであり，これらの人件費はすべて市区町村が支出している。

　教育委員会には，予算を独自に編成する権限がなく，予算権限は首長が有している。首長は予算編成にあたり教育委員会の意見を聞くことが義務づけられている。しかし，教育委員会の予算要求をどれだけ受け入れるのかについては，市区町村ごとに「差」があり首長部局である財政部局の意向が教育予算を左右している現状がある。首長と議会の教育に対する見識，財政部局の考え方，教育委員会のプラン作成能力の高さの違いによって，市区町村ごとの教育予算に「格差」が生じている。

　加えて，教育予算の執行状況は，学校の所属する地方公共団体によって異なる。学校が自由に使える予算をどのように使用するのか，学校で購入する物の範囲を含め学校に計上する教育費の総額については議会が決定している。

2　教職員給与に関わる制度

1　県費負担教職員制度

　県費負担教職員とは「公立義務教育諸学校の学級編制及び教職員定数の標準に関する法律」（以下，義務教育標準法）による定数範囲内の市区町村立義務教育諸学校に勤務する教職員を指し，これらの職員は都道府県教育委員会から任命を受け給与負担がされている。「市区町村立学校職員給与負担法」第1条では，優秀な教職員の安定的な確保と広域人事による適正な教職員配置のために，教員給与について都道府県が負担するという内容が示されている。市区町村の規模や財政力の差による教職員給与の地域間格差を是正し，教育の機会均等を図ることをねらいとしている。

　公立義務教育諸学校の県費負担教職員制度は，教職員の人材を全国的・安定的に確保するために必要である。県費負担教職員の市区町村別・学校種別の定数は都道府県の条例に定められ，都道府県教育委員会は定数の範囲内で市区町村が設置する学校の学級編制に係る事情を総合的に勘案して定めている。県費負担教職員の給与については，学校の設置者である市区町村の条例ではなく，給与負担する都道府県の条例で定められている。なお，政令指定都市の公立義務教育諸学校の教職員は，任命を政令指定都市が行っており，2017年度からは給与負担も政令指定都市と国が行っている。

▷10　**義務教育標準法**
義務教育水準の維持向上のため，学級規模や教職員配置の適正化を図ることを目指し，学級編制や教職員定数の標準について定めた法律である。

県費負担教職員制度によらない教職員も学校に多数配置されている。例えば，臨時の非常勤教員，嘱託職員などは必要に応じて都道府県や市区町村がその給与を負担している。また，給食調理員や用務員については，義務教育諸学校の場合は原則，任命権者である市区町村が給与負担している。

［2］ 義務教育費国庫負担制度

　義務教育費国庫負担制度とは，県費負担教職員の給与および報酬の実支出額を都道府県が3分の2，国が3分の1を負担する制度のことである。このことは「義務教育費国庫負担法」に明記されている。政令指定都市の教職員の給与もその対象であり，政令指定都市と国が負担することとなっている。なお，義務教育費国庫負担法第2条には，国は義務教育諸学校に要する経費の実支出額の3分の1を負担すること，該当するものは，職員の給与および報酬等の経費であると記載されている。義務教育費国庫負担金は目的用途が自由な交付税交付金と異なり目的用途が定められている国庫負担金である。つまり，義務教育費国庫負担金として国から都道府県に支出された予算は，教職員の給与以外に使用することはできない。

　国が県費負担教職員の給与を負担する理由は，義務教育費国庫負担法第1条に「義務教育無償の原則に則り，国民のすべてに対しその妥当な規模と内容とを保障するため，国が必要な経費を負担することにより，教育の機会均等とその水準の維持向上とを図ることを目的」としていることにある。つまり，義務教育費国庫負担制度は，都道府県の財政力の差が教職員の給与の格差に直接反映することを防ぐものである。教員給与は教員を確保するための物的条件であり，国が最低限保障することで教育の機会均等と教育の水準を維持することを企図している。

　義務教育費国庫負担法制定当初の1957年は，教職員給与を国が2分の1，都道府県が2分の1負担していた。しかし，2002年の経済財政諮問会議，2005年の「三位一体の改革」を経て，2006年度から国が3分の1，都道府県が3分の2を負担することとなった。国の負担割合を減らすことについては是非論が生じた。文部科学省は全国的に一定水準の教員待遇の維持と教育の機会均等を保持するため，2分の1負担の維持を主張していた。一方で，総務省・財務省は国の関与をできるだけ縮小し地方の自主性を発揮すべきであるとして，義務教育費国庫負担制度の廃止さえ主張していた。

　このような議論を踏まえ，地方の自主性発揮を意図してつくられた制度が「総額裁量制」である。2004年から導入された「総額裁量制」は，義務教育費国庫負担金の総額を都道府県ごとに規定し，都道府県はその範囲内で教職員の給与・配置の仕方を決定できるようになった。加えて，地方財政法第10条によ

り，文部科学省は人件費の他に，学校の施設建設費や各種整備事業について一部分の補助・助成を教育委員会に対して行っている。

総額裁量制が導入される以前，教職員数は義務教育標準法に，給与水準は国の基準に準拠して計算されていた。しかし，導入後は給与水準を各自治体が決定できることになり，義務教育標準法で規定されている数以上の教職員を配置することができることとなった（図6-2）。

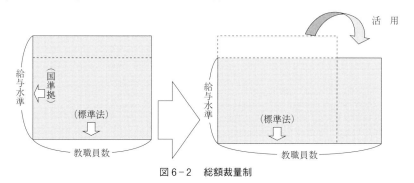

図6-2　総額裁量制

現在，義務教育費国庫負担金の算出方法は，「給与単価」×「教職員定数」×「3分の1」＝「負担金総額」である。「総額裁量制」を導入することにより費目ごとの国庫負担の限度額がなくなり，給与を自主的に決定することができ，地方の裁量が拡大された。

つまり，義務教育標準法の規定に準拠したうえで，教職員の給与額と配置数を地方の裁量で決定できることとなり，少人数学級等の独自の制度を設けることが可能となった。

このように義務教育費国庫負担制度による国の負担割合が3分の1になったことと総額裁量制導入により，教職員給与における地方の裁量が拡大され，地方の自主性を発揮できることとなった。

3　教職員の任用と人事制度

任用とは特定の人物に職を充当させることを指し，採用・昇任・降任・転任の4種類に分けることができる。教員の採用および昇任は選考によるものとし，公立学校では校長および教員の任命権者である教育委員会の教育長が行うこととなっている（教育公務員特例法第11条）。また，法令等の規定に従い，任用に加えて休職・免職・懲戒を行う。

県費負担教職員の任命権は都道府県教育委員会にある。ただし特例として政令指定都市の県費負担教職員の任命権は政令指定都市教育委員会にある（地教行法第38条）。

市区町村教育委員会には教職員の服務監督権（地教行法第43条）があり，都道府県教育委員会に対しては人事の内申ができる。教職員の服務監督権とは，教

職員の職務上の義務や身分上の義務にのっとって監督する権利のことである。市区町村立学校は市区町村教育委員会に対して校長による意見の申出ができる。

3　学校財務制度

1　学校財務とは何か

　学校運営には多くの経費がかかる。学校運営経費は「公費」と保護者が納入する学校徴収金といった「私費」に分けることができる。公費は国・都道府県・市区町村が負担している学校運営経費のことを指す。私費は保護者が負担する経費のことを指す。学校が公的機関であること，とくに義務教育は機会均等が必要であることから，学校には多くの公費が投入されている。市区町村立の義務教育諸学校に関わる公費については，(1)学校内部での予算運用，(2)市区町村教育委員会による学校教育費の予算管理，(3)国・都道府県による学校教育予算の運用の3層構造として捉えることができる。

　義務教育諸学校の設置者である市区町村教育委員会はその経費を負担する。市区町村による財政的不均衡により義務教育の水準に格差が生じないように，国と都道府県は市区町村へ教育費補助をしている。

　学校に関わる経費は，大きく(1)学校運営費と，(2)施設設備費・建設費に分類することができる。原則，「学校配当予算」は，教育委員会から学校に配分される予算のことを指す。学校配当予算は，標準的には他の予算と同じように会計年度が4月1日から3月31日であり，年度の支出については公費・私費にかかわらず年度内の収入で執行される。しかし，学校にとって「会計年度独立の原則」が妥当なのかは検討の余地がある。

　学校の予算は，(1)「教育委員会が直接執行する予算」，(2)「教育委員会から学校に配当される予算」，(3)「保護者が負担する納入金」である私費の3点に分けることができる。(2)「教育委員会から学校に配当される費用」は，使途に応じて費目が分かれ配当額が提示される。また，(3)「保護者が負担する納入金」つまり，学校が児童生徒から徴収した「学校徴収金」は，教材購入等に用いられる学級費，実験実習費，修学旅行費，PTA会費等で構成される。学校徴収金のなかには通常給食費は含まれない。市区町村によって，義務教育での私費負担の内容については差がある。基本的には個人に帰属する修学旅行費や給食の材料費，ワークブックといった副教材代が私費負担と認識されている。基本的に間接教育活動費は公費負担，直接教育活動費においても共有・備え付けのものや指導に関するものの経費は公費負担であると理解され，直接的利益が児童生徒に還元されるものに関わる経費が保護者負担となっている。

▷11　学校徴収金
学校教育活動に必要な経費として，校長の責任で保護者から徴収・執行している費用を指す。

2 公費負担と私費負担

　一般的に、教育費は、費用負担者の違いによって公費と私費に分けることができる。とりわけ、公教育の費用は国及び地方公共団体によって一定程度負担される。しかし、その費用の負担範囲や程度については議論の余地が残されている。

　公教育費とは、国および都道府県・市区町村といった自治体が負担する公財政支出の教育関係費のことである。一方、私教育費とは、個人が負担する教育関係費を指す。

図6-3　公教育費と私教育費

出所：筆者作成。

　公教育の目的を達成するために国または地方公共団体が財源を確保し、公教育費を支出・配分する活動の総体を公教育財政という。教育に関する費用を「公」が負担する理由の一つに、政府の役割として公共財の提供があることがあげられる。「公共財」として提供されるには、排除不可能性と非競合性がある。排除不可能性とは、料金を負担しない人等の特定の人をサービスの消費者から排除できないことである。非競合性とは、ある人の消費によって他の人の消費が減少しないこと、同じサービスを複数の消費者が同時に消費できることである。一般的に教育は排除不可能性をもたないが、非競合性をもつことから準公共財として捉えられている。加えて、教育のもたらす利益について考える場合、直接効果として教育を受ける子ども自身の利益になるとともに、外部効果・間接効果として、子どもが教育を受けることは社会全体の利益につながる。そのため、教育には社会有用性があり、国が義務教育を保障する必要があるとされている。これを公財政負担論として捉えられている。

▷12　公財政負担論
教育の効果は広く社会全体にも還元されるのだから、費用も社会全体で負担すべきという考え方のことを意味する。

　先述の通り、そもそも、教育費は、費用負担者によって公教育費と私教育費に分けることができる（図6-3）。
　教育費を誰が負担すべきかについては、(1)設置者負担主義と、(2)受益者負担の原則という考え方がある。その違いは、教育のもたらす利益や効果の及ぶ範囲をどのように位置づけるのかを根拠とする。本来、教育は、それを受ける子

ども自身に直接的な効果があると考えられる。利益を受ける子どもやその親が自分で費用を負担すべきだというのが「受益者負担の原則」である。一方，子どもが教育を受けることは，国民の育成や社会の成熟という社会全体の利益につながる。また，学校教育の場合，国民を育成することにもつながる。そうした観点に立つなら，公費で教育を保障する必要があるということになる。現状では，児童生徒に直接還元される経費である直接教育活動費が私費負担となっている。

公教育における私的負担の割合の増加は保護者負担を生む。同時に，自治体における公費・私費負担の考え方が異なることは，教育費の格差，ひいては教育条件の格差を生むことにつながる。今後の課題としては，地域格差是正を進めるのか，地域や学校の裁量に委ねた特色ある学校教育に進めるのかを考える必要がある。

4 公費負担と私費負担の展望

1 教育の機会均等——授業料無償，教科書無償給与

教育理念の一つに，教育の機会均等の保障がある。これはすべての子どもに対して，一定水準の教育を保障しようとするものである。教育の機会均等の財政保障としては，日本国憲法第26条第2項に義務教育費は無償であるとの原則が示されている。現在無償の範囲については，授業料無償および教科書無償給与となっている。教育の機会均等を実現していくうえで無償の観点から重要となる課題は，教育を受ける機会の条件をできる限り等しいものとすることである。そのため経済的理由で就学困難な子どもに対する就学援助や要保護・準要保護といった経済援助が地方自治体に義務づけられている。一方で，義務教育費のなかでも私費負担の割合は小さくない。これをすべて「受益者負担の原則」によると考えてよいのかどうか，教育の機会均等の点に鑑みると，議論の余地が残されている。

2 就学援助制度——子どもの貧困と関わって

保護者には，子どもへの就学義務があり，学校および教育委員会は学齢に達している児童生徒が就学しているか否かを管理する義務がある。しかし，経済的理由により就学が困難な学齢児・生徒に対しては，市区町村の条例に基づいて保護者に対して必要な援助を行う制度がある。学校教育に関わる費用を私費負担できない家庭に対して世帯収入に応じた奨学金制度や要保護・準要保護制度が確立されている。ただし，準要保護として援助を受けることができるか否

か，何の費目に支給するのかの判断は市区町村に委ねられている。そのため，自治体の財力によって認定基準が異なり自治体間格差が生じている。教育の機会均等の保障にとって重要な課題といえる。

Exercise

① 教育の機会均等のために行われている政策について，文部科学省，都道府県教育委員会，市町村教育員会のそれぞれの視点で整理してみよう。
② 義務教育費国庫負担制度における県費負担教職員給与の国の負担割合が3分の1となった際に，どのようなメリットと課題が議論としてあがったのか整理してみよう。
③ 文部科学省と都道府県教育委員会と市町村教育員会の教育財政的な位置づけについて整理してみよう。

次への一冊

末冨芳編『子どもの貧困対策と教育支援』明石書店，2017年。
　　子どもの貧困について制度・政策分析や貧困の教育支援に関わる当事者からのアプローチが網羅されている一冊である。子どもの貧困について考える際に基本となる視点がのっている。
堀内孜編『公教育経営概説』学術図書出版，2014年。
　　日本の公教育，学校教育システムの枠組みや機能とその課題について概説されている。
清原正義『教育行政改革と学校事務』学事出版，2000年。
　　日本の学校財務・学校予算，学校事務の基本概念や財務を担当する学校事務職員について網羅されている一冊である。
高倉翔編『教育における公正と不公正』教育開発研究所，1996年。
　　教育行財政，教育制度，学校教育における公正と不公正に言及した一冊である。教育の機会均等や教育の無償制について考える際の基本文献となる。
末冨芳編『予算・財務で学校マネジメントが変わる』学事出版，2016年。
　　学校予算・財務を通じて効果的な学校マネジメントを行うことが可能なのかという点を事例調査，概念整理を行った一冊である。

引用・参考文献

財務省HP「4．教育」2017年。(http://www.mof.go.jp/zaisei/matome/zaiseia271124/kengi/02/04/index.html　2018年8月19日閲覧)
文部科学省生涯学習政策局『地方教育費調査報告書』(平成26年度会計)。
文部科学省初等中等局「教育委員会制度について」2013年。(https://www.kantei.go.jp/

jp/singi/kyouikusaisei/dai 3 /siryou 2 .pdf　2018年 8 月20日閲覧）

文部科学省HP「教育委員会制度について―教育委員会制度の概要」。（http://www.mext.go.jp/a_menu/chihou/05071301.htm　2018年 8 月21日閲覧）

文部科学省「総額裁量制の導入について」。（http://www.mext.go.jp/a_menu/shotou/kyuyo/_icsFiles/afieldfile/2017/09/14/1394395_04.pdf　2018年11月10日閲覧）

第7章
学校における教育課程と
カリキュラム・マネジメント

〈この章のポイント〉

　学校における教育課程の編成・実施はいかなるシステムで成り立っているのだろうか。本章ではまず，教育課程行政・制度の基本的構造，学習指導要領の法的拘束力，教科書制度について概説する。そのうえで，特色ある学校づくりに向けた制度改編の動向と，新学習指導要領における「資質・能力」型の学力観をおさえ，カリキュラム・マネジメントが求められる背景について学習する。最後に，各学校でカリキュラム・マネジメントが重視される意義を考え，今後求められる教師の役割を解説する。

1　教育課程行政の制度

１　教育課程編成・実施の基本的構造

　教育課程の編成・実施は，新学習指導要領においてカリキュラム・マネジメントの重要性が提起されたように，学校経営の重要課題となっている。そして，教育課程の編成・実施は，何も学習指導要領や教科書どおりに行えばよいのではなく，教師個々人と各学校の創造性が不可欠である。なぜなら，教師の職務の中核である授業の一つひとつが教育課程の構成要素そのものだからである。また，「知識基盤社会」といわれる昨今では，個別の知識内容（各教科の知識等）をつなげて，問題解決に取り組む必要がある。これまでの社会的課題とは質的に異なる問題へ向き合う子どもたちに対して，次代を担う問題解決能力を育成するには，個々の教師によって，教育課程を柔軟に捉えて実践する指向性が肝要である。

　はたして教師は，教育課程の編成・実施へ主体的に参画することを意識できているだろうか。あるいはこれから教師を目指す読者にとって，教育課程の編成・実施に自身が必然的にかかわっていく存在であるという意識はどの程度醸成されているだろうか。一人ひとりの教師が教育課程編成・実施に参画するために，その前提となる基本的構造をおさえておこう。

　各校種の学習指導要領において，教育課程の編成主体は，各学校であることが規定されている。ただし，教育課程の編成は，教育基本法，学校教育法，学校教育法施行規則といった各種法令や学習指導要領をはじめとする教育課程の

公的基準に基づいて行う必要がある。その公的基準は、(1)国会制定法レベル（教育基本法・学校教育法・地方教育行政の組織及び運営に関する法律など）、(2)文部科学大臣が発する省令・告示レベル（学校教育法施行規則・学習指導要領など）、(3)教育委員会が定める教育委員会規則レベル（学校管理規則など）によって根拠づけられる。例えば、(1)国会制定法レベルでは、教育基本法第1条と第2条で「教育の目的」「教育の目標」が定められ、これに基づいて学校教育法では校種ごとの教育目的・目標が定められている。また、(2)文部科学大臣レベルでは、学習指導要領のほか、学校教育法施行規則で学校種ごとの教育課程の領域構成が示されたうえで、各教科等に充てられる時間数や標準授業時数が定められている。こうしたさまざまな基準に基づきながら、各学校において、教育課程の編成・実施がなされる構造となっている。

2　学習指導要領の法的拘束力と大綱化・弾力化

教育課程の編成・実施の基準としての「学習指導要領」は、学校教育法施行規則の規定により、文部科学大臣が教育課程の基準として公示する性格をもつ。第二次世界大戦後、教師が教育課程を編成するための手引きとして1947年に『学習指導要領一般編（試案）』が編集された。その後、1951年に改訂が行われたものの、いずれも「手引き」としての性格で、あくまで「試案」とされていた。しかし、1958年改訂より、文部大臣（当時）によって、官報告示がなされ、学習指導要領等が公示されるようになったことで、教育課程の国家的基準としての性格が強くなった。つまり、学習指導要領は、学校教育法および学校教育法施行規則に基づいて文部科学大臣が公示する形式をとるために、法的拘束力を有するとされる考え方が一般的となっている。他方で、教育課程の公的基準の法的拘束力は、旭川学力テスト事件をめぐる最高裁判決や福岡県立伝習館高校事件をめぐる最高裁判決など、裁判で争われてきた。

一方で、1977年の学習指導要領改訂で「ゆとり教育」の方針が出されて以降、授業時数や学習内容が削減された。さらには、1989年学習指導要領改訂での「生活科」創設、1998年の学習指導要領改訂での「総合的な学習の時間」創設などにより、教科横断的な授業の時数が教育課程編成のなかに入るようになった。これらによって、各学校の裁量に基づいて、教育課程の編成を進めることが一部可能となり、学習指導要領の大綱化・弾力化が進んだといわれる。

3　教科書検定・採択制度

教科書（教科用図書）は、各学校が教育課程を編成して教育活動を実施するために重要な役割を果たす。教科書とは、「小学校、中学校、義務教育学校、高等学校、中等教育学校及びこれらに準ずる学校において、教育課程の構成に

▷1　旭川学力テスト事件
1976（昭和51）年の旭川学力テスト事件に対する最高裁判決は、学習指導要領の法的効力の認定の可否判断は避けられたが、「全国的な大綱的基準としての性格を持つ」「必要かつ合理的な基準の認定として承認することができる」とされ、事実上法的拘束力が認められた。

▷2　福岡県立伝習館高校事件
福岡県立伝習館高校において、高等学校学習指導要領の内容を逸脱した指導を展開したとされる教諭らが懲戒免職処分を受けたことに対して、学習指導要領の法的拘束力が問われた。最高裁まで争われた結果、高等学校教師に認められる裁量を前提としても、本件は学習指導要領の法規としての定めに著しく逸脱するとされた（1990（平成2）年最高裁判決）。

応じて組織排列された教科の主たる教材として，教授の用に供せられる児童又は生徒用図書であつて，文部科学大臣の検定を経たもの又は文部科学省が著作の名義を有するもの」（教科書の発行に関する臨時措置法第2条）と定義される。裏返せば，文部科学省が著作の名義を有する図書のほかは，文部科学大臣の検定を経なければ教科書として使用できない。

教科書が学校の授業で使用できるようになるまでには，⑴著作・編集→⑵検定→⑶採択→⑷発行（製造・供給）のプロセスを経ている（図7-1）。

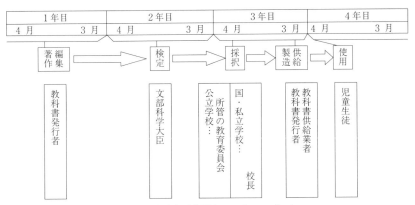

図7-1 教科書が使用されるまでのプロセス
注：製造・供給，使用の時期は，前期教科書の例をとった。

⑴では，民間の教科書発行者を中心に，文部科学大臣があらかじめ設定した教科書の種目等の基準に則って，教科書を編集する。⑵では，検定申請のあった教科書に対して，文部科学大臣が教科用図書検定調査審議会の答申に基づいて検定を行う。そして，⑶では，公立学校の場合，設置者である市町村または都道府県教育委員会が，国立および私立学校の場合，校長が，検定を合格した教科書のなかから，教科書の採択を決定する。採択された教科書は，⑷の段階へと移る。これらのプロセスでは，とくに⑵検定段階の法的妥当性や違憲性をめぐって，家永三郎教科書裁判をはじめ，争点となってきた。

▷3 **家永三郎教科書裁判**
東京教育大学文学部教授であった家永三郎が，自著の高等学校日本史教科書『新日本史』が1962（昭和37）年度の教科書検定で不合格になったことを不服とし，三次にわたり争われた教育裁判。

2 特色ある学校づくりと教育課程

1 教育課程開発を促す施策

ここまでみてきたように，各学校における教育課程の編成・実施は，学習指導要領をはじめとする公的基準に基づいて行われる必要がある。それは，教育の機会均等や教育水準の維持向上を図るためである。ただし，基準に基づくということは，学校が裁量をもたないということではない。とくに1990年代以降，地域や児童生徒の実態に即した特色ある学校づくりが強調され，学校の裁

量拡大が進められてきた。「教育課程を経営する」営為が学校現場に拡がりをみせてきたのは、こうした動向のなかで1998（平成10）年版学習指導要領において「総合的な学習の時間」が新設され，各学校でのカリキュラム開発の必要性が増してきたことが大きい。また，この萌芽として，1989（平成元）年の学習指導要領改訂によって，教育課程経営が学校の特色化の実現と一体的に捉えられるようになった。とくに小学校では，1989（平成元）年学習指導要領で，生活科の新設や，新しい学力観に立った学習指導，観点別評価が導入されたことで実践的課題として教育課程経営が重要視されるようになった。

　「生活科」や「総合的な学習の時間」が創設され，教育課程開発が教育課程経営の俎上に載り始めた背景には，国際理解教育，情報教育，環境教育，福祉教育などの現代的な教育課題への対応が必要とされる教育内容的な側面と，自己教育力の育成や新しい学力観の提唱にみられるように機能的・態度的な学力の育成が必要とされる教育方法的な側面とがある（山崎，2000）。すなわち，新たな社会的課題に向き合っていく子どもたちに対して，教科横断的な学習機会を提供し，問題解決能力の育成を実現するために，各学校が教育課程開発によって，特色を有した教育課程を編成・実施することが求められるようになった。

2　カリキュラムの多様性と画一性

　学校間での「横並び」を基本とし，学習指導要領に準拠した教育課程の編成・実施がなされてきた教育課程経営において，特色化やカリキュラムの多様性が求められるようになった。それは，上記の1989年の「生活科」新設，1998年の「総合的な学習の時間」の創設が学習指導要領の改訂にともなって提起されたことだけでなく，2008年版学習指導要領の基盤となった2008（平成20）年1月の中央教育審議会答申で特色ある教育活動が展開可能な裁量とともに，責任が付与されたことからもみてとれる。ここでは，「各学校は，大綱的な基準であるこの学習指導要領に従い，地域や学校の実態，子どもたちの心身の発達の段階や特性を十分考慮して適切な教育課程を編成し，創意工夫を生かした特色ある教育活動が展開可能な裁量と責任を有している」とされた。

　また，研究開発学校の指定は，都道府県教育委員会等の推薦方式だったが，2000（平成12）年度からは，学校の管理機関が主体的に研究課題を設定し，文部科学省に申請する手上げ方式へと制度転換した。これも，カリキュラムの多様性を学校が主体的に選択していく可能性を開いたという意味で，学習指導要領による「横並び」の画一的な教育課程からの変化を示している。

▷4　研究開発学校
文部科学省の定義によれば、研究開発学校制度とは、「学校における教育実践の中から提起されてくる教育上の課題や急激な社会の変化・発展に伴って生じた学校教育に対する多様な要請に対応するため、研究開発を行おうとする学校を『研究開発学校』として指定し、その学校には、学習指導要領等の現行の教育課程の基準によらない教育課程の編成・実施を認め、その実践研究を通して新しい教育課程・指導方法を開発していこうとする」ものである。この制度は、1976（昭和51）年より設けられている。

3 新学習指導要領と教育課程経営

1 学力調査のインパクトによるコンピテンシー重視の教育課程

　新学習指導要領は，コンピテンシー重視や「資質・能力」型の学力観へと転換するものとして注目されている。2030年の未来社会を見据え，グローバル化への対応やAI（Artificial Intelligence：人工知能）時代において人間がもつべきとされる知性や能力を学校教育において育成する必要があるとの認識から，新学習指導要領では，次の点を強調している。すなわち，子どもたちが「何を知っているか」だけではなく，「知っていることを使ってどのように社会・世界と関わり，よりよい人生を送るか」ということが重視され，知識・技能，思考力・判断力・表現力等，学びに向かう力や人間性など情意・態度等に関わるもののすべてを，総合的に育んでいくことが重要であるとされる。これは，「何ができるようになるか」という「資質・能力」の視点を組み込んだ学習観へ転換し，子どもの学習活動を展開していくことを念頭に置いている。学習指導要領改訂の基盤となった2016年12月21日の中央教育審議会答申「幼稚園，小学校，中学校，高等学校及び特別支援学校の学習指導要領等の改善及び必要な方策等について」（以下，答申）では，「資質・能力」の「3つの柱」として，以下の要素があげられている。

▷5　**新学習指導要領**
2016（平成28）年12月21日の中央教育審議会答申「幼稚園，小学校，中学校，高等学校及び特別支援学校の学習指導要領等の改善及び必要な方策等について」を受けて，各学校種の学習指導要領等が告示されている。2017（平成29）年3月に小学校・中学校学習指導要領等が告示され，小学校では2020年度，中学校では2021年度より施行予定である。また，2017（平成29）年4月に特別支援学校学習指導要領等が告示され，幼稚部では2018年度，小学部・中学部では2020年度より施行予定である。

①「何を理解しているか，何ができるか（生きて働く「知識・技能」の習得）」
　→各教科等に関する個別の知識や技能など。身体的技能や芸術表現のための技能等も含む。
②「理解していること・できることをどう使うか（未知の状況にも対応できる「思考力・判断力・表現力等」の育成）」
　→主体的・協働的に問題を発見し解決していくために必要な思考力・判断力・表現力等。
③「どのように社会・世界と関わり，よりよい人生を送るか（学びを人生や社会に生かそうとする「学びに向かう力・人間性等」の涵養）」
　→①，②の力が働く方向性を決定付ける情意や態度等に関わるもの。例えば，
　・主体的に学習に取り組む態度も含めた学びに向かう力や，自己の感情や行動を統御する能力など，いわゆる「メタ認知」に関わるもの。
　・多様性を尊重する態度と互いのよさを生かして協働する力，持続可能な社会づくりに向けた態度，リーダーシップやチームワーク，感性，優しさや思いやりなど，人間性に関するもの。　　（答申，28～31ページを基に作成）

こうした「知識・技能」「思考力・判断力・表現力等」「学びに向かう力・人間性等」の3つからなる「資質・能力」型の学力が求められるようになった背景には，日本の教育界を席巻した2000年代の「PISAショック」◁6がある。これは，「PISA型学力」を育成できていないことを問題視する議論へと推移し，教育政策の転換を促した。その象徴は，2007年度より，小学校第6学年と中学校第3学年を対象に実施されている全国学力・学習状況調査である。この調査では，基礎的な学習知識を問うA問題に加え，日常場面での知識の応用を問うB問題が出題されており，後者は「PISA型学力」に類似するものとしてこれまでの教育政策と大きな違いをもたらした。

「PISA型学力」といった学力観の背景にある考え方として，「コンピテンシー」概念がある。これは，「何を知っているか」という知識のコンテンツだけでなく，「知っていることを使ってどのように問題を解決するか」という問題解決能力をも含む学力観であり，「資質・能力」や「21世紀型能力」など類似概念がある。◁7

コンピテンシー概念は，1997年より，OECDに設けられた「コンピテンシーの定義と選択（Definition and Selection of Competencies: DeSeCo）」プロジェクトにおいて提案された。DeSeCoプロジェクトでは，グローバル化やデジタル化の進展により，読み書き能力だけでなく，高次の認知能力を含んだ概念としてコンピテンシーを定義することを目的とした。DeSeCoプロジェクトでコンピテンシーとは，人が「特定の状況の中で（技能や態度を含む）心理社会的な資源を引き出し，動員して，より複雑な需要に応じる能力」と定義されている。この中核となるキー・コンピテンシーは，(1)「相互作用的に道具を用いる力」，(2)「社会的に異質な集団で交流する力」，(3)「自律的に活動する力」という3つから構成されている。さらに，キー・コンピテンシーの中核として「思慮深さ（reflectiveness）」が位置づけられており，社会から一定の距離をとり，異なった視点を踏まえながら，多面的な判断を行うとともに，自分の行為に責任をもつ思慮深い思考と行為が重要とされている。

2 「主体的・対話的で深い学び」

「資質・能力」型の学力を育成するために，新学習指導要領では，「どのように学ぶか」を明示することにも踏み込んでいる。そこで一躍教育界のトレンドワードとしてその位置を占めるようになったのが「主体的・対話的で深い学び」（いわゆる「アクティブ・ラーニング」）である。

「主体的・協働的な問題発見・解決場面」での学び（＝「主体的・対話的で深い学び」，アクティブ・ラーニング）では，学びの質を高め，上述の育成すべき「資質・能力」の3つの柱を育むことが理念化されている。「知識・技能」は，

▷6 「PISAショック」
OECD（経済協力開発機構）は，2000年より3年ごとに国際学力調査であるPISA（Programme for International Student Assessment）を実施してきた。この調査では，15歳児を対象に読解力，数学的リテラシー，科学的リテラシーの三分野について，国際的な学習到達度を調査しており，その趣旨は「これまで身に付けてきた知識や技能を，実生活のさまざまな場面で直面する課題にどの程度活用できるかを測る」ことである。日本では，2003年調査で順位を前回より下げたことで，子どもの学力が低下していると問題視された。これがいわゆる「PISAショック」である。

▷7 「コンピテンシー」と類似概念
「コンピテンシー」概念に類似するものとして，「新しい能力」，「21世紀型能力」「資質・能力」などがある。いずれの概念においても，「何を知っているか」という基礎知識重視の学力観から「何ができるようになるか」という実生活への知識の応用を主眼とした学力観への転換を促進するねらいがある。これらは，グローバル化やAI社会に対応できる人材を育成するための鍵概念とされている。

アクティブ・ラーニングで「活用」することによって深い理解と方法の熟達を促すとされる。「思考力・判断力・表現力等」は、アクティブ・ラーニングを「経験」することで磨かれるとされる。「学びに向かう力・人間性等」は、アクティブ・ラーニングの「エンジン」であり、アクティブ・ラーニングによって喚起される子どもたちの学びへの興味と努力し続ける意志でもあるとされる。

3 「社会に開かれた教育課程」の実現

こうした新学習指導要領の考え方の中核に位置づくのが「社会に開かれた教育課程」という考え方である。これは、学校が社会や世界と接点をもちつつ、多様な人々とつながりを保ちながら学ぶことができる、開かれた環境となるために、教育課程も社会とのつながりを大切にする必要があるとの認識に基づく。「社会に開かれた教育課程」として重要とされているのは以下3点である。

① 社会や世界の状況を幅広く視野に入れ、よりよい学校教育を通じてよりよい社会を創るという目標を持ち、教育課程を介してその目標を社会と共有していくこと。
② これからの社会を創り出していく子供たちが、社会や世界に向き合い関わり合い、自らの人生を切り拓いていくために求められる資質・能力とは何かを、教育課程において明確化し育んでいくこと。
③ 教育課程の実施に当たって、地域の人的・物的資源を活用したり、放課後や土曜日等を活用した社会教育との連携を図ったりし、学校教育を学校内に閉じずに、その目指すところを社会と共有・連携しながら実現させること。

(答申、19〜20ページ)

「社会に開かれた教育課程」の提起は、学校教育が公共性をもつ営為として機能していくうえで重要な示唆がある。なぜなら、子どもが社会とつながっているという意識を教育課程の編成・実施に内在化させていくことを企図しているためである。

ただし、この「社会」に何を想定するかによって、学校教育という営みがもつ公共性の拡がりを決定づける。例えば、産業資本主義社会のことを指すものだとして、「社会に開かれた教育課程」を捉えてしまうと、グローバル資本主義社会で、企業人として生き抜くための「グローバル人材育成」を学校が担うという意味に矮小化されてしまう。他方で、地域社会のことを意識して「社会に開かれた教育課程」を捉えた場合、地域の教育資源活用の意図はもちろん、地域課題の解決に向けた教育課程を編成することをも含意する。

とはいえ、この「社会」は、一つの考え方に縛られない。むしろ、カリキュ

ラム・マネジメントのプロセスにおいて，教師や学校組織が，各学校の子どもの実態に即しながら，自校の教育課程を編成する際に意識しなければならない「社会」とは何かを問うことが重要であろう。

4 カリキュラム・マネジメントの強調

「主体的・対話的で深い学び」を実現し，「資質・能力」を育むために，学校には，新学習指導要領においてカリキュラム・マネジメントの確立が求められている。それは，教育課程の編成主体である各学校が，それぞれの学校や社会の実情を踏まえ（「社会に開かれた教育課程」），各学校が編成する教育目標を実現するために，どのような教育課程を編成し，それをどう実施・評価・改善していくかをマネジメントする体制の確立をねらいとする。つまり，カリキュラム・マネジメントとは，児童生徒や学校，地域の実態等を踏まえて，各学校が学校教育目標を設定し，その実現に向けて，教育課程を編成し，実施，改善する継続的な営みである。これには，以下3つが含まれるとされる。

① 各教科等の教育内容を相互の関係で捉え，学校教育目標を踏まえた教科等横断的な視点で，その目標の達成に必要な教育の内容を組織的に配列していくこと（教科横断的な教育課程経営）。
② 教育内容の質の向上に向けて，子供たちの姿や地域の現状等に関する調査や各種データ等に基づき，教育課程を編成し，実施し，評価して改善を図る一連のPDCAサイクルを確立すること（PDCAサイクルの確立）。
③ 教育内容と，教育活動に必要な人的・物的資源等を，地域等の外部の資源も含めて活用しながら効果的に組み合わせること（人的・物的資源の効果的活用）。
　　　　　　　　　　　　　　　　　（答申，23～24ページ。（　）内は筆者加筆）

ここでは，「教科横断的な教育課程経営」と「教育課程を編成し，実施し，評価して改善を図る一連のPDCAサイクルの確立」に加え，「人的・物的資源の効果的活用」もカリキュラム・マネジメントに含まれるものとして提起されている点が重要である。「人的・物的資源の効果的活用」は，経営的な視点を含みこむものであり，教育課程を基盤としながら，学校組織においてマネジメントが機能する必要性が説かれている。往々にして，カリキュラム・マネジメントというとPDCAサイクルを想起しがちだが，教育課程のソフトウェアを変えるだけでなく，マネジメントによって，校内環境や校内人事などの子どもの学習環境というハードウェアの側面も変えうる概念として提起されていることはおさえておくべきだろう。

以上整理してきた新学習指導要領における「資質・能力」「主体的・対話的

第7章 学校における教育課程とカリキュラム・マネジメント

で深い学び」「社会に開かれた教育課程」,カリキュラム・マネジメントの基本構造は,以下の図7-2のとおり示されている。

ただし,この改訂における大きな懸念は,図7-2の左下に太字で示されているように,「学習内容の削減は行わない」ということである。学習内容の削減や授業時数を減らすことなしに,この基本構造を成立させる時間的,精神的ゆとりが教師や学校に残されているのだろうか。教師の働き方改革も同時に議論される必要がある。

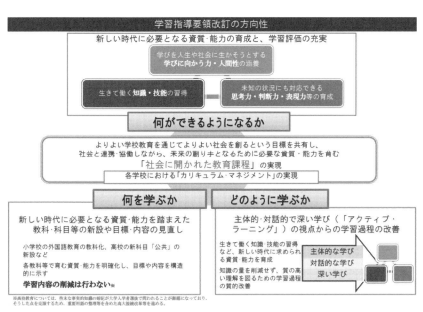

図7-2 新学習指導要領改訂の基本構造
出所:答申【概要】,24ページより引用。

4 カリキュラム・マネジメントの意義

1 カリキュラム・マネジメントの基本概念

「カリキュラム」という考え方には,「教育課程」と異なり,「学習経験の総体」としての意味が付与されている(田中,2009)。こうした視点からカリキュラム・マネジメントを捉えると,学習者が実際に経験している内容に着目して,「学校の教育目標を実現するために,学校内外の諸条件を効果的に対応させながら,教育活動の計画・実施・評価・改善にわたり柔軟に循環する過程を通して,教育の質を高めていく組織的な営み」であるといえる(吉冨,2011)。つまり,学習者(=子ども)の視点に立ちながら,教育活動に必要な物的,人的資源を効果的に組み直し,学習内容というソフトウェアと,学習環境という

▷8 カリキュラム
ラテン語の「走る」を意味するcurrereを語源とし,走路,学習の道筋,そして学習経験の総体を指し示す概念へと敷衍されてきた。

ハードウェアの両者を柔軟に改善していく営為がカリキュラム・マネジメントなのである。

　ここで「教育課程」ではなく，「カリキュラム」という言葉が用いられる点が重要である。前述のとおり，カリキュラムには「学習経験の総体」という意味が込められている。それは，教師が，各学校，学級における子どもの状況に「臨床」的に目を向け，各学校，学級に応じた状況を理解し，判断していくことが必須であることを意味する。だからこそ，カリキュラム・マネジメントが学校経営における鍵概念として着目されている現在，教師は目の前の子どもの状況とそれを取り巻く社会的文脈を加味して，主体的に教育課程を編成する裁量を生かす機会が付与されているとポジティブに捉える必要がある。

　ただし，カリキュラム・マネジメントが重要だからといって，児童生徒の学習経験の総体（＝カリキュラム）すべてを把握し，マネジメントできるという発想はもたないほうがよい。「紙キュラム」ともいわれる教育課程の時程表や中長期的な教育計画にしばられるのではなく，学習経験の総体を学習者（＝児童生徒）の目線から組みなおす意図を含みこんでいるものとして，カリキュラム・マネジメントを捉えることが大切である。それは，何でもかんでも機械的にPDCAサイクルに落とし込む指向性とは異なる。

　以上のカリキュラム・マネジメントの考え方は，教育課程を「時程表で配分された教科時数」「行政に提出する年間指導計画等の公文書」という意味で矮小化する傾向や，地域や学校の実情や児童生徒の実態や特性への考慮を欠いて教育課程が編成・実施される傾向を超克する可能性がある（大野，2017）。

2　カリキュラム・マネジメントとカリキュラム評価の関係

　カリキュラム・マネジメントを有意味なものにするためにも，カリキュラム評価は非常に重要である。なぜなら，各学校が主体的にカリキュラムを改善し，教育課程を編成・実施していくためには，各学校の実態に即したカリキュラムの見直し（＝カリキュラム評価）が必要不可欠だからである。学習指導要領改訂に向けた答申で，カリキュラム・マネジメントにおいてPDCAサイクルが重視されていることはこれを意識している。つまり，Plan（計画）―Do（実施）―Check（評価）―Action（改善）のサイクルによって，各学校の子どもの状況に合わせ，主体的に教育課程の編成・実施が可能となるとされており，カリキュラムをマネジメントするためには，評価が不可欠とされている。

　カリキュラム評価において重要なのは，カリキュラムに対するマクロな視点（「鳥の目」）と，ミクロな視点（「蟻の目」）の双方を複眼的にもち，カリキュラムの全体を見渡しつつ，現状を観察することである（田中，2009）。

3　カリキュラム・マネジメントと教師の役割

　以上確認してきたように，カリキュラム・マネジメントという概念には，子どもたちの学習経験の総体を編成し，柔軟に見直していくことが含意されている。そして新学習指導要領では，次代を担う子どもの「資質・能力」育成に向けて，「社会に開かれた教育課程」の旗印のもとに，「主体的・対話的で深い学び」を含みこんだ教育課程を編成，実施，評価，改善することが「カリキュラム・マネジメント」として重視されている。

　こうした状況のなかで，教師にはどのような役割が求められるのだろうか。ここでは，専門職としての教師の実践のありようを捉える「省察的実践家（reflective practitioner）」という専門職像をもとに，教師の役割を考えてみよう。「省察的実践家」という専門職像では，専門職が，不確実性をもつ「問題状況」において，いかに「問題」を設定し，問題状況との対話から実践の方途を導いていくかを複眼的に判断することが肝要であるとされる。

　「社会に開かれた教育課程」の下で，カリキュラム・マネジメントを担う教師には，まさにこの「省察的実践家」であることが求められよう。つまり，地域社会や日本社会，ひいては未来社会を見据え，目の前の子どもの状況に合わせながら，教育課程を編成し，それを一つひとつの授業を基礎単位としながら，柔軟に実施していくことが個々の教師に求められるのである。

▷9　省察的実践家
アメリカの組織学者ドナルド・ショーンによって提唱された専門職像。ショーンの研究的関心は，定まった専門的知識等を合理的に適用する「技術的合理性（technical rationality）」に基づく専門職像から，不確実性をもつ実践において，絶えず状況に対応する「省察的実践家（reflective practitioner）」像へと専門職像を，転換することだった。この「省察的実践家」の認識様式の中核として「行為の中の省察（reflection-in-action）」を提起した。これは，行為の現在において，その専門職の「厳密性（rigor）」に基づきながら，「状況との対話」を行い，実践における「適切性（relevance）」を見出していく省察のことである。

Exercise

① 教育課程の編成・実施における基本的構造とは何か，またその主体は誰か考えてみよう。
② 「資質・能力」「主体的・対話的で深い学び」「社会に開かれた教育課程」「カリキュラム・マネジメント」の関係性を説明してみよう。
③ 「社会に開かれた教育課程」が意味する「社会」とは何か。自身の勤務校や実習校，これまで受けてきた学校経験の具体的な事例から考えてみよう。

📖次への一冊

天笠茂『カリキュラムを基盤とする学校経営』ぎょうせい，2013年。
　　新学習指導要領改訂にも携わった著者による，カリキュラムと学校経営との関係性を捉えるための一冊。一つひとつの授業から，カリキュラムを編成していくという考えを中核に議論が展開される。

田中統治・根津朋実編著『カリキュラム評価入門』勁草書房，2009年。
　　カリキュラム評価の理論と方法を，例を紹介しながら解説している。「カリキュラム」をどのように捉え，何のために，いかに評価するのかを概説。
田村学『カリキュラム・マネジメント入門』東洋館出版社，2017年。
　　カリキュラム・マネジメントの考え方を実際に学校現場でどのように用いるかについて解説している。デザイン，モデル，具体例が盛り込まれ，わかりやすく概説されている。
国立教育政策研究所『国研ライブラリー　資質・能力［理論編］』東洋館出版社，2016年。
　　「資質・能力」型学力に関する議論を解説。「資質・能力」をめぐる日本でのこれまでの議論，世界的動向が中心に整理されている。
佐藤博志編著『クリエイティブな教師になろう』学文社，2018年。
　　グローバル化やAIに向き合う必要性のある「未来社会」において教師がどのような役割を果たすのかについて，5つの視点（カリキュラム，シティズンシップ教育，学校内外の連携，教師の専門性と成長，国際的に見た教師）から論じられている。

引用・参考文献

天笠茂「次期学習指導要領改訂にむけたカリキュラム改革の方向性——その提案内容は何を意図しているか」『学校経営研究』42, 2017年, 1～8ページ。
大野裕己「教育課程経営」河野和清編著『現代教育の制度と行政［改訂版］』福村出版, 2017年, 90～103ページ。
栗原幸正「学習指導要領改訂に対峙するカリキュラムマネジメント——「漠然とした不安」の払拭を目指す学校経営システムの構築」『学校経営研究』42, 2017年, 39～47ページ。
ショーン, D., 柳澤昌一・三輪建二監訳『省察的実践とは何か』鳳書房, 2007年。
末松裕基「教育課程行政とカリキュラム開発」田中智志・橋本美保監修, 浜田博文編著『教育の経営・制度』一藝社, 2014年, 118～128ページ。
田中統治「カリキュラム評価の必要性と意義」田中統治・根津朋実編著『カリキュラム評価入門』勁草書房, 2009年, 1～27ページ。
根津朋実「カリキュラムを評価する」天笠茂編集代表・大脇康弘編著『学校をエンパワーメントする評価』ぎょうせい, 2011年, 122～138ページ。
文部科学省HP「教科書が使用されるまで」。(http://www.mext.go.jp/a_menu/shotou/kyoukasho/gaiyou/04060901/1235087.htm　2018年8月10日閲覧)
山崎保寿「教育課程経営——学校経営の実践課題としての教育課程改革」大塚学校経営研究会編『現代学校経営論』大塚学校経営研究会, 2000年, 133～139ページ。
吉冨芳正「授業改善につなげるカリキュラム・マネジメント」天笠茂編著『学力を創るカリキュラム経営』ぎょうせい, 2011年, 66～85ページ。

第8章
学校組織の特徴と構造

〈この章のポイント〉

　本章では，学校を「組織」という視点で捉え，その特徴や構造について考えてみたい。まず，学校が「組織」であるとはどのような意味か概説する。次に，一人の教師が多様な職務を担う日本の学校の特徴を踏まえ，「マトリクス型」組織と呼ばれる組織構造を解説する。また権限や責任という点で「なべぶた型」組織としても捉えられる学校組織の特徴と課題，またその改革を目指す近年の政策動向についても取り上げ，その是非をめぐる議論を紹介する。最後に，専門職としての教師の自律性を基盤としながら，質の高い教育活動を実現するための学校組織のあり方について考察する。

1 「組織」としての学校

1 組織とは何か

　授業や学級経営をはじめとした教員の仕事は，一見すると一人で行うものであり，教室という世界のなかで完結しているようにも見える。しかし教員は，学校という一つの「組織」の一員としても仕事をしている。学校は意図的・計画的な教育機関であり，それぞれの教員がばらばらに教育活動を行うのではなく，学校の教育目標の達成に向けて，組織として職務に取り組むことが求められる。

　チェスター・I. バーナード（Chester Irving Barnard）は，組織を「二人以上の人々の意識的に調整された活動や諸力の体系」と定義する（バーナード，1968，14ページ）。彼は，組織が成立するための3つの要素として，(1)互いに意思を伝達できる人がいること（コミュニケーション），(2)それらの人々が行為を貢献しようとする意欲をもっていること（貢献意欲），(3)共通目的の達成をめざしていること（共通目的）をあげている（バーナード，1968，85ページ）。これらを踏まえ，浜田博文は「同じ目的を抱く二人以上の人々が，互いに意思疎通を図りながら協力して働くというプロセスや相互関係こそが『組織』概念の本質」（浜田，2012，67～68ページ）と整理する。こうした視点でみたとき，学校は，法的に定められた公教育の目的を実現するために，また当該学校に通うすべての子どもに質の高い教育を保障し，学校の教育目標を達成するために，教職員がさ

まざまに意思疎通を図りながら協力して教育活動を行う「組織」として捉えられる。

2 学校組織の構成員

学校は、教員を含むさまざまな職員に支えられながら教育活動を行う組織であり、校長・教頭や教諭等の教育職のほか、事務職員や栄養士等の行政職、用務職員や調理職員等の業務職が配置されている（佐藤, 2015）。その配置の基準は学校種によって微妙に異なっている（表8-1）。

なお、2015年12月に公表された中央教育審議会「チームとしての学校の在り方と今後の改善方策について（答申）」では、新しい時代に必要な資質・能力

▷1 校長
校務をつかさどり、所属職員を監督する（学校教育法第37条第4項）。教育課程編成、教職員の配置、児童生徒の入学・卒業の認定、学校施設設備の修繕・管理など、学校運営に必要ないっさいの仕事（校務）の最終的な権限と責任を負う。また教職員の服務監督者として、学校に勤務する全教職員の監督権を有する（住岡, 2014）。

▷2 教頭
校長（や副校長）の補佐や、校務の整理を担うとともに、必要に応じて児童生徒の教育をつかさどる。また校長（および副校長）に事故があるときは校長の職務を代理し、校長（および副校長）が欠けたときは校長の職務を行うとされる（学校教育法第37条第7項、第8項）。

▷3 教諭
学校教育法第1条で定められた学校（一条校）のうち、大学・高等専門学校（高専）以外において、児童生徒の教育（または幼児の保育）をつかさどる職。ただし、児童生徒の教育に加えて校務分掌も担当するのが一般的である。

表8-1 教職員の種類

職種	小・中学校	高等学校	中等教育学校	特別支援学校
校長	○	○	○	○
副校長				
教頭	△	△ （副校長を置くとき）	△	△
主幹教諭				
指導教諭				
教諭	○	○	○	○
養護教諭	△		△ （養護をつかさどる主幹教諭を置くとき）	○
栄養教諭				
助教諭	◇	◇	◇	◇
養護助教諭	◇		◇	◇
講師	◇	◇	◇	◇
実習助手	—			
寄宿舎指導員	—	—	—	○ （寄宿舎を設けている場合）
事務職員	△	○	○	△
技術職員	—			
学校用務員				
学校医	○	○	○	○
学校歯科医	○	○	○	○
学校薬剤師	○	○	○	○

○：必置職員
△：特別の事情がある場合は置かないことができる。
◇：教諭、養護教諭に代えて置かれる職員
無印：任意設置の職員

出所：佐藤（2015, 74ページ）。

を育む教育課程や，子どもを取り巻く課題の複雑化・多様化，教員が子どもと向き合う時間の確保の必要性を背景として，これまでの学校のあり方を見直す「チームとしての学校」像が提示されている。それは，教員が学習指導や生徒指導などに専念できるよう，専門スタッフを含む多様な構成員を配置し，「教員と多様な専門性を持つ職員が一つのチームとして，それぞれの専門性を生かして，連携・分担する」（12ページ）という姿である（本書第14章を参照）。これを受けて法的整備も進められている。2017年4月から施行された学校教育法改正にともない事務職員の職務内容が「事務をつかさどる」（第37条第14項）とされ，一定の責任をもった学校運営への参画が期待されるようになり，同年4月より施行された学校教育施行規則の改正では，部活動指導員，スクールカウンセラー（SC），スクールソーシャルワーカー（SSW）の職務内容が新たに初めて明記された（第65条の2，第65条の3，第78条の2）。学校現場でも，こうしたさまざまな専門家の配置を進める動きが徐々に広がっており，今後学校組織の構成員がさらに拡張し，多様化していくことも予想される。

3 教育組織・事務組織・運営組織

　教職員は，学校の教育目標を達成するために，組織を形作り，協働的に職務を進めている。一般に，学校経営の組織は，(1)教育組織，(2)事務組織，(3)運営組織に分けられる（佐竹，2000）。

　教育組織とは，教授・学習活動を行うために編制される組織のことであり，学校の中核的な組織といえる。例えば学級・学年組織や教科指導の組織などは，教育組織に該当する。

　事務組織とは，教育活動を支える事務的活動を行う組織である。事務的活動には，学籍管理，時間割編成，成績処理など，教育活動に直接関わる教務事務（教育事務）と，庶務，会計，施設管理など，教育活動に間接的に関わる一般事務が含まれる。前者は主に教員が行い，後者は主に事務職員などが行うものである。

　運営組織とは，教育組織と事務組織を支え，学校全体の意思統一を図り，必要な協議や調整を行う組織である。その中心となるのが職員会議であり，その他に内容に応じた各種委員会などが設けられるのが一般的である。

2　学校組織の構造

1 教員のさまざまな職務

　では，学校を構成するさまざまな職員は，どのように職務を分担しているの

▷4　職員会議
学校の運営組織の中心を担う機関。その位置づけをめぐっては，議決機関なのか，校長の諮問機関や補助機関なのかという論争がされてきた。2000年の学校教育法施行規則改正により，「校長が主宰」し，「校長の職務の円滑な執行に資するため，職員会議を置くことができる」とされ，校長の補助機関としての位置づけが明確化された（学校教育法施行規則第48条）。

か。

諸外国の学校では、教員以外にさまざまな専門スタッフを配置し、それぞれの特性や専門性を踏まえて組織内で各々の役割を明確に分担する国も珍しくない。例えばアメリカでは、教員以外に、秘書・食堂係・校舎管理人・事務調整者・事務助手などの事務系・技能系職員や、スクールカウンセラー・スクールソーシャルワーカー・スクールサイコロジスト・養護士・学習障害専門家などの専門的サポートスタッフが配置され、組織内の職能分化が進められてきた（中留、1999）。アメリカの学校組織では、教員は教科等の学習指導の専門家として位置づいており、校内での役割はある程度明確といえる（進路指導もSCなどが担うことが多い）。

一方、日本の教員は、授業や授業に関連した仕事（授業準備や成績評価など）以外にも、生徒指導、学級担任としてのさまざまな業務、学校全体の教育活動や学校運営に関わる業務（校務分掌）、さらには課外活動の指導（部活動の顧問）など、多岐にわたる仕事を受けもっている。日本の教員の仕事は境界が曖昧な「無限定性」に特徴づけられ、彼らの「献身性」によって支えられている（油布、2007）。先述の教育組織・事務組織・運営組織の分類に即していえば、教員はこれらのいずれにも関わっていることになる。

このように各教員がさまざまな領域の職務を担い、学校組織全体のさまざまな活動に広く関与している点に、日本の学校組織の基本的特徴を見出せる。

2 校務分掌と「マトリクス型」組織

教職員は、学校を運営していくうえで必要な種々の業務（校務）に分担して取り組む。これを一般に、校務分掌と呼ぶ。

▷5 校務分掌
学校教育目標達成のために、所属する教職員が、学校全体の立場から業務（校務）を分担して処理すること（佐竹、2000）。

校務分掌をどのように行うかは各学校に委ねられている。そのため、校務の内容をどのように整理し、それをいかに分担して取り組むかは、学校によってさまざまである。図8-1は、ある小学校の校務分掌組織の例である。この例の場合、校務分掌組織を教育指導・研究組織と事務組織に大別し、それぞれに具体的な部を設置する形をとっている（佐藤、2015）。

各教員は通常、複数の部にまたがって所属する。例えば図8-1を例に説明すれば、ある教員は6年生の担任としてその学年部に所属し、同時に健康部と行事部にも所属して、給食や学校行事の運営に関する仕事を行い、3年生の担任を受けもつ別の教員は、学年部に加えて教務部に所属しながら、教科・道徳部においては道徳の研究推進にも携わる、といった具合である（分掌を細分化している学校では、より多くの分掌に携わる場合もある）。また彼らはいずれも、全教職員が出席する、職員会議のメンバーでもある。

このように、学級・教科組織と他の校務分掌組織は、図8-2のように格子

状に交差しているとも捉えられる。この特徴から，学校は「マトリクス型」組織といわれる（浜田，2014）。

▷6 「マトリクス型」組織
各教職員がさまざまな組織に重複して所属し，学級・教科組織と他の校務分掌組織が格子状に交差する組織構造。

一般の会社組織であれば，規模等にもよるが，企画部・広報部・営業部・総務部・人事部・経理部などの部署に分かれ，各社員は単一の部署に所属する場合が多い。しかし学校の場合，教員は複数の組織に所属し，さまざまな職務にあたる。この特殊な構造は，学校という組織を特徴づける点の一つといえよう。

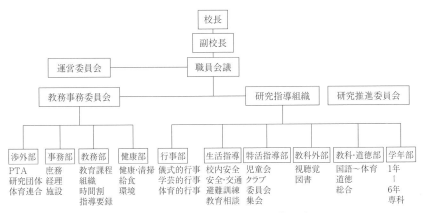

図8-1 小学校における校務分掌組織の例
出所：佐藤（2015, 104ページ）。

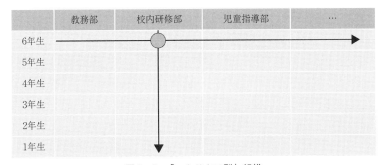

図8-2 「マトリクス型」組織
出所：浜田（2014, 175ページ）。

3 学校組織の特徴

1 「なべぶた型」組織としての学校

「マトリクス型」組織は，構成員の職務に注目することで浮かび上がる，学校組織の特徴である。今度は，構成員の権限関係という視角から学校組織の特徴を見てみたい。

行政機関や民間企業では，組織内の職位や権限，責任が細かく階層化される

ことが一般的である(例えば会社組織であれば,部長・課長・係長など)。一方,学校組織の場合,校長・教頭などの管理職以外は,教職員の多くがひとしく権限と責任を有し,横一線の権限関係にあるといわれる。こうした特徴から,学校組織はしばしば「なべぶた型」組織と呼ばれてきた(図8-3)(浜田,2014)。

▷7 「なべぶた型」組織
構成員の権限関係において,管理職以外が横一線に並ぶ,学校組織に特徴的な組織構造。

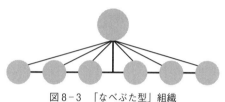

図8-3 「なべぶた型」組織
出所:浜田(2014, 174ページ)。

日本の学校の「なべぶた型」組織は,組織内での教職員間のコミュニケーションや役割遂行の実態に焦点をあてると,組織的な行動原理よりも,教職員間のインフォーマルな相互関係が実効性をもつ点に特徴を見出せる(油布,2015)。例えば,子どもに関わる問題などに対応する際,状況に応じて,必ずしも校務分掌上の分担に厳密にとらわれず,柔軟かつ協働的に対応が行われる場合がある。また日常的な情報共有においても,教職員間のインフォーマルなコミュニケーションを通じて,職員会議や各種委員会などを待たずに情報共有がなされることも多い。これらは,権限が階層化され,各々の役割が明確に分化された官僚制組織などでは見られない,学校組織の特徴といえる。

2 「なべぶた型」組織への批判とその再吟味

一方,「なべぶた型」の学校組織に対しては批判もあり,その改革を目指す政策も展開されてきた。2004年12月「学校の組織運営の在り方について」(中央教育審議会の作業部会の審議まとめ)では,以下のような問題意識が述べられている。

> 校長,教頭以外は横一線に並んでいる,いわゆる「なべぶた」組織といわれ,かつ,横一線に並んでいる教職員については,「一人一役」の考え方のもと,担当が細かく分けられ,かえって分かりにくいものとなっている。このため,実際には,分掌とは関係なくその場で気が付いた者が処理することがあるなど,組織が実態と必ずしも合っておらず,責任をあいまいにしていることもある。

このように「なべぶた型」組織に対しては,役割や責任が不明確になりやすいため,効率的な意思決定や業務遂行の面で課題が指摘されてきた。上記の「まとめ」では,「組織的な学校運営を実現するため,簡潔で機能的な校内組織

の在り方について検討する必要がある」と述べている。

こうした背景から，2007年の学校教育法改正により導入されたのが，いわゆる「新たな職」と呼ばれる，副校長[8]，主幹教諭[9]，指導教諭[10]であった。そのねらいは，管理職と一般教職員の間にこれらの職を置くことで，縦の権限関係を通じて意思疎通の円滑化を図るとともに，権限や責任を明確にし，組織の機動性を高めることにあった（浜田，2014；臼井，2014）。

このような改革は，従来の「なべぶた型」組織を，位階制の明確な官僚型組織，合理的な経営組織へと組み替えようとするものとして捉えられる（油布，2015）。学校を取り巻く課題が複雑化・肥大化していることにも鑑みれば，効率的で機動的な組織運営への要請は理解できよう。一方で，学校は官僚制組織にはなじまないという指摘もある。学校の教育活動の目標が多様・多義的であることや，その成果の予測と評価が困難であることなどを踏まえると，組織活動の効率性を追求し，調整・統制の極大化を図ることが効果的なのかどうか，吟味が必要である（勝野，2008）。

4 教員の専門的自律性を基盤とした「組織」
──孤立を越えて

1 教員の専門的自律性

これまで見てきたように，学校は，管理職のみならずそれぞれの教員が，学校全体の広範な活動に対して一定の権限と責任をもつ組織である。各教員は，職員会議や各種委員会を通じて学校全体の意思決定に関与するし，校務分掌を通じて学校のさまざまな教育活動や事務的活動に貢献する。

一方で，教員の仕事の中核である授業や学級経営でも，教員の権限と裁量が大きいことに変わりはないが，その意味はやや異なる。他の校務分掌などとは違い，これらは基本的に教員がそれぞれ独立して取り組むため，各教員の行う教育活動の質が，目の前の子どもの学習や成長に直結する。新任教員であっても，自身の考えと判断に基づいて日々の授業や学級経営を進め，管理職の指示を仰ぐことはない。このように学校では，教員一人ひとりの専門的自律性が尊重され，組織の教育活動の基盤に据えられている。

なぜ教員の専門的自律性が重要なのか。教育実践は，たとえ同じ内容や方法であっても，それぞれの子どもや教室，学校・地域の状況や文脈によって成立要因はさまざまであり，またその状況自体もつねに変化する。こうした複雑性や不確実性ゆえ，予め定められた内容や方法を各教員が画一的に行うだけでは，すぐれた教育実践は期待できない。教員一人ひとりが，いわば「最前線の意思決定者」として，目の前の状況に対峙し，専門性に裏打ちされた判断と内

▷8 副校長
2007年6月の学校教育法改正で創設された「新たな職」の一つ。校長の補佐権が与えられる。また校長から命を受けた範囲内で，自らの権限で校務の一部を処理することが認められている（住岡，2014）。校長に事故があるときはその職務を代理し，校長が欠けたときはその職務を行う。

▷9 主幹教諭
2007年6月の学校教育法改正で創設された「新たな職」の一つ。校長の命を受けて，学校の管理運営や教務，保健，生徒指導や進路指導など担当する具体的な校務について一定の責任をもって取りまとめ，整理するとともに，他の教諭等に対して指示する役割を担う（住岡，2014）。

▷10 指導教諭
2007年6月の学校教育法改正で創設された「新たな職」の一つ。児童生徒の教育を担うとともに，他の教職員に対して，教育指導に関する指導・助言を行う。

省に基づき日々の実践を積み重ねていくことが求められるのである(浜田, 2012；佐藤, 1997)。

2 教員の個業性と孤立

このように，教員の専門的自律性は，教育活動を行う組織としての重要な基盤である。だが，職務の独立性は，ときに教員の孤立を招く。

多くの小学校のように学級担任制をとる学校組織の場合，各担任は，それぞれ自身が受けもつ学級の各教科・科目の授業や学級経営までを一手に引き受けることとなり，各学級の様子や日々の授業の様子を他の教員が詳細に把握することは少ない。その様相はしばしば「学級王国」とも呼ばれてきた。また，教科担任制が一般的となる中学校や高等学校では，しばしば教員が教科ごとに閉鎖的なグループに分断してしまう「バルカナイゼーション[11]（バルカン諸国化)」の課題も指摘されてきた。

こうした孤立は，2つの点で問題を孕む。第一に，学校全体で組織的に教育活動に取り組む必要性からの問題である。子どもは一人の教員のみに教わるわけではない。小学校では担任は6年間のなかで交代するし，中学校や高等学校であれば教科ごとにさまざまな教員に教わる。ゆえに各々が担う教育活動を通じた子どもの学習経験が有機的に結びつくよう，学年・教科や分掌を越えたフォーマル／インフォーマルな関係構築と状況に応じた連携・協働が重要となる。第二に，教員を支え，職能成長を支援する環境という観点からの問題である。教員の専門家としての学習と成長において，校内研修をはじめとした職場の同僚との学びは非常に重要である。近年は教員の年齢構成が変化し，若手教員が多い学校も増えつつある。こうした職場では，教員の孤立はとくに深刻な問題となる。

3 教員の同僚性を基礎とした組織づくり

教員の専門的自律性を基盤としたとき，学校はどのような組織の形をとることができるのだろうか。

日本の学校経営学で参照されてきた理論の一つに，ルース・カップリング論[12]がある。これは，教育活動の不確実性には組織的統制による対応では困難なことを踏まえ，教員の個別的裁量性と柔軟な対応を基盤とした，ゆるやかな組織構造を提唱するものである。一方でこうした組織では個別拡散的な教育活動が常態化しやすく，教育活動の質や水準への組織的な取り組みにおいては課題もある（佐古，2007）。これに対し，前節でみた近年の学校組織改革は，組織としての統合性を強めることでそうした課題への対応を目指すものと捉えられるが，先述のように教育活動になじまない手法という批判もある。

▷11 バルカナイゼーション
教育社会学者ハーグリーブスが類型化した教師文化（図8-4）の一つ。教員集団が教科や世代などによって閉鎖的なグループ（下位集団）に分断され，教員はその下位集団には愛着をもつ一方，全体としての統合性が希薄な状態を指す。

▷12 ルース・カップリング論
アメリカの組織学者ワイクが提示した理論。教育の目標の曖昧さや多様性，教育活動を効果的に遂行する技術の多様性，教育の対象者である子どもの流動性といった，教育活動に不可避的に随伴する「不確実性」に柔軟に対応するために，学校組織は，「緩やかに結合されたシステム（loosely-coupled system）」（疎結合型組織）を形成してきたとされる（佐古，2007；浜田，2014）。

佐古秀一は，両者に対する代替的な組織の方向性として，分散的リーダーシップ（本書第9章を参照），教職員の相補的で双方向的な関係性，そして組織文化における同僚性などを主たる特徴とした学校組織像を提示する（佐古，2007）。同僚性(collegiality)とは，授業や教育活動を軸とした教員間の相互的な連帯関係を意味する言葉である。教員の専門的自律性を基盤としながらも，教員同士が孤立せず，支えあい，協力して質の高い教育活動を実現する組織像を考えるうえで，教員の同僚性は一つの鍵概念といえる。秋田喜代美は，「一方的に出来事を話したり，困ったときにだけ援助しあう段階から，専門的知識や授業の出来事を共有する段階，一緒にひとつの新たなヴィジョンやカリキュラムなどをつくり出す創造的仕事をする段階へと同僚性が発展するほど，教師が相互に支えあう関係は深まっていく」（秋田，2012，201ページ）と考察する。

類似の議論は，教育社会学者のハーグリーブスの議論にも見出せる。ハーグリーブスは，教師文化を図8-4のように類型化し，次のように考察する（油布，2007；秋田，2012）。教員個々人が孤立した「個人主義型」，小集団間で溝がある「諸グループ独立分割型」，協働的で打ち解けているがマンネリ化しやすい「協働的文化型」では教員の成長や教育効果は期待しにくい。それに対し，「設計された同僚性型」は，強力なリーダーシップに牽引され，策定された目的の達成に向けて一丸となることで対応しようとする。これは目に見える成果を生み出しやすいが，教員の専門的自律性や主体性を損ないかねない。一方「自在に動くモザイク型」は，目的や必要に応じてプロジェクトのような形で自在に教員同士がつながりあうものであり，「力量のある教師同士が互いに切磋琢磨しながら，実践の全体の質を高めている推奨すべきモデル」（油布，2007，185ページ）とされる。

重要なのは，教育活動であれ，校務分掌や学校運営であれ，同僚性が同質性や閉塞性に組み替わらないよう，「忌憚なく議論や実践ができる」（油布，2015，225ページ）場や関係性を作り出していくことである。すなわち，周縁化されやすい立場や弱い立場の声，異なる意見や異議申し立てにも開かれた議論や実践が求められる。また第1節でふれた「チーム学校」の動向も踏まえるならば，教員のみで閉じず，保護者や地域住民，さまざまな専門的スタッフも交えた議論や実践の必要性も今後一層高まると考えられる。むろん教員のなかで蓄積されてきた固有の専門性が重要なことは論を待たないが，同時に，子どもを取り巻く社会が大きく変化する今，教員内外のさまざまな視点による課題の発見や教育活動の吟味を支えとして，より良い教育活動を主体的・協働的に生み出す力をもった学校組織づくりが期待される。

▷13　同僚性
アメリカの教育社会学者ジュディス・リトルによって提唱された概念。その意味内容は論者によって幅があるが，一般的には，授業等の教育活動を中核に教師間で形成される関係性を指し，互いの教育実践を批評し高めあう関係性（佐藤，1997）や，教育に対して共通の展望をもち，ともに仕事をしていく関係性（秋田，2012）などに特徴づけられる。

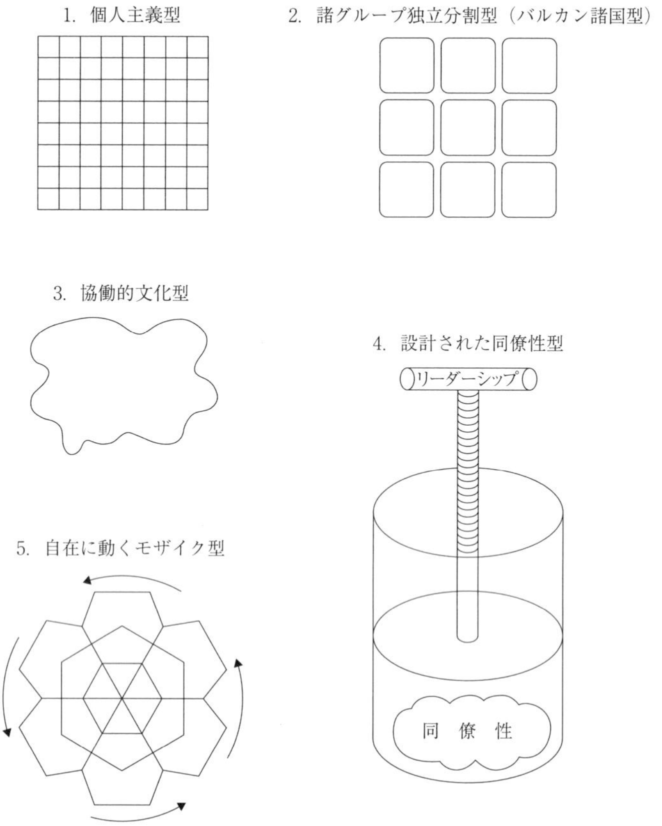
1. 個人主義型
2. 諸グループ独立分割型（バルカン諸国型）
3. 協働的文化型
4. 設計された同僚性型
リーダーシップ
同 僚 性
5. 自在に動くモザイク型

図8-4　教師文化の型

出所：油布（2007，184ページ）。

Exercise

① 諸外国の学校組織と比較した際，日本の学校組織にはどのような特徴があると考えられるか，説明してみよう。また，そうした特徴の長所と短所をあげてみよう。

② 学校が「なべぶた型」組織としての特徴を有することには，どのような長所と短所があるか，それぞれ説明してみよう。

③ 教育活動の特性や，教員の仕事の特徴を踏まえたとき，学校はどのような「組織」の形をとるのが望ましいのか，本章の内容も参考にしながら，自分の考えをまとめてみよう。

📖次への一冊

浜田博文編著『学校を変える新しい力――教師のエンパワーメントとスクールリーダー

シップ』小学館，2012年。

　学校経営学の蓄積をもとに，学校を組織として捉える基本的な視点を解説したうえで，学校を「変える」にはどうすればよいか，数多くの事例の分析に基づいて考察している。

秋田喜代美『学びの心理学――授業をデザインする』（放送大学叢書020）左右社，2012年。

　教育心理学の国内外の豊富な知見を背景に，教室の内側で展開される授業という営みに深く迫るとともに，専門家としての教師の力量や成長にも光を当てている一冊。

北神正行編著『「つながり」で創る学校経営』（学校管理職の経営課題 第4巻）ぎょうせい，2011年。

　本章で紹介した学校組織の特性や近年の改革等も踏まえながら，どのように学校経営を進めていくことが求められるのか，さまざまなトピックを取り上げて考察した論考集。

佐古秀一・曽余田浩史・武井敦史『学校づくりの組織論』（講座 現代学校教育の高度化 12）学文社，2011年。

　学校組織の特性，学校が機能するための条件，それを踏まえた学校の組織開発の方法などについて論じられている一冊。発展的な内容を学びたい読者に勧めたい。

引用・参考文献

秋田喜代美『学びの心理学――授業をデザインする』（放送大学叢書020）左右社，2012年。

臼井智美「学校経営改革」加藤崇英・臼井智美・鞍馬裕美編著『教育の組織と経営――教育制度改革と行政の役割』学事出版，2014年，132～148ページ。

勝野正章「学校の組織と文化」小川正人・勝野正章『新訂 教育経営論』放送大学教育振興会，2008年，143～156ページ。

佐古秀一「民間的経営理念及び手法の導入・浸透と教育経営――教育経営研究の課題構築に向けて」『日本教育経営学会紀要』第49号，2007年，37～49ページ。

佐竹勝利「教育組織の編成と教職員の専門性」日本教育経営学会編『公教育の変容と教育経営システムの再構築』（シリーズ 教育の経営1）玉川大学出版部，2000年，227～244ページ。

佐藤晴雄『教職概論 第4次改訂版』学陽書房，2015年。

佐藤学『教師というアポリア――反省的実践へ』世織書房，1997年。

仕岡敏弘「教職員の制度　教職員の職務内容と守るべき義務」髙妻信二郎編著『新・教育制度論――教育制度を考える15の論点』ミネルヴァ書房，2014年，27～36ページ。

中留武昭『学校経営の改革戦略――日米の比較経営文化論』玉川大学出版部，1999年。

バーナード，C. I., 山本安次郎・田杉競・飯野春樹訳『経営者の役割〔新訳〕』（経営名著シリーズ2）ダイヤモンド社，1968年。

浜田博文編著『学校を変える新しい力――教師のエンパワーメントとスクールリーダーシップ』小学館，2012年。

浜田博文編著『教育の経営・制度』（新・教職課程シリーズ）一藝社，2014年。

油布佐和子編著『転換期の教師』放送大学教育振興会，2007年。

油布佐和子編著『現代日本の教師――仕事と役割』放送大学教育振興会，2015年。

第9章
学校経営を支える理論の展開

〈この章のポイント〉
　学校経営の組織論は,「学校組織をどのように理解するか」という問いをめぐって,経営学や心理学や社会学の理論を積極的に取り込みながら発展・展開してきた。本章では,学校組織を理解するための基礎的な枠組みとして,「工場」「病院」「倉庫」「監獄」「学習する組織」というメタファーを参照しつつ,学校経営を支える組織論の特徴や学校を創造するためのリーダーシップについて理解を深める。

1　学校を多様なメタファーで理解する

　教職に関心のあるみなさんにとって,学校はどのような組織として理解されているだろうか。「学校は○○のような組織である」という場合,○○にはどんなメタファー(比喩)があてはまるだろうか。わが国の教育学や教育関連の文献では,学校という組織の特徴やその独自性を浮かびあがらせるために,多様なメタファーを活用した議論が展開されてきた。

　例えば,教育学者の小沢有作の調査では,小学生から大学生までが抱く学校観(イメージ)として,とくに「刑務所」(抜け出せず,毎日同じことをする場)や「たまり場」(友だちと出会いおしゃべりする場)が共通して多くあげられた(小沢, 1985, 7〜72ページ)。中学校教員(当時)であった河上亮一は,教育が成立するためには教員と生徒のそれぞれが与えられた役割を演じる必要があるという認識から,学校を「演劇の舞台」に喩えた(河上, 1996, 170ページ)。「教育改革国民会議」◁1(2000年3月設置)の委員を務めた金子郁容は,自分と同じ分科会の委員が,サービス意識や経営努力が乏しい公立学校の現状を揶揄して「お客が来ることがきまっているまずいラーメン屋」に喩えたことを紹介した(金子, 2005, 7ページ)。より最近では,教員の過酷な労働環境の実態を「ブラック企業」になぞらえて研究・批評する文献も見られるようになっている(例:内田, 2017;大内, 2015)。

　一方で,諸外国(とくにアメリカ)の教育経営に関連するいくつかの文献を見ると,学校が,工場,庭園,企業,軍隊,博物館,交響楽団,家族,教会,鳥の群れ,アリの巣,万華鏡,スーパーマーケット,託児所,倉庫,絵の具パレットといった実にさまざまなメタファーで紹介されている(Bredeson, 1988;

▷1　**教育改革国民会議**
2000年3月に発足した内閣総理大臣(故小渕恵三)の私的諮問機関。「戦後教育について総点検するとともに,現在の教育の問題や背景や根拠などについて議論し,これからの教育を考える」ことが目的とされた。「人間性」「学校教育」「創造性」の3つの分科会を設置して議論を重ね,同年12月22日に『教育改革国民会議報告——教育を変える17の提案』を提出して解散した。

Sergiovanni, 1996)。これらは学校の組織や経営について概観するためのメタファーであり、学校における教育の経営に関心をもつ人々が、多様なパースペクティブ（ものの見方）をもっていることを表している。

このように学校を多様なメタファーで理解することの意義は、学校に関する私たちの認識を広げ、理解を深め、洞察を提供してくれることにある。学校組織の一員として学校づくりや学校改善に取り組んでいく際、どのような学校観（モデル・メタファー）を前提とするかによって、目指すべき方向性や役割の規定は変わってくる。メタファーは、自身の認識や思考の前提を把握するだけでなく、学校全体の共通ビジョン（理想的な未来像）について議論するための理解を助けてくれる。

そこで本章では、学校組織を理解するための基礎的な枠組みとして、従来の教育研究において最も影響力の大きかった「官僚制」の学校イメージ（「工場」「病院」「倉庫」「監獄」）から、近年注目されている「学習する組織」としての新しい学校イメージへの転換について論じる文献（Schlechty, 2009）を参照しながら、学校経営を支える理論の特徴について見ていこう。

2 官僚制的な学校イメージ

1 官僚制とは何か

官僚制（bureaucracy）とは「複雑で大規模な組織の目的を能率的に達成するため組織の活動が合理的に分業化された管理運営の体系」（間場、1993）である。官僚制は、官庁や行政機構だけでなく、企業、軍隊、政党、医療機関、学校といった近代社会の巨大な組織一般に共通する特徴であり、組織目標の合理的・効率的な追求にとって最良の組織形態とされる。

理念型としての官僚制の特徴は、標準化（規則やルーティンによって諸活動が標準化される）、文書化（職務上の意思決定や行為が文書化された規則にのっとって行われる）、特化（職務が専門分化している）、そして集権化（職務上の権限が階層化されている）である（耳塚、1992、74～75ページ）。

現代社会の学校は、(1)校長・教頭など職位の階梯をもち、(2)権限の階層化がみられ、(3)一定の専門的訓練を経て（教員養成）資格をもったスタッフ（教員）が、(4)分業して（教科担任制など）職務を遂行しており、官僚制的な特徴をもっている。また、学校における児童生徒の学習と行動の組織についても、学習活動や行動の標準化・文書化（例：教育課程、時間割、試験、成績評価、生徒心得・校則）、年齢や性別や能力の特化（例：学年制、学校段階、男女別学、男女別の制服、能力別クラス編成）といった官僚制的な特質がみられる（耳塚、1992、76～77ページ）。

▷2 官僚制
歴史的には行政府や官吏の規則と結びついていたが、社会学者は官僚制を広くさまざまな目標を追求する組織にみられる管理の一形態と考える。社会学の専門用語としての官僚制は、ドイツの社会学者マックス・ウェーバー（Max Weber）の理論が有名である。

教育学の研究では，官僚制的な特徴を備えた学校イメージについて，多様なメタファーを活用する議論があり，その中核的な仕事と役割を整理すると表9－1のようになる。以下では，工場，病院，倉庫，監獄というメタファーをもとに，その学校の中核的な仕事と成員の役割について見ていこう。

表9-1　官僚制的な学校イメージと関連する仕事と役割

メタファー	工　場	病　院	倉　庫	監　獄
中核的仕事	鋳造・検査・修復・報告	診断・処方・治療	付票・分類・配置・記録	収容・監視・是正・懲罰
生　徒	原料・製品	患者・来談者	在庫・商品	受刑者
保護者	品質供給源	保証人 疑いの協力者	荷送人 受取人	不信の訪問者
教　員	熟練工	執刀医・臨床医・診断医	販売員 記録管理人	看守
校　長	工場長	医局長	小役人・門番	刑務所長

出所：Schlechty（2009, p. 72）を修正して作成。

2　「工場」としての学校

　19世紀末から20世紀初頭にかけて，当時のビジネス（製造業）界は，フレデリック・W．テイラー（Frederick W. Taylar）の「科学的管理法」の原理や手法を導入して多大なる成功を収めた。テイラーは，従来の工場に見られる勘やコツに依存する経験主義的な作業方法（成り行き管理）を「莫大な浪費」の原因と考え，「ある特定の仕事をするには常に唯一最善の方法がある」「この最善の方法は科学的研究を通してのみ決定されることができる」という信念のもとに，工場の生産作業を要素的単位にまで分解し，標準化したうえで，効率的・合理的な生産ラインに再構成することを目指した（曽余田，2000，62ページ）。

　テイラーの主な功績は，(1)動作・時間研究：一流の作業者の動作を研究して，作業の標準化（手順・量・速度の規定）を行ったこと，(2)差別的出来高給制の導入・標準作業量（ノルマ）を達成した者には，高い賃金率を適用したこと，そして(3)職能別組織の提案：組織を経営層・管理層・作業層に専門化・分離して，組織活動の効率性・合理性を高めたことにある。

　科学的管理法の原理や手法は，後に教育に応用され，学校の設計のための指針原理として取り入れられた。そのため，「工場（factory）」としての学校というメタファーは，学校の設計（例：建築や組織編制）の指針となる思想に大きな影響を及ぼしてきた。

　「工場」としての学校において，生徒は製品や原料として扱われ，生徒の個性や多様性はほとんど考慮されない。ただし，工場の製品や原料とは異なり，

▷3　科学的管理法
20世紀初頭にアメリカのフレデリック W. テイラー（Frederick W. Taylor）によって考案された作業管理の手法である。科学的管理法では，労働者を経済的刺激（賃金誘因）によって動機づけられる存在，標準化された課業を遂行する労働力として交換可能な受動的な存在と考えるが，この人間観はあまりに単純で機械的だとして，後に人間関係論によって批判された。人間関係論では，人間は物理的・経済的条件（例：職場環境，労働条件，賃金）よりも社会的・心理的条件（非公式の人間関係，人間の感情・意識）のほうが，労働者の動機づけには重要であることを指摘した。

生徒の学業能力は多様であるため，カリキュラムの能力別編成が行われる。生徒たちは，所定の時間割や方法によって学習し，定型の情報や知識を習得し，各学年の学業水準を満たすことを期待される。こうして，「工場」としての学校では，できる限り標準化されたインプットから最大限のアウトプット（例：学力試験の結果，大学入学者数）を算出することが求められる。

このモデルでは，保護者の社会的・文化的な境遇（例：職業・収入・人種・階級）が生徒の学業成績の主要な決定要因となることが前提とされる。そのため，保護者は生徒の質の供給源である。教員は，工場の組み立てラインの労働者のように，自分の活動に関する権限をほとんどもたず，所定の教材やプログラムを実行する熟練工である。事前に設定された業績の結果（試験の点数）を達成した教員には高い報酬（給料・報奨金）が支払われ，達成しなかった教員は減給や解雇の可能性がある。校長は，時間動作研究のように，教員の業績の厳格な監督を行い，教室行動のチェックリストを用いて教員を評価する。

3 「病院」としての学校

「病院（hospital）」としての学校というメタファーは，学校を病院や弁護士事務所や保険会社のように「専門サービス伝達組織」と理解する。「病院」としての学校では，教育者は「専門職（profession）」として位置づけられる。医師は，専門職としての地位や名声が歴史的に確立された後に官僚制的な医療システムに組み込まれてきた。これに対して教員は，伝統的に専門職ではなく職人（craft）や天職（calling）とみなされ，公教育の成立当初から，専門職としての地位や名声が未確定のままに官僚制的な組織の内部に組み込まれてきた。

「病院」としての学校において，生徒は「患者」や「来談者」であり，生徒の関心に奉仕することが大切にされる。ここでの提供者（教員）─患者・来談者（生徒・保護者）関係の成立は，提供者（教員）の意思や指示に自発的に従う「信頼の服従」を前提とする。保護者に期待される役割は，教員や学校が生徒に期待することを保証する「保証人」である。ただし，このモデルの教員は，生徒や保護者よりも適切で優れた専門的な知識と技能を有することを前提とする。そのため，学校や教員の期待を拒否する保護者，学校や教員に疑念を投げかける保護者，過剰に干渉する保護者は，潜在的な脅威（疑いの協力者）と認知される。

「病院」としての学校における教員は，外科手術に携わる執刀医のように，専門的な職務の遂行者としての役割を果たす。その前提は，「教員が行うことが生徒の学習の最重要の決定要因である」というものである。また，医師が個々の患者に寄り添って診断や治療を行う臨床医や診断医の役割を果たすのと同じように，このモデルの教員の行為の焦点は，集団ではなく個人にある。校

▷4 専門職
医師，弁護士，技術者，看護士，教師など，「公共的使命」（とその倫理的責任），「高度の知識と技術」，そして「自律性」において定義される仕事の領域である。教師は，複雑で知性的な実践において高度の省察と判断を求められる「専門家」であると同時に，経験によって培われた洗練された技と知恵によって実践を遂行する「職人」でもある。

長は，教員たちの監督者というよりは促進者（facilitator）であり，専門職としての教員集団の代表である。校長は特別な経営的任務を担う同僚の教員の一人であり，病院の「医局長」のような存在である。

4　「倉庫」としての学校

「倉庫（warehouse）」としての学校は，学校の要求や規則に馴染めない生徒たちを一次的に保管する学校内部の下位単位（例：教室，実験室，課外プログラム）を組織する方法の説明に用いられる。具体的には，通常の学級へ戻るまで特別な指導を受ける校内の自習室や，生徒が卒業後に職を得るための職業教育として行われる技能訓練の機会である。また，すでに進路や就職先が決まった生徒たちにとって，卒業するまでの期間は，学校という場所で過ごす時間や学習活動にほとんど意義や価値を感じられない場合もあるだろう。

このような「倉庫」としての学校における生徒は，大切に保管され出荷を待つ商品や在庫のように，大切に保護される存在として扱われる。保護者は，生徒を学校へ送り出す荷送人であり，放課後の生徒の受取人でもある。教員は，生徒指導だけでなく事務処理の業務を担い，商品や在庫の販売員や記録管理人のような役割を果たす。校長は，教員に遵守すべき要件を伝達するだけの小役人や，在庫の管理を行い不審者の侵入を防ぐ門番のような役割を果たす。

5　「監獄」としての学校

「監獄（prison）」としての学校は，学校の強制的・抑圧的・画一的な側面を暴き出すためのメタファーである。

学校を「監獄」や「刑務所（jail）」と理解する議論は，かつての学校批判論の文献に見られる。「子どもたちは支配される人々である。子どもたちにとって，学校は一種の刑務所である」（Holt, 1964/1990, p. 262），「学校で行われているのは，下劣で馬鹿げたことである。子どもたちは退屈と屈辱を感じている。学校は絶えず監獄になぞらえられている」（Bereiter, 1973, p. 82）。

「監獄」としての学校では，生徒が手に負えないほどの課題（例：暴力・破壊行為）を抱える場合，囚人や受刑者のように監禁と懲罰の対象として扱われ，停学や除籍の対象となることもある。保護者は，不信や疑念を抱かれる訪問者（部外者）であり，例えば，生徒を学校の規則に従わせるよう強要されたり，生徒の冷遇に不満や苦情を述べたりする。教員は，授業よりも規律の問題に多くの時間を費やすため，専門の教育者というよりは，生徒を監禁・調教する監獄の看守のような役割を果たす。校長は，学校全体の規律と統制を遵守させる厳格な刑務所長のように行動することを求められる。

▷5　学校批判論
学校教育を個人の成長と社会の発展に寄与するものとして自明視する啓蒙主義的・進歩主義的な教育観への批判や，「教育はよいものだ」という自明の前提への懐疑が顕在化し，教育を「近代のプロジェクト」として相対化して捉えようとした1970年代前後におこった議論や研究の流れである。代表的な論者としてC・E・シルバーマン，C・ベライター，J・ホルト，P・グッドマン，I・イリッチ，E・ライマーがいる。

3 新しい学校イメージ

1 官僚制的な学校の利点と課題

これまで紹介してきた官僚制的な学校（工場・病院・倉庫・監獄）は，より安定的で効果的な職務遂行や組織運営の実現や，高く厳しい教育成果の追及やアカウンタビリティ（説明責任）の確立を促進するという利点がある。その一方で，官僚制的な学校は，以下のような課題を抱えている。

- 外発的な報酬や懲罰の脅威によって服従や規則遵守を強要するが，主体的な学習や内発的な興味・関心にあまり目を向けない。
- 試験結果のための表面的な学習を促進するが，深遠な学習能力（例：創造性，批判的思考，問題解決）の向上を促進しない。
- 生徒の欠陥を修繕し病理を治療することに関心を向けるが，生徒の潜在的な可能性を引き出して伸ばすことにはあまり関心を向けない。

現在のわが国の教育改革では，「主体的・対話的で深い学び」の実現に向けた授業改善の取り組みの活性化だけでなく，管理職のリーダーシップや校務の在り方，教職員の働き方の見直しへ向けた学校の組織運営改革が求められている。そこでは，従来の自己完結型の学校（なべぶた型）から脱却して，教員だけでなく学校と関わる多様な専門人材が連携・協働して学校のマネジメントを組織的に行う「チームとしての学校」が目指されている。このような授業改善や「チームとしての学校」を実現するという観点からすれば，官僚制的な学校の課題を克服して，新しい学校像を目指す必要があるだろう。

2 「機械的システム」から「生きたシステム」へ

官僚制的な学校に代わる新しい学校イメージは「学習する組織（learning organization）」としての学校である。学習する組織とは，「人々が絶えず，心から望んでいる結果を生み出す能力を拡大させる組織であり，新しい発展的な思考パターンが育まれる組織，共に抱く志が解放される組織，共に学習する方法を人々が継続的に学んでいる組織」（Senge, 2006, p.3）である（「官僚制」と「学習する組織」としての学校の対比は表9-2を参照）。

「学習する組織」論を提唱したピーター・センゲ（P. Senge）によれば，学校は産業時代の「機械的システム」から，知識時代の「生きたシステム」へと学校の組織観を転換する必要がある。「機械的システム」から「生きたシステム」への転換は，他律的・管理的な組織から自律的・生成的な組織へ，個人的・競争的な学習から協働的・協力的な学習へ，同質的な人間観から多様な人

表9-2 「官僚制」および「学習する組織」としての学校の特徴

学校の理念型	官僚制	「学習する組織」
主たる目的	受動的・従順な生徒の育成	自発的・主体的な生徒の育成
中心的な関心	統一的な業績基準に服従する積極性と能力	深遠なる学習を通じた主体的な能力
中核的価値 望ましい状態	安定性・予測可能性 ルーティン・標準化	革新・新規性（連続的な改善を目的とした連続的な革新）
変革の推進力	規則	共通の信念・価値・関与
現場の慣習	規則・手順・方針の厳格な執行	公平性・平等性・優秀性・忠誠心・勇敢さ・粘り強さの強調
コミュニケーション	トップダウン 文書による管理	会話と対話，文化の構築・維持，共有ビジョンの追及
環境変動・不確実性への対応	脆弱・非応答的 伝統的な秩序の維持	柔軟・応答的 混沌の中でもうまくやる

出所：Schlechty（2009, pp. 42-43）を参考に作成。

問観へ，断片的・静態的な知識から相互関連的・動態的な知識への転換をともなっている。前者が「官僚制的な学校」の組織観に対応し，後者は「学習する組織」としての学校の組織観に対応している。

「生きたシステム」の背景にある重要な考え方は，システム思考，すなわち個々の要素（部分）や出来事ではなく，システム全体を見るというものの考え方（原理）である。システム思考のホリスティック（全体観的）な観点からすれ

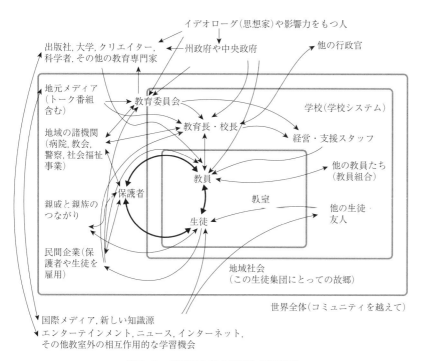

図9-1 学校における複雑な相互関連
出所：Senge, et al.（2012, p. 23）．

ば，学校は孤立した存在ではなく，「教室」「学校」「コミュニティ」という相互依存的な関係にある3つのシステムが複雑に結びついた一連のプロセスや実践の集まりとみなされる（図9-1を参照）。

「生きたシステム」としての学校における教育プロセスの基本は，(1)教員中心というよりは生徒中心の学習であること，(2)同質性ではなく多様性を奨励すること，(3)事実を記憶して正しい答えを得るというよりは，相互依存と変革の世界の理解に努めること，(4)教育プロセスに関わる一人ひとりの暗黙の前提（使用中の理論）を絶えず振り返ること，(5)多様な学科（科目）を子どもや大人にとって意義深い学習経験に統合する方法を絶えず模索すること，(6)学校づくりに関わる人々（教員・生徒・保護者）を一つのコミュニティとみなし，健全なコミュニティを構築するために友人や家族や多様な機関を結びつける社会関係の網の目のなかで教育を再統合し始めること，である（Senge, et al., 2012, p. 65）。

▷6 使用中の理論
使用中の理論（theory-in-use）とは，実践の行為を実際に規定している理論である。この理論は，実践のなかに内包されており，実践家によって常に自覚されているわけではない暗黙の理論である。

3 「学習する組織」としての学校

「学習する組織」としての学校を創造することは，このような「生きたシステム」という世界観に立脚した教育プロセスを基本として学校を再構築することである。「学習する組織」としての学校の中核的な仕事と役割を整理すると，表9-3のようになる。

表9-3 「学習する組織」としての学校イメージと関連する仕事と役割

学校イメージ	学習する組織
中核的仕事	生徒たちが主体的に取り組む学業をデザインし，生徒たちを学業の成功へと導くこと
生徒	知識労働者，ボランティア
保護者	学校コミュニティのパートナー
教員	リーダー，デザイナー，指導の案内役（ガイド）
校長	リーダーのリーダー

出所：Schlechty（2009, p. 71）を修正して作成。

「学習する組織」としての学校において，生徒は定型的な作業（ルーティンワーク）を行うのではなく，知識を獲得・創造・活用・蓄積して活動を行う知識労働者（ナレッジワーカー）であり，批判的な思考力や協力して問題を解決する力を高めることが求められる。また生徒は，教育指導や学習の機会を教員に依存するというよりは，自らの興味・関心から学習課題に取り組むボランティア（自発的・献身的な奉仕者）である。

▷7 知識労働者
知識労働者（ナレッジワーカー）とは，製造・土木・建設業において肉体労働に従事するブルーカラー労働者とは異なり，管理者や専門職のように高度な専門知識を活用して働き，組織の成果に責任をもつ労働者のことである。

教員は，リーダー，デザイナー，そして案内役（ガイド）としての役割を果たす。リーダーとしての教員は，知識社会の価値や規範へ生徒たちを誘うこと

に責任を負う。デザイナーとしての教師は，教育指導を計画して伝達するというよりは，生徒たちが主体的に指導を求めるような学習課題をデザインする。案内役（ガイド）としての教員は，効果的・能率的に学習するためのさまざまな方法や，生徒たちがそれらの学習方法にアクセスして学びを深めることを援助する方法を適切に理解している。

保護者は，学校の教育活動（授業や行事）に参加したり，子どもや学校の課題の解決へ向けて一緒に議論したり，学校や教員に支援を提供してくれるパートナーである。学校への参加や協力が困難な保護者は，ヴァーチャルな環境（ネットや電子コミュニケーション）の手段を活用する。官僚制的な学校では，保護者は「部外者」であるのに対して，「学習する組織」としての学校では保護者は「内部者」であり，お互いに協力して学校づくりの一翼を担う。

校長は，管理や統制の方法ではなく，指導や先導する方法を学び，校長自身の学校づくりのイメージを説得力のある方法で他者に伝え，リーダーとしての教師集団を導く「リーダーのリーダー」としての役割を担う。校長の職務は，生徒たちが主体的に取り組む学習活動を創造する方法を教員たちと一緒に模索し，その実現のための支援を行うことである。

4 「学習する組織」としての学校を創造するための リーダーシップ

「官僚制」から「学習する組織」としての学校への転換を進めるためには，新しいプログラムや手続きを導入するというよりは，その学校の構成員の行為や思考や認識の変革を通じて，連続的な改善の能力を高める必要がある。それは，(1)未来への焦点を確立・持続する能力，(2)明確な焦点の方向性を維持する能力，(3)戦略的に行為する能力である。そのためにとりわけ重要になるのが，教員や校長のリーダーシップである。では「リーダー」としての教員や「リーダーのリーダー」としての校長の役割は，どのような理論的枠組みを基礎として理解すればいいのだろうか。

近年のリーダーシップ論では，(1)権力や権限から生じる命令型から，より双方向的で同意を基礎とした性質に信頼を置く理解へ，(2)組織階層のトップ（例：企業幹部，将軍，大統領など）から，組織全体にリーダーが存在するという見方へ，そして，(3)リーダーたちはトップと同様の支援と配慮を必要とするという考え方へシフトしている（Crainer & Dearlove, 2013, pp. 12-13）。これらは，「官僚制」から「学習する組織」への転換におけるリーダーシップの考え方のシフトに対応している。

「学習する組織」におけるリーダーは，トップダウン型の管理的リーダーシップではなく，参加型・分散型・協働型のリーダーシップを発揮する。安定

▷8 リーダーシップ
リーダーシップは，指導性や統率力と訳されるが，その定義は論者によって実に多様である。例えば，「リーダーシップとは，資質やカリスマ性ではない。意味あるリーダーシップとは，組織の使命を考え抜き，それを目に見えるかたちで確立することである」（P. F. ドラッカー），「リーダーシップとは，より偉大な善のために，人々と組織の力と可能性を引き出すことである」（K. ブランチャード），「リーダーシップとは，熱心にメンバーを導く人と，その人についていきたい人との関係である」（J. クーゼス & B. ポズナー）といった定義がある。

性や予測可能性ではなく，革新と新規性の価値を重視するため，変革を継続的で予期的で通常のプロセスとみなし，不確実性には落ち着いて柔軟に向き合う。新しい科学技術（テクノロジー）は，安定性への脅威や対処すべき問題ではなく，連続的な成長や改善や発達の好機とみなす。革新（イノベーション）の導入は，外的脅威への順応ではなく，職務の改善や事業拡大のための手段とする。そして，リーダーが目を向ける組織の未来は，何とかして生き残るものではなく，好機（チャンス）をつかみ取るものと理解する。

このように「学習する組織」におけるリーダーは，「官僚制」におけるリーダーとは対照的な特徴をもっている。「学習する組織」としての学校におけるリーダーは，このようなリーダーシップに関する考え方のシフトを適切に理解し，自分たちの認識や行為を変革していく必要がある。そして何より「学習する組織」としての学校では，すべての生徒たちの学習する能力を高め，生徒たちが未来のリーダーとして成長・成熟していくことに希望を見出す必要があるだろう。

Exercise

① 「学校は○○のような組織である」という場合に，自分は○○にどんなメタファー（比喩）を入れるか，そしてそれはなぜかについて，これまでの自分の通ってきた学校での生活を思い出しながら考えてみよう。
② 官僚制的な学校から「学習する組織」としての学校へ転換することの意義や必要性について，現在の教育改革で重視されているポイントとの関連から考えてみよう。
③ 「学習する組織」としての学校における教師の役割について，生徒，教員，保護者，校長の役割との関係を意識しながら考えてみよう。

📖 次への一冊

センゲ，P. M. ほか，リヒテルズ直子訳『学習する学校』英治出版，2014年。
　　「学習する組織」の理論に基づく学校改革のビジョンと実践的な手法を提供してくれる書籍。これからの学校の変革と改善のための理論的・実践的なヒントが満載の一冊である。

佐藤学『学び合う教室・育ち合う学校——学びの共同体の改革』小学館，2015年。
　　「学習する組織」としての学校は，わが国における「学びの共同体」としての学校と重なり合っている。「学びの共同体」としての学校改革の新しい動向について幅広く知ることができる一冊である。

引用・参考文献

間場寿一「官僚制」森岡清美・塩原勉・本間康平編『新社会学辞典』有斐閣，1993年，235〜236ページ。
内田良『ブラック部活動』東洋館出版社，2017年。
大内裕和編著『ブラック化する教育』青土社，2015年。
小沢有作「学校メタファ」「産育と教育の社会史」編集委員会編『国家の教師・民衆の教師』新評論，1985年，7〜72ページ。
金子郁容編著『学校評価』ちくま新書，2005年。
河上亮一『プロ教師の覚悟』洋泉社，1996年。
佐藤学『教師花伝書』小学館，2009年。
ショーン，D.，佐藤学・秋田喜代美訳『専門家の知恵──反省的実践家は行為しながら考える』ゆみる出版，2001年。
曽余田浩史「科学的管理法」岡東壽隆・林孝・曽余田浩史編『学校経営 重要用語300の基礎知識』明治図書出版，2000年，62ページ。
藤田英典「文化としての学校，組織としての学校──研究領域および正当性問題を中心として」『教育学研究』第58巻（3号）1991年，214〜224ページ。
耳塚寛明「社会組織としての学校」柴野昌山・菊池城司・竹内洋編『教育社会学』有斐閣ブックス，1992年，72〜90ページ。
Bereiter, C., *Must We Educate?*, Prentice-Hall, 1973（ベライター，C., 下村哲夫訳『教育のない学校』学陽書房，1975年）.
Bredeson, P.V., "Perspectives on Schools: Metaphors and Management in Education", *Journal of Educational Administration*, Vol.26(3), 1988, pp. 293-310.
Crainer, S. & Dearlove, D., *Thinkers 50 Leadership: Organizational Success through Leadership*, McGraw-Hill Education, 2013（クレイナー，S. & ディアラブ，D., 東方雅美訳『リーダーシップ』プレジデント社，2014年）.
Drucker, P.F., *Managing in a Time of Great Change*, Routledge, 1995（ドラッカー，P.F., 上田惇生訳『未来への決断』ダイヤモンド社，1995年）.
Holt, J., *How Children Fail* (revised edition), Penguin, 1964/1990（ホルト，J., 渡部光・佐藤群衛訳『教室のカルテ──なぜ子供は失敗するのか』新泉社，1979年）.
Schlechty, P.C., *Leading for Learning: How to Transform Schools into Learning Organizations*, Jossey-Bass, 2009.
Senge, P.M., *The Fifth Discipline: The Art and Practice of the Learning Organization* (revised & updated edition), New York, Doubleday, 2006（センゲ，P., 枝廣淳子ほか訳『学習する組織──システム思考で未来を創造する』英治出版，2011年）.
Senge, P.M., et al., *Schools That Learn* (Updated and Revised): *A Fifth Discipline Fieldbook for Educators, Parents, and Everyone Who Cares About Education*, Crown Business, 2012（センゲ，P.M. ほか，リヒテルズ直子訳『学習する学校』英治出版，2014年）.
Sergiovanni, T.J., *Leadership for the Schoolhouse: How is it Different? Why is it Important?*, Jossey-Bass, 1996.

第10章
学校改善と組織文化の変革

〈この章のポイント〉
　本章では，まず，「学校改善」の概念と，それが提唱されるようになった国内外における教育改革の動向について概説する。次に，学校改善を進めていくうえで重要な「学校に基礎を置いたカリキュラム開発（SBCD）」や「学校に基礎を置いた経営（SBM）」という考え方，さらには，目には見えないが学校改善の促進に大きな影響力を及ぼしている「組織文化」の変革・開発の必要性について学ぶ。最後には，実際の学校改善の過程について事例を紹介し，「学校の組織力」のこれからについて学ぶ。

1　学校改善提唱のはじまり

1　学校改善とは何か

　1983年から4年間にわたって，OECDの教育研究革新センター（CERI：Center for Educational Research and Innovation）にて，学校改善に関する国際プロジェクト（ISIP：International School Improvement Project）が行われた。当時，学校の自治の拡大により，学校改善を実現していこうとする動きや個別学校の経営改善が，教育の質的向上に重要であるという認識が先進諸国で広がりをみせていた。
　日本について，すでに子どもたちの学力や教員の指導力の高さが，世界からも注目を浴びていた。しかし，教育をこれまでとは異なる方向に転換しようとするとき，あるいは，教育が重大な問題を抱えた際の対応として，それまでのような「上からの」，つまり，中央行政主導の学校改善では，実践の形式だけが導入されがちで，結果的に画一性が進行してしまうため，学校の内側からの，つまり，「下からの」改善努力をかき立てなくてはならない，という指摘がなされていた（日本教育経営学会・学校改善研究委員会，1990）。
　ISIPで定義された「学校改善」の邦訳は次のとおりである。「1つあるいは複数の学校において最終的には教育の目標をより効果的に達成するために，学習の過程とそれにかかわる内部条件における変革（change）を求めた体系的，継続的な努力である」。
　この定義で重要な点は，「学校の計画的，継続的な変革の必要性を唱えてい

▷1 アカウンタビリティ
元々は会計上の用語。企業が株主に対して会社の経営状況について説明することとその義務を指していた（説明責任）。学校においては、教育課程の編成・実施・評価にかかわる学校の経営責任としての保護者や地域住民に対する説明責任と捉えることができる。単なる説明責任ではなく、学校が保護者や地域住民との開かれたコミュニケーション（意見や要望の聴取、合意や協力の獲得など）を常に取りながら教育の改善に努めることこそが、説明責任である。

▷2 学校の正統性
そもそも正統性とは、「ある社会における政治体制、政治権力、伝統などを正しいとする一般的観念」であるとされる。マックス・ウェーバーは正統性の根拠を伝統、カリスマ、合法の3つにタイプ化した。これらはそれぞれ独立的に存在するものではなく、いかなる社会においてもなんらかの方法で混合した正統性をもっているといわれる。学校の正統性は「学校が法律の下で律されることによって正統性は担保され、さらに、教育専門性に立脚して正統性を確かにする」といわれる（木岡、2011、5〜17ページ）。

▷3 子どもの貧困
「子どもの貧困率」を基に説明すれば、「相対的貧困」の状態にある18歳未満の子どもの割合を指す。「相対的貧困」とは、「国民を可処分所得の順に並べ、その真ん中の人の半分以下しか所得がない状態」である。現在日本の「子どもの貧困率」は、13.9%である（厚生労働省「平成28年国民生活基礎調査の概況」15ページ）。

ること」であり、この背景には、社会環境の急激な変化にもかかわらず、学校がそれに十分対応し切れず、組織機能の低下を招き、学校の教育目標の効果的達成を困難に陥れているという状況があると述べられている（同上書）。「学校の計画的、継続的な変革」とは、すなわち、学校自らの変革指向や改善努力であり、従前の「上から」降りて来るのを待ってからの学校における実践とはまったく異なる。個々の学校の「自主性」や「わが校によるわが校のための経営」という指向の重要性が提唱されたのである。

2 学校改善はなぜ必要なのか

学校が教育行政の出先機関のように捉えられ、「上からの」指示命令を受けてから実践に移行するのでは、学校教育は硬直化・画一化・機能不全に陥るという問題認識と連動した「学校改善」の提唱の背景には、次のような要請があった。学校が教育経営の基礎単位として、相対的に自律的な経営体であること、そして、教育の質的向上は、個々の学校の経営努力が決定的な要因であり、経営改善努力こそが不可欠であること、その際、組織変革のエイジェントとしての教職員を学校改善の主体と考え、彼らの主体的・積極的な参加のもとで改善活動を展開すること、であった（同上書）。

「学校改善」という概念がCERIより提唱され、日本においても導入されてから約35年が経つ。この間、わが国の学校を取り巻く社会や教育行政・制度、教育課題も大きな変化に直面してきた。だが、むしろ、「学校改善」の必要性や重要性はより一層増してきたといえる。とくに、1990年代後半以降、学校のアカウンタビリティ[1]の要請・強調や学校の正統性[2]の揺らぎもあり、また急激に進められた大規模な法改正（教育基本法や学校教育法等）やさまざまな新しい制度（学校評価や地域住民をはじめ多様なアクターの学校参画（学校運営協議会制度）等）の導入もあった。そして、学力低下問題による基礎学力の向上、不登校やいじめへの対応、特別支援教育の充実、子どもの貧困[3]への対応等、いっそう複雑化する教育課題のなかで、学校が"存立"するためには、学校改善に取り組まざるをえないのである。浜田博文は次のように指摘している。「教育実践が行われる学校現場は、ある種の『形式化された制度』と日々の教育活動の実践や改善との《はざま》に置かれざるをえない。とりわけ子どもたちの抱える問題状況に学校ごとの違いが顕著になっている今日、学校独自の取り組みが差し迫って必要とされる」（浜田、2012）。学校が学校として、そこに確固として"存立"するためには、学校自身の主体的な改善活動が継続的に行われなければ、次第に《はざま》に飲み込まれていって、学校は機能不全に陥り、"存立"しえなくなるだろう。

2 学校改善における重要な理論

1　学校に基礎を置いたカリキュラム開発

　ここでは，学校改善における重要な理論を2つ紹介しておく。まずは，「学校に基礎を置いたカリキュラム開発（SBCD：School-Based Curriculum Development）」である。

　学校で子どもたちに，いつ，何を，どのように教えるのかといった計画は，「教育課程」と呼ばれる。「教育課程」という用語は行政・法律用語であり，日本で最初に「教育課程」という用語が用いられたのは，1951（昭和26）年の文部省学習指導要領（試案）である。そこでは，「児童や生徒がどの学年でどのような教科の学習や教科以外の活動に従事するのが適当であるかを定め，その教科や教科以外の活動の内容や種類を学年的に配当づけたものを教育課程といっている」と記載された。「課程」という用語が元々もっている，「一般的に教育や訓練で秩序立って学ぶ一連の流れ」とか，「ある期間に割り当ててさせる学習の順序・内容」という意味に，「教育」が付されることで，学年や教科，あるいは，教科以外の活動といった具体的な対象があげられ，システマティックな印象を強く受ける。

　「教育課程」と類似する用語・概念に「カリキュラム」がある。日本では上記学習指導要領以降，長い間，「教育課程」が用いられてきたが，1974（昭和49）年に，前出OECD-CERIと当時の文部省が共催して開催された「カリキュラム開発に関する国際セミナー」および，翌年公表の報告書『カリキュラム開発の課題』で，「教育課程」に代わって「カリキュラム（開発）」が用いられた（根津，2012）。しかし，「教育課程」=「カリキュラム」ではないことは当時確認された。イギリスのスキルベックによる定義を引用し，「カリキュラム」は次のように紹介され，「広義のカリキュラム観」とも呼ばれた（同上書）。

> カリキュラムは授業・学習の計画や教授細目，その他の教育内容について述べられた意図（指導要領のようなものをいうのであろう）を指すばかりでなく，この意図や計画が実践に移されてゆく方法までも指すという。言いかえれば子どもの学習活動の枠組すべてにかかわる極めて広範なものを意味することになる。

　では，「学校に基礎を置いたカリキュラム開発」とは，どのようなものなのか。1974年にSchool-Based Curriculum Developmentが邦訳され，「学校に基

礎を置いたカリキュラム開発」とされた（以下，SBCD）。SBCD はイギリスで1970年代にはじまった。

前節でふれた学校改善提唱期と同様，国家，つまり，「上からの」カリキュラム開発による，当時の「教育内容の現代化」は，現場には根づかなかった。教員の指導にも，子どもにも無理があり，いわゆる「落ちこぼれ」を増加させたと指摘されている（同上書）。「上から」ということは，「学校のニーズや実態を反映せず，教師の経験に裏打ちされた実践的な判断を軽んじた」のである（同上書）。だから，「カリキュラム開発の場を学校，開発の主体を教師と位置づけ，学校の現実に応じたカリキュラムを開発しようとする発想」が提唱された（同上書）。

「学校に基礎を」とは，具体的にどういうことなのであろうか。SBCD のモデルとして，(1)状況分析，(2)目標設定，(3)教授・学習活動のプログラム構成（計画），(4)プログラムの解釈と実施，(5)評価・フィードバック・再構成といった，スキルベックによるサイクルが示されることが多い。ここには，PDCA (Plan-Do-Check-Action) サイクルが基底にある。PDCA は Do の途上でも評価・計画・改善が展開されることは必然で，「教育評価行為」を含むことの重要性も指摘されるが（田中，2018），SBCD も同様のことを指摘できよう。

また，「学校に基礎を」とは，子どもの興味・関心や自己概念を重んずることでもあると捉えられている（有本，2005）。そして，「学校に基礎を」とは，各学校ごとの個別性があってよいのは当然のこととなる。現在の日本の学習指導要領においても，教育課程の編成は「各学校において」とされている。

しかし，イギリスにおいては，SBCD は衰退してしまった。「あくまで教師個人の専門性に重きを置いたため，学校レベルにおける組織的活動が達成されていたかという点は疑問が残る」という指摘もある（末松，2009）。ただし，「教師に権限が付与され，自らの意思に基づいて問題に対して即時的対応ができるようになった点」は評価される（同上書）。

学校で子どもたちに，いつ，何を，どのように教えるのかといった計画の問題は，学校改善のまさに"中身"の問題である。したがって，学校改善の必要性と連動した「学校に基礎を置いたカリキュラム開発」という発想そのものは，極めて重要であるのは論を待たない。

2　学校に基礎を置いた経営

アメリカでは1980年代末より，予算・人事・カリキュラムに関する権限と責任を教育委員会から学校に委ね，かつ，その意思決定過程に保護者や地域住民，生徒等まで関与する改革が試みられ，こうした学校経営のありようを総称して「学校に基礎を置いた経営（School-Based Management：SBM）」（以下，SBM

▷4　教育内容の現代化
1960年代，アメリカではソ連の人工衛星スプートニク1号の打ち上げ成功に衝撃を受けた，いわゆる「スプートニク・ショック」が広がり，現代科学の成果を踏まえて教育内容を見直し・高度化を図ることが行われた。日本では，昭和43（1968）年改訂の学習指導要領がそれにあたり，戦後から現在に至るまでのうちで最も内容の多い指導要領となった。小学校の算数にそれまで中学校で学習していた「集合」が移行されたことなどはその象徴で，「世界一水準の高い教科書」と称された。

と呼んでいる（田中，2006）。

　浜田によれば，1980年代を通じアメリカでは，生徒たちの人種や文化，言語等の多様性の増大やそれらと密接に関連した貧困や家庭崩壊など複雑な問題状況を抱えていた。さらには，国家レベルでの財政逼迫状況による効率化も要請されていたが，トップダウンの改革手法では，改革の実が得られない事態も明らかになったという。あわせて，教職の「専門職性」の確立へ向けた議論と施策が，教員の権限や役割の拡大への関心を高めたこともあり，「生徒に最も近い場所にいる者が教育プログラムにかかわる意思決定をおこなうべきだ」という前提が受け入れられていったという（浜田，2000）。

　SBMの意義は，教育の当事者である保護者や住民，そして教員が共同で学校の意思決定に参加をするということであり，学校は，「教育に関する意思決定の最も基礎的な単位として位置づけた教育行政のシステム」とされたことである（浜田，2004）。最も基礎的な単位における学校の自律性の確立は，すべての子どもにとっての教授・学習活動の改善における前提条件とされ，SBMの「第一のねらいは教育実践に実質的な変革を引き起こすこと」である（同上書）。

　そして，SBMの核心は校長である。それまでは，一行政官（administrator）であったが，単位組織としての学校の責任者として，経営者（manager）として役割を担わねばならないということである。では，校長には経営者として具体的にどのような役割期待があるのだろうか。

　それは，「明確なデータや情報を媒介に，共同的意思決定の実質を支える当事者間の相互コミュニケーション過程を創出・促進すること」であり，「教員・親を参加主体と捉え，学校改善計画の作成・実施・評価過程を軸とする相互コミュニケーションを促進し，自校の課題に関わる具体的で明確な情報を共有しつつ学校の共有ビジョンの形成に取り組む役割が期待される」と指摘される（浜田，2006）。このとき留意されなければならない点は，共有ビジョンの形成は，校長の明確なビジョンの提示を起点としたそれではなく，「教育活動の改善主体たる多様な当事者どうしの」それを促してのものである。加えて，親の参加実態は単純ではなく，教員の忌避意識もときには含むため，校長は多くの葛藤を抱えるのも事実である（同上書）。

　企業経営の理念や手法を参照した学校経営改革と呼ばれる近年のさまざまな動向のなかで，日本の校長が「経営者としての校長」と称されることの違和感も小さくなってきた。だだし，学校は利潤追求第一の一般組織体ではなく教育専門機関であり，「経営者」の置かれる前提は，一般組織体とはまったく異なる。教育専門機関の経営者といったとき，SBMの発想は大いに有効である。

3 学校改善の視点と方法

1 E. シャインによる組織文化への着目

　1980年代アメリカでは，企業経営の分野で「組織文化（organizational culture）」への関心が高まった。組織文化とは，当該組織の構成員間で共有された考え方に基づく組織全体の行動原理や思考様式であるといわれる。しばしば，人がこれまでとは別の組織に身を置くことになったとき，「郷に入っては郷に従え」と言ったりする（心がけたりする）。その組織では当たり前となっているやり方や考え方に従うのが賢明であるという意味である（たとえ違和感を覚えたとしても）。こう言われる前提には，組織ごとにそれぞれの「文化」があるから，"ウチ"と"ヨソ"は違う，ということである。学校にも同じことがいえる。学習指導要領に基づく全国標準的な教育を施している公立の義務教育諸学校でもそうである。

　この組織文化は，人々の行動を規定する強力な力を発揮している。それがよい成果を生んでいればよいが，それが邪魔をして成果が上がらないような状況になれば，組織文化を変えることが求められる。

　組織文化が説明される際，よく取り上げられるのがアメリカの組織研究者・エドガー・H. シャインによる「文化の3つのレベル」である（表10-1を参照）。

　第1のレベルは，最も表層に現れている「人工の産物」である。実際にみて，場合によってはふれることもできる。学校でいえば，校門や校舎，校旗，校章，制服，校長室や職員室に教室，また，教員や子どもたちの言葉遣いから各種実践，学校行事，さまざまな公式文書・資料等がこのレベルに該当する。

表10-1　文化の3つのレベル

1．人工の産物
・可視的で触わることができる構造とプロセス
・観察された行動
―分析，解釈することは難しい
2．信奉された信条と価値観
・理想像，ゴール，価値観，願望
・イデオロギー（理念）
・合理化
―行動やその他の人工の産物と合致することも，しないこともある
3．基本的な深いところに保たれている前提認識
・意識されずに当然のものとして抱かれている信条や価値観
―行動，認知，思考，感情を律する

出所：シャイン（2012）。

　シャインが言うには，「このレベルはきわめて観察しやすいけれども，同時に解釈がきわめて難しい」という。「見たこと，感じたことを記述することはできても，この観察だけからでは，それが一体何を意味しているのかを再構築することは不可能だ」と述べている（シャイン，2012）。

　第2のレベルは，「信奉された信条と価値観」である。いわゆる暗黙のうちにある「べき論」である。学校とは○○あるべき，教師は○○すべき，とかいうものであり，シャインは「まず共有される価値観ま

たは信条」と表現している。「まず共有される」というところがポイントである。これが機能するか否かは,「そのメンバーたちがそれらに従ったとき,彼らがいかに心地よく,かつ不安を感じずにすむか,によってテストされる」と指摘する。そして,これは,第3のレベルの「前提認識」へと発展する。

　第3のレベル「基本的な深いところに保たれている前提認識」は,「メンバー全員によって当たり前のものとして受けとめられており,逸脱は認められない」。第2のレベルを「実践して成功を繰り返したことから形成され」「ほかの考え方にもとづく行動は全く思いもよらないものとなる」のである。すなわち,「われわれに何に関心を示すべきか,それが何を意味するのか,進行していることに感情的にどのように対応すべきなのか,さまざまな状況でどのような行動を取るべきかをガイドしてくれる」ものであると,シャインは指摘する（同上書）。

2　学校改善と組織文化の関係性

　しばしば,前掲表10-1の内容が富士山のような台形や氷山のような図とともに示されることもある。第1から第3のレベルはそれぞれ関係しあって,構造的に連続していることを看過してはならない。学校改善を推進,つまり,これまでの実践（第1のレベル）を変えようとしたとき,第2のレベルまで踏み込まなければならない,ということである。そして,それは第3のレベルの変革へと発展するのである。

　組織文化は直接変えることはできない。水本がいうように,「組織文化が個人,相互行為,装置が相互に影響を及ぼしながら動く中で成り立つものであるから,何らかの取り組みをする中で,結果として変わってくるのである」（水本,2006）。組織文化の個人,相互行為,装置との関係性については,水本による図10-1を参照されたい。

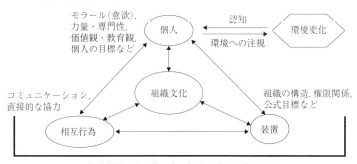

図10-1　組織の成り立ち

出所：水本（2006）。

3　組織文化の変革から「組織開発」へ

佐古秀一は，学校における組織開発について，次のように述べている。「それぞれの学校の個別性，具体的な状況に配慮しながら，学校自らが，つまり，学校教育に関与する主体自身が，組織の構造，過程，文化を変革する試みとそれをサポートする試みを総合して学校組織開発と呼ぶようになりつつある」（佐古，2006）。そして，佐古は，次の4つの観点に立脚し，学校の内発的な改善力を構築することを提唱している。(1)教職（教師の課業）の特性を不確定性の高さとして捉えること，(2)教職の課業標準化が困難であるがゆえに，教育活動の具体的展開には，課業の教師の自律性（実践的自律性）が不可欠であること，(3)同時に学校組織には個業型組織という一定の傾向性が想定できるので，実践的自律性だけでなく，学校教育としての一定の組織性を意図的に構成することが求められていること，(4)実践的自律性と組織性とは，協働（参画による情報共有）によって同時に実現しうること，すなわち協働による組織化を推進することが学校には有効な方法論となること，である（佐古，2013）。そして，学校組織開発におけるポイントとして次の3つを指摘している。

第一に，学校における組織的活動（学年会，研修会など）の中心的テーマを，その学校の教育の事実（子どもの実態，課題，実践）に関する認識や知識の交換と共有に当て，それを継続的に展開すること。第二に，学校の教育の事実に関するコミュニケーションの質を改善すること（データの活用など）。第三に，協働化を促進する役割やチームを学校のなかにはっきりと位置づけること。

こうしたポイントを大事にした取り組みは，組織文化を変え，学校改善を実現していく"ストーリー"となっていくのであろう。

4　学校改善過程の実際と「学校の組織力」のこれから

1　ある公立高等学校の改善事例から

これまで，学校改善にかかわる理論を中心に，その提唱経過や理論の骨子をレビューしてきた。ここでは，学校改善の過程にはどのようなことが実際に起きているのか，事例をみてほしい。だいぶ前になるが，筆者が調査したある公立高等学校の改善事例を紹介したい。高等学校は小・中学校と比べ，学校改善が困難であるといわれる（教員組織が比較的大規模であることや教員の高い専門性による教科等のセクションの"壁"が強固であること，いわゆる進学校と位置づけられる高等学校においては，OB・OG教員が多数勤務し，伝統に固執し変革を忌避するなど）。

▷5　学校組織開発
企業等を対象とした一般組織学や経営学で用いられる組織開発理論をそのまま学校組織に適用するものではない。

そのなかでも，事例の高等学校は生徒の学力レベルが標準で，さらに改善が進みにくい学校であった。生徒に一定の学力があることや入試倍率・進路実績等に極端な落ち込みがなかったりするなど，教員の危機意識や改革意欲が喚起されにくく，改革に踏み出すきっかけとなる問題や課題を教員間で認識・共有することが困難だったからである。

事例校（以下，A高校）では，教育活動や成果に極端な落ち込みが確認されたわけではないが，一部の教員の間では「このままではいけない」と現状を変えようとする試みが続けられていた。というのも，A高校の当時の現状とは，近隣の中学校から「A高校に入ると，ろくな大学に行けず，せっかく中学校でここまで育てたのに，A高校に入ると生徒がダメになる」とまで言われるほど，進学実績も低迷傾向にあり，生徒の規律面も乱れ，学校全体の雰囲気も悪かった。しかし，同校の現状や将来に危機感を覚えた一部の学年団では，基本的な生活指導（例えば，時間を守ることを徹底指導するなど）を重点的に強化していこうとする指導方針が年度当初に掲げられた。それは，時間にルーズな生徒が多く，授業運営にも支障をきたしていたため，授業をスムーズに行いたいとの教員の認識による。この指導方針については，学年団の共通理解は比較的容易に得られた。学年団の教員の課題意識が元々共通していたことと，一体感に欠ける同校の教員組織に，何らかの"柱"を据えたいという意欲的な教員で学年団が構成されていたことが大きかった。

しかし，この学年団の取り組みは教員組織のなかで目立たないように行われるしかなかった。それは，他の学年団の"視線"を意識してのことである。形式的で踏み込んだ指導を行っていない他の学年団からみて突出しないよう，控え目に行うことを彼らは意識した。当時のA高校において，生徒の課題を明確に意識して積極的に指導にあたる同学年団は，いわば"マイノリティ"で，彼らの取り組みを側面からサポートするものはなかった。すなわち，一部の教員の間で行われていた取り組みが他の多くの教員へ影響を及ぼせる条件がなく，結局，この当時，この学年団だけの取り組みにとどまらざるをえなかった。

多くの教員はどうしても自分が担当する学年や組織だけを意識した実践に留まる傾向が強い。しかし，こののち，A高校では，改善過程のなかで「『この学校』を良くするために」という指向性への変化が起きた。これは大きなことであった。つまりそれは，教員が協働して自校の教育改善にあたろうとする意識が醸成され，確立されていったのである。

2 「学校の組織力」のパワーアップ

今から10年以上も前になるが，中央教育審議会（中教審）では次のような指摘をしている。

他の組織と異なる学校の特質として，例えば一人の児童生徒の指導について多くの教職員がかかわっているなど，教育活動の成果について一人一人の業務に分けてこれをとらえることが難しく，集団としての活動としてとらえる必要があるという点が挙げられる。学校の組織運営体制について検討する場合，このような特質に留意し，個々の教職員が自らの職責を自覚しながら能力や個性を発揮するとともに，チームとしての力を生かしつつ学校組織全体の総合力を高めるよう，組織全体として有機的な運営が行われる態勢を作ることが必要である（文部科学省，2004）。

本書の第4章及び第14章で詳述されているように，近年，「組織マネジメント」や「チーム学校」といった学校の組織運営をめぐって，その発想や具体的な推進方法等が活発に議論されているが，上記中教審による指摘はその端緒といえる。

浜田は，学校の組織力向上に向かう重要な点として次の4点をあげている。(1)教員のエンパワメント（一人ひとりの教員に教授・学習活動の質的改善に対する自らの関与可能性を確信させ，自信と自己効力感をもたせる），(2)保護者と地域との関係構築（単に協力・連携する相手だけの存在ではなく，教育活動を豊かにするための重要な教育資源），(3)教育実践の改善に焦点化したコミュニケーション，(4)相乗効果と創発の促進（単純な総和を超えた価値を生み出し，組織メンバーの予測を超えたまったく新しい発想やアイデアの発現）（浜田，2009）。

「学校組織全体の総合力を高める」とは容易いことではない。浜田が指摘した4つの観点が組織内で浸透・機能するためには，校長のリーダーシップは言うまでもなく大きい。かつ，教員組織をファシリテートするミドルリーダーをはじめとするスクールリーダーの役割も重要である。保護者・地域との関係構築については，学校と彼らをコーディネートする教職員等の役割も大きい。

3　これからの「学校の組織力」とは

学校の組織力を高めることが重要であることとあわせて，むろん軽んじてはならないのは，一人ひとりの教職員の資質や能力の開発とその成長については，変わらず重要なことだということである。

個人の，あるいは，組織内部の小さな組織体によるアイデアや能力，そして，実践が組織文化によって抑制される，ということはよくあることである。先にみたA高校の改善過程事例でもそれは確認できた。しかし，抑制はまた組織によって軽減されたり，そして解放もされるのである。A高校の場合もそうであった。「『この学校』を良くするために」というとてもシンプルではあるが，極めて大事な協働の指向が，学校の組織力を支える強力な基盤となる。

Exercise

① SBMの発想に基づく日本における学校経営には，どのような意義と課題があるのか，考えてみよう。
② エドガー・シャインの「文化における3つのレベル」に基づき，あなたがかかわっている組織について，分析をしてみよう（学生の場合，所属サークルや部活動，アルバイト先などを事例に）。
③ ②を踏まえ，当該組織の改善プランについて，必ず，「リーダーシップ」という概念を用いながら，記述をしてみよう。

次への一冊

篠原清昭編著『スクールマネジメント——新しい学校経営の方法と実践』ミネルヴァ書房，2006年。
　スクールマネジメントの考え方（基礎編）の第1部とスクールマネジメントの方法（応用編）の第2部と，2部構成が取られている。とくに第2部では12の領域・テーマに関する方法が学べる有意義な一冊。

篠原清昭編著『学校改善マネジメント——課題解決への実践的アプローチ』ミネルヴァ書房，2012年。
　前掲書籍のリニューアル版ともいえる。やはり2部構成で，本書は理論編の第1部，実践編の第2部という構成で，とくに第2部は，Plan, Do, Check, Actionの順に従い，学校改善過程の実際がわかりやすく記されている一冊。

浜田博文編集『「学校の組織力向上」実践レポート——実践の成果と舞台裏』教育開発研究所，2009年。
　全国11の公立小・中学校の当事者による実践レポートが収録されている。学校には課題や置かれた環境等に個別性があり，組織力向上を目指すその実践もまた個別性があることが非常によく伝わってくる一冊。

浜田博文編著『学校を変える新しい力——教師のエンパワメントとスクールリーダーシップ』小学館，2012年。
　学校を変えるとはどういうことなのかについて理論的に学んだ後，学校を変えるプロセスとそれを推進する組織的要因について，実際の事例分析から学べる。学校を変える「新しい力」がリアルに捉えられる一冊。

引用・参考文献

有本昌弘「教育課程（カリキュラム）評価における統制と開発——1980年代一研究開発学校でのカリキュラムアセスメントによる評価の再評価を通じて」『国立教育政策研究所紀要』第134集，2005年，31～58ページ。
木岡一明「公教育の規範性と学校ガバナンスの統一的理解に関する考察」『大学・学校

づくり研究』第3号，名城大学大学院大学・学校づくり研究科，2011年，5〜17ページ。

厚生労働省「平成28年国民生活基礎調査の概況」2017年。

佐古秀一「学校組織開発」篠原清昭編著『スクールマネジメント――新しい学校経営の方法と実践』ミネルヴァ書房，2006年，155〜175ページ。

佐古秀一「学校組織開発理論にもとづく学校組織マネジメント教育プログラムの構成と効果」『鳴門教育大学紀要』第28巻，2013年，106〜114ページ。

シャイン，E. H.，梅津祐良・横山哲夫訳『組織文化とリーダーシップ』白桃書房，2012年。

末松裕基「イギリスにおける教育課程経営に関する研究――教科主任の役割に着目して」『教育経営研究』第15号，上越教育大学，2009年，118〜126ページ。

田中耕治「今なぜ『教育課程』なのか」田中耕治・水原克敏・三石初雄・西岡加名恵著『新しい時代の教育課程』第4版，有斐閣，2018年。

田中統治「カリキュラム開発」篠原清明編著『スクールマネジメント――新しい学校経営の方法と実践』ミネルヴァ書房，2006年，138〜154ページ。

日本教育経営学会・学校改善研究委員会編『学校改善に関する理論的・実証的研究』ぎょうせい，1990年。

根津朋実「カリキュラム開発」篠原清昭編著『学校改善マネジメント――課題解決への実践的アプローチ』ミネルヴァ書房，2012年，180〜195ページ。

浜田博文「アメリカにおける学校の自律性と責任――SBM（School-Based Management）とアカウンタビリティ・システムの動向分析」『学校経営研究』第25号，大塚学校経営研究会，2000年，32〜41ページ。

浜田博文「アメリカにおける「学校を基礎単位とした教育経営（SBM）」施策の展開とその意義――1960年代〜1990年代の公教育統治構造の変化に着目して」『筑波大学教育学系論集』第28巻，2004年，37〜56ページ。

浜田博文「アメリカ学校経営における共同的意思決定の展開と校長の役割期待変容――1970年代〜1990年代フロリダ州におけるSBMの展開過程を対象として」『日本教育経営学会紀要』第48号，2006年，115〜129ページ。

浜田博文「『学校の組織力向上』を考えるための理論」浜田博文編『「学校の組織力向上」実践レポート――実践の成果と舞台裏』教育開発研究所，2009年，10〜32ページ。

浜田博文「変転する教育改革のなかの学校」浜田博文編著『学校を変える新しい力――教師のエンパワメントとスクールリーダーシップ』小学館，2012年，18〜35ページ。

水本徳明「スクールマネジメントの理論」篠原清昭編著『スクールマネジメント――新しい学校経営の方法と実践』ミネルヴァ書房，2006年，27〜42ページ。

文部科学省・中央教育審議会初等中等教育分科会教育行財政部会・学校の組織運営に関する作業部会「学校の組織運営の在り方について（作業部会の審議のまとめ）」2004年。

第11章
教授・学習組織改革の展開と課題

〈この章のポイント〉
　学校で教育活動を行うにあたっては，児童生徒の実態や教育課程に応じたよりよい教授・学習組織を検討してくことが重要である。本章では，現在の教授・学習組織の前提となる学年別学級制がどのように成り立ってきたのか，また社会変化や教育政策の動向にともなって日本の教授・学習組織がどのように改革されてきたのかを概観する。さらに，それらの改革が日本の伝統的な「学級」観や「学級経営」観にもたらすインパクトの検討を踏まえながら，今後の教授・学習組織のあり方を考える際にどのような課題があるのかを学ぶ。

1　学年別学級制の成り立ち

1　「学級」・「学年」の誕生

　学校で教育活動を行うにあたっては，教師がどのように役割分担をするのかという教授組織のあり方や，児童生徒をどのように編成するのかという学習組織のあり方について考えなくてはならない。まずは，現在の教授・学習組織の前提となっている「学級」や「学年」という仕組みがどのように誕生してきたのかを見ていきたい。

　「学級」や「学年」という言葉は，学校教育を経験してきた多くの人たちにとって非常に馴染みのある言葉であるが，一つの教室のなかで，一人の教師が，同一学年（年齢）の子どもたちを対象に同一内容を教えるという教授法を最初に提案したのは，17世紀に活躍した宗教改革者コメニュウスである。この教授法は，「一斉授業」と呼ばれ，「あらゆる人にあらゆる事柄を教授する普遍的な技法」（コメニュウス，1962）として構想された。

　その後，産業革命の流れのなかで多くの工場労働者を育成することが課題となり，19世紀初頭に，イギリスにおいてモニトリアル・システムとギャラリー方式が誕生する。現代の「学級」や「学年」という仕組みは，モニトリアル・システムやギャラリー方式を経て成り立ったとされる。モニトリアル・システムは，別名ベル＝ランカスター法や助教法と呼ばれ，宣教師であったアンドリュー・ベルとジョセフ・ランカスターによって開発された。教師が直接すべ

ての児童生徒に教えるのではなく、モニター（助教）と呼ばれる優秀な児童生徒に3R's（読み・書き・計算）を教え、そのモニターが他の児童生徒に3R'sを個人教授するという方法である。秩序を重視したなかでの反復学習による暗記中心の教授方法で、児童生徒は学習内容に応じた能力別のclass（学習集団）に分けられ、審査を経ることで上位のclassへと進級することができた。各classは、個別の教室空間をもたず、教場と呼ばれる大きな空間に一同に集められた。

　モニトリアル・システムは、モニターを通じて多数の児童生徒を同時に教授可能な効率的な教育方法として、ヨーロッパやアメリカ大陸に渡り、多くの学校で採用された。一方で、その機械的な教育方法や、一つの教場で複数のclassが同時に教授を行うことの騒がしさ、多様な教育内容をモニターが教授することの困難さなどから批判を受けることとなる。工場経営者であり、工場に併設する幼児学校を設立したロバート・オーウェンは、子どもの性格形成を重視するなかでモニトリアル・システムを批判し、一人の教師が各授業を担当するとともに、一人の教師が教授できる人数でのclassを作り、個別の教室空間の萌芽と呼べる施設を位置づけた（満岡、2010）。

　さらに、オーウェンの影響を受けたサミュエル・ウィルダースピンやデビッド・ストウらによって、新たにギャラリー方式と呼ばれる教授法が生み出された。ギャラリー方式は、階段状に配置された椅子に数十人の児童生徒が座り、一人の教師が全員に向き合った形で教授をして学習を進めるという方法で、現代の一斉授業の原型が確立した。ただし、ここでのclassは、モニトリアル・システムと同様に能力別であった。

　能力別のclassに「学年」が結びつくのは、19世紀後半に入り、国民形成としての義務教育が始められ、普及するようになってからである。その背景には、就学年齢が一定化していくこととともに、国家財政の投入にともなって教育内容としての「スタンダード」が位置づけられたことがあげられる。イギリスでは、国家財政を効率的に投入するために、各学校における教育効果を測ることが必要となり、年齢に応じた6段階のスタンダードを制定して各段階を1年間通じて学習させることで、教育効果の測定を円滑化した（柳、2005、82～88ページ）。こうして、classは年齢によって分けられた「学年」と結びつき、現代の同一学年の児童生徒によって構成された「学級」とつながっていく。

2　日本における学年別学級制の成り立ち

　日本では、1872（明治5）年に「学制」が領布され、制度としての近代教育が始まったが、その際に取り入れられたのは「等級制」であった。尋常小学校を上等と下等の2つに分け、さらにそれぞれを教育課程の難易度に応じて8つの「等級」に分類し、それぞれの等級について教師が一斉授業をするという仕

▷1　3R's
3つのRとは、reading（読み）・writing（書き）・arithmetic（計算）のRを指す。

組みである。なお，等級を上がるには，試験に合格することが求められ，飛び級も可能であった一方で，合格できなければ原級留置となった。

その後，義務教育が普及し，就学率が高まっていくなかで，等級とは別の概念として「学級」という言葉が生み出された。「学級」という概念が明確に規定されるのは，1891（明治24）年の「学級編制等ニ関スル規則」である（濱名，1983，150ページ）。当時の文部省の説明書では，「一人ノ本科正教員ノ一教室ニ於テ同時ニ教授スヘキ一団ノ児童ヲ指シタルモノニシテ従前ノ一年級二年級等ノ如キ等級ヲ云フニアラス」（教育史編纂会，1938，110ページ）として，等級とは異なり，一人の教師が教授する児童数を基準とした定義として位置づけられた。

当時の基準となる1学級あたりの児童数は，尋常小学校が70人，高等小学校が60人であり，全校児童を1学級に編制する学校を単級の学校，2学級以上に編制する学校を多級の学校とした。多級の場合は，「児童ノ学力及年齢ヲ斟酌シ学級ヲ別ツヘシ」としており，まずは年齢に応じた「学年」で分け，さらにそれを分ける必要がある場合には「学力」が考慮された（濱名，1983，151ページ）。当初は，単級（複式学級）の学校が主流であったが，明治後期頃から就学率の上昇にともなって多級の学校が増加するとともに，卒業・修了試験の廃止や年度の確立がなされたことで，同じ年齢の児童のみで構成された学年別の学級が一般化していった（濱名，1983，151～152ページ）。

現在の日本の学級は，1958（昭和33）年に「公立義務教育諸学校の学級編制及び教職員定数の標準に関する法律」（義務教育標準法），1961（昭和36）年に「公立高等学校の適正配置及び教職員定数の標準等に関する法律」（高等学校標準法）が公布されて以降，1学級当たりの児童生徒数の標準が定められてきた。何度か改正が行われ，標準となる児童生徒数は変化しているが，2018（平成30）年現在，1つの学年で学級を構成する場合（単式学級）は，小学校（第1学年のみ35人），中学校，高等学校ともに40人を上限としている。また，学級数に基づいて教職員定数が決められ，それに応じて各学校に教師が配置されている。

▷2 複式学級
2つ以上の学年の児童生徒を1つに編制した学級。現在の日本の義務教育諸学校では，同学年の児童生徒で学級を編制することが原則であり，児童生徒数が著しく少ないか，その他特別の事情がある場合においてのみ，政令で定めるところにより，複式学級が編制される。

2 学年別学級制と教育組織

1 タテの組織——学年制と無学年制

日本では，学年別学級制を前提として，一定の人数に分けられた同一学年の児童生徒を対象に，一人の教師が一斉に教授するという仕組みがとられてきた。ここで改めて，組織という観点から学年別学級制を捉えてみたい。教授組織や学習組織といった教育組織を捉える際に，垂直組織と水平組織という枠組みがある。垂直組織とは，児童生徒が入学してから卒業するまでをどのように

段階化するかという「タテ」の組織を指し，水平組織とは，各段階における教育活動を児童生徒の集団と教師の集団の間でどのように配分して編成するかという「ヨコ」の組織を指す（矢澤，2014，146ページ）。

学年制は，「タテ」の組織に属する仕組みであり，同一年齢の児童生徒を同じ学年に割り当て，学年ごとに区分された教育課程を一定期間履修することで進級していく。学年制と対になる仕組みとしては「無学年制」があり，学年ごとに区分された教育課程が設けられておらず，必要となる教育課程を個人の特性や進度に応じて修得していく。日本においては，1988（昭和63）年に設置が認められた単位制高等学校が無学年制の仕組みに沿っている。

▷3　単位制高等学校
決められた単位数の修得が求められるだけで，学年ごとの教育課程の区分はないため，自分の学習計画に基づき，興味関心等に応じた科目を選択して学習できる。また，学年を単位とする原級留置も存在しない。1988（昭和63）年度に定時制・通信制課程において，1993（平成5）年度に全日制課程において導入されている。

2　ヨコの組織——学級担任制と教科担任制

「ヨコ」の組織に属する仕組みとして代表的なものは，学級担任制と教科担任制である。日本では，主に小学校で学級担任制が，中学校および高等学校で教科担任制が採用されてきた。学級担任制は，学級担任となる一人の教師が，一つの学級の児童生徒に対して，学習指導および生活指導のさまざまな面で責任を負う教授組織を指す。学級担任は，一つの学級のほぼすべての教科を指導するとともに（全教科担任制），特別活動，道徳教育，生活・生徒指導など幅広い指導を担当する。ただし，一部の教科に関しては，その教科を専門に担当する専科教員が指導をする場合もある。

教科担任制は，一人の教師が専門とする一教科または関連教科を担当し，いくつかの学級の児童生徒の指導に責任を負う教授組織を指す。そのため，中学校および高等学校の教員免許状は，小学校とは異なり，教科ごとに免許状が分かれている。各教科以外の特別活動や道徳教育，生活・生徒指導などは，その学級の学級担任となる教師を中心に行われる。

▷4　学級担任制
学級担任制の特徴としては，(1)一人の教師がすべての指導に一貫して当たることができるため，児童生徒の実態を把握しやすく，関係を築きやすい，(2)教科や領域の相互関連を考慮した教育活動が行いやすい，(3)一人の教師がすべての指導を担当するため，児童生徒は学級担任の影響に左右されやすい，(4)学級担任が苦手とする教科の指導については，専門性の面で課題が生じやすい，などが指摘されている。

▷5　教科担任制
教科担任制の特徴としては，(1)各教科担任が専門とする教科を指導することができるため，より専門性の高い指導が期待できる，(2)児童生徒はさまざまな教科担任と接することができるため，学級担任からだけの影響に左右されにくい，(3)教師はすべての指導を通じて児童生徒に関わることができないため，児童生徒の実態を把握しにくく，関係が築きにくい，などが指摘されている。

3　教授・学習組織改革の展開

1　授業の質的改善・指導の効率化と教授・学習組織改革

学年別学級制を前提としてきた日本の教授・学習組織であるが，児童生徒や教師，学校をめぐる環境の変化，教育政策の動向にともなって，そのあり方が問い直されてきた。ここからは，1958（昭和33）年の義務教育標準法，1961（昭和36）年の高等学校標準法が成立して以降，教授・学習組織がどのように問い直され，展開してきたのかについて，天笠（1995，53～56ページ）をもとに，(1) 1965年頃～1975年前後，(2) 1975年前後～1980年前後，(3) 1980年前後～1990年代はじめ，(4) 1993年～現在までの4つの期間に分けて見ていきたい。

第11章 教授・学習組織改革の展開と課題

まず，一つ目の期間が，1965年頃から1975年前後にかけての展開期である（天笠，1995，54ページ）。経済成長と科学技術の革新を支える人材育成に向けて，教育の高度化・能率化を追求した「教育の現代化」が求められ，その流れのなかで教授組織の改革が生じた。アメリカで開発されたティーム・ティーチング（以下，TT）の影響や，「教育内容の現代化」運動を背景としながら，授業の質的改善や指導の効率化を目指して，協力教授組織のあり方が模索された。ここでの改革は，「教育の現代化」とそれにともなう教職の専門職化への対応だけでなく，当時課題となっていた教員不足を乗り越えるべく展開されていた点も重要である（天笠，1979，25ページ）。具体的には，主に小学校での学級担任制が問い直され，高学年の一部教科担任制やTTの導入，学年共同経営の取り組みなどが研究協力校や研究指定校を中心に行われた。各学校の取り組みは，全国的な組織的取り組みへと展開し，1969（昭和44）年には，「全国小学校教科担任制研究協議会」や「日本ティーム・ティーチング研究会」などが発足した。1968（昭和43）年に改訂された「小学校学習指導要領」の総則では，「指導の効率を高めるため，教師の特性を生かすとともに，教師の協力的な指導がなされるようにくふうすること」との文言が付け加えられている。

2 個に応じた指導と教授・学習組織改革

二つ目の期間は，1975年前後から1980年前後にかけての停滞期である（天笠，1995，54～56ページ）。教職員定数の改善により都市部での教員不足が解消されたことや，「教育の現代化」から人間性の育成を重視する「教育の人間化」へと路線を転換し，ゆとりある充実した学校生活が目指されたこと，教授組織改革に対する研究指定期間が終了し，研究指定校の数が減少したことなどが背景としてあげられる。また，1977（昭和52）年の学習指導要領改訂にともない，先の「教師の協力的な指導」という文言も削除された。

そして，三つ目の期間は，再び展開期を迎える1980年前後から1990年代はじめまでである（天笠，1995，56ページ）。受験競争の過熱化や非行，校内暴力，いじめ，不登校などが社会問題となるなかで，1984（昭和59）年に臨時教育審議会が設置され，「個性重視の原則」と「生涯学習体系への移行」が教育改革の方向性として打ち出された。教授・学習組織にかかわっては，1984（昭和59）年に当時の文部省より『小学校教育課程一般指導資料Ⅲ 個人差に応じる学習指導事例集』が出版され，学習の個別化・個性化や指導方法の多様化が課題とされた。また，1989（平成元）年に改訂された「小学校学習指導要領」では，「学校の実態等に応じ，教師の特性を生かしたり，教師の協力的な指導を行ったりするなど指導体制の工夫改善に努めること」という文言が新たに付け加えられたほか，「各教科等の指導に当たっては，学習内容を確実に身に付け

▷6 ティーム・ティーチング
1955年にハーバード大学のケッペルによって提案され，1957年にマサチューセッツ州レキシントンのフランクリン小学校にて実践されたのが始まりである。2人以上の教師が，責任を分担しながら協力して同じ学習集団の指導を担当する教授組織を指す。職階制を導入した教職員組織の改編を目指すものと，教授組織の改編により授業改善を目指すものとの2つの側面から急速に展開した（丸山，2004）。

▷7 「教育内容の現代化」運動
東西冷戦のなか，1957年に旧ソ連が史上初の人工衛星「スプートニク1号」の打ち上げに成功したことで，アメリカを中心に，初等中等教育において科学技術の革新という時代要請に応じた教育内容を取り入れるためのカリキュラム改造運動が展開された。

▷8 協力教授組織
協力教授組織を提唱した吉本二郎は，「教師を小さな協力集団に組織し，その集団が一体となって，含まれる学級の教科教育等を担当する仕組みである」と定義し，「各学級には学級担任教師があり，全般的な学級教育の責任を負うものではあるが，授業場面では各教師は自分の学級だけでなく，広く協力集団を形成する教員の各学級にわたって，自己の専門領域において援助しあう組織」を目指していた（吉本，1965）。

▷9 学年共同経営
「教師の協力的な指導を取り入れた学年経営の進め方」（丸山，2004）を指す。

▷10 学習の個別化・個性化
『小学校教育課程一般指導資料Ⅲ 個人差に応じる学習指導事例集』（1984）に

おいては，個人差として，(1)達成度としての学力差，(2)学習速度・学習の仕方の個人差，(3)学習意欲・学習態度・学習スタイルの個人差，(4)興味・関心の個人差，(5)生活経験的背景の個人差があげられている。なお，これらには「量的な個人差」と「質的な個人差」が含まれ，(1)(2)など「量的な個人差」に応じることを「個別化」，(3)(4)など「質的な個人差」に応じることを「個性化」としている。

▷11 オープン・スクール
オープン・スクールを活用したものに，教科教室型運営の学校がある。特別教科のみ特別教室を使用する従来の特別教室型のスタイルとは異なり，すべての教科に専用教室を設け，児童生徒が授業ごとに各教科の教室へと移動するスタイルで，教科センター方式とも呼ばれる。

ることができるよう，児童の実態等に応じ，個に応じた指導など指導方法の工夫改善に努めること」と記述されている。このような流れのなかで，一斉授業を問い直す観点から，授業における教師間の連携・協力が注目されることとなった。

なお，停滞期である二つ目の期間を挟んで，一つ目の期間と三つ目の期間をつなぐものとして，多目的スペースやオープン・スペースを有する新しいタイプの学校施設によって，教授・学習組織の改革を試みた動きがある（天笠，1995，56ページ）。多目的スペースやオープン・スペースを有する学校は，オープン・スクールとも呼ばれ，1960年代にイギリスにて児童生徒の自由で主体的な活動を保障するために始まった（鶴田，2012，211〜212ページ）。伝統的な壁で仕切られた教室は一斉授業に適しているものの，多様な学習集団の編成や異学級・異学年との交流が少なくなるとして，「壁のない学校」であるオープン・スクールにその課題解決が期待された。

3　トップ・ダウン的政策の進行と教授・学習組織改革

最後に四つ目の期間が，1993年から現在までである。先の個に応じた指導の流れを引き継ぎつつ，地方分権改革の流れのなかでトップ・ダウン的政策の進行（福島・水本，2006，24ページ）による教授・学習組織改革が進められている。

1993（平成5）年より実施された第6次教職員定数改善計画では，教職員定数の改善がなされたほか，個に応じた指導をするための工夫改善として，TTの導入による加配が認められることとなった。さらに，2001（平成13）年より実施された第7次教職員定数改善計画では，少人数指導をするための加配が認められるようになった。あわせて，1998（平成10）年の中央教育審議会答申「今後の地方教育行政の在り方について」の提言を受けて，2001（平成13）以降，地域の実情に応じて学級編制を弾力的に実施することが可能となり，2003（平成15）年には，特例的な場合に限らず，全県一律に国の標準を下回る学級編制基準を設定することができるようになった。2011（平成23）年には，義務教育標準法の改正により，小学校第1学年の学級編制の標準が40人から35人に引き下げられるとともに，各市町村が地域や学校の実情に応じ，柔軟な学級編制ができるようになった。また，2006（平成18）年の市町村立学校職員給与負担法の改正では，少人数教育の実施等にあたり，市町村が給与負担をすることで独自に教職員を任用することが可能となった。

なお，第7次教職員定数改善計画は，1998（平成10）年に改訂された学習指導要領の影響を大きく受けているとの指摘がある（鈴木，2010，35〜36ページ）。この学習指導要領改訂では，「生きる力」という概念が理念として採用され，変化の激しいこれからの社会に向けて，思考力・判断力・表現力や，自主的・

主体的問題解決能力の必要性が明確化されるとともに，教育内容の厳選，学校週5日制，総合的な学習の時間の導入などが示された。しかし，このような学力観の移行に関して，「学力低下」の議論がわき起こり，「ゆとり教育」批判が強まった。そのため，2001（平成13）年に出された「21世紀教育新生プラン」（レインボープラン）では，7つの重点戦略の1つである「1．わかる授業で基礎学力の向上を図ります」の第1項目に「基本的教科における20人授業，習熟度別授業の実現」が示された。また，2002（平成14）年には，学習指導要領の全面施行を前にして，文部科学省より「学びのすすめ」が出され，「確かな学力」の向上が新しい学習指導要領のねらいに位置づけられた。その際，「きめ細かな指導で，基礎・基本や自ら学び自ら考える力を身に付ける確かな学力」を向上するための指導として，少人数指導や習熟度別指導などが掲げられるとともに，「学力向上フロンティア事業」が始まり，「文部科学省と都道府県教育委員会との連携・協力の下，理解や習熟の程度に応じた指導の実施や小学校における教員の得意分野を生かした教科担任制の導入など，児童生徒一人一人の実態に応じたきめ細かな指導の一層の充実を図るための実践研究を推進し，その成果を全国すべての学校に普及する」として，予算立てがなされた。

　その後，2008（平成20）年の学習指導要領改訂を経て，2017（平成29）年に出された新学習指導要領では，「生きる力」の理念の具体化として，「知識及び技能が習得されるようにすること」「思考力，判断力，表現力等を育成すること」「学びに向かう力，人間性等を涵養すること」という3つの柱が示されるとともに，各教科等における「主体的・対話的で深い学び」の観点から学習過程の改善を図ることが示された。教授・学習組織に関わっては，「小学校学習指導要領」の総則において，「児童が，基礎的・基本的な知識及び技能の習得も含め，学習内容を確実に身に付けることができるよう，児童や学校の実態に応じ，個別学習やグループ別学習，繰り返し学習，学習内容の習熟の程度に応じた学習，児童の興味・関心等に応じた課題学習，補充的な学習や発展的な学習などの学習活動を取り入れることや，教師間の協力による指導体制を確保することなど，指導方法や指導体制の工夫改善により，個に応じた指導の充実を図ること」（第4の1の(4)）と示されている。また，同年に改正された義務教育標準法においては，教職員定数について，「主体的・対話的で深い学び」の充実も踏まえ，教育方法工夫改善としての加配が一部基礎定数化した。

　以上のように，学習指導要領の改訂を背景としつつ，教職員加配や市町村費負担教職員制度，学級編制の弾力化，予算措置等によって，各地方自治体の裁量のもとに，TTや少人数指導，少人数学級の導入が進められてきている。

4 「特別な教育的ニーズをもつ子どもたち」と教授・学習組織改革

　四つ目の時期については、「特別な教育的ニーズをもつ子どもたち」の指導に向けての教授・学習組織の改革も進められてきた。障害のある児童生徒については、2007（平成19）年に学校教育法が改正されることで特別支援教育が法的に位置づけられ、児童生徒一人ひとりの教育的ニーズを把握し、すべての学級において指導・支援を充実させることが推進されている。特別支援教育では、児童生徒が通常学級に在籍する場合、学級にて指導を受けるほか、障害によっては必要な特別な指導を在籍校もしくは他校に設置された通級指導教室などの特別な指導の場で受ける（通級による指導）。通級による指導は、1993（平成5）年に制度化したが、2017（平成29）年の義務教育標準法の改正により、特別支援教育の加配定数のうち通級による指導にかかわる部分が基礎定数化された（第3条第2項）。

　また、1990年代以降、日本語指導が必要な外国人児童生徒も増加している。現在は、2003（平成15）年に小学校編、2007（平成19）年に中学校編が開発されたJSLカリキュラム▷12をもとに、初期指導型の日本語指導と教科指導型の日本語指導とに分けて、日本語指導教室での取り出し指導と在籍学級での指導とを組み合わせた形での指導が行われている（臼井，2015，285〜289ページ）。なお、1992（平成4）年度より日本語指導等担当教員の配置が始まり、2002（平成14）年度より児童生徒支援として加配が認められた。2017（平成29）年には、通級による指導と同様に基礎定数化された。

▷12　JSLカリキュラム
「JSL」とは、「Japanese as a Second Language」（第二言語としての日本語）を指す。従来切り離されてきた日本語指導と教科指導とを統合し、「日常的な会話はある程度できるが、学習活動への参加が難しい子どもたちに対し、学習活動に日本語で参加するための力（＝「学ぶ力」）の育成」を目指したカリキュラムである。

4　学級経営と教授・学習組織改革

1 日本の「学級」観と「学級経営」観

　ここまで見てきたように、学年別学級制、とりわけ一人の教師が一つの学級の児童生徒について、ほぼすべての教育活動の責任を負う学級担任制に対しては、1960年代中頃から1970年代にかけて、「教育の現代化」にともなう授業の質的改善や指導の効率化を目指すなかで問い直された。その後、1980年代に入り、個に応じた指導としての指導方法の多様化が求められることによって、改めて一斉授業を問い直す観点から改革が進められてきた。さらに、1990年代に入ってからは、トップ・ダウン的政策の進行により、TTや少人数指導のための加配、学級編制の弾力化が進み、教授組織のあり方とともに、学習組織のあり方をどのように工夫するかがさらに問われるようになってきた。

ここで，教授・学習組織の改革が，日本の伝統的な「学級」観や「学級経営」観に与えるインパクトについても考えておきたい。日本の「学級」は，歴史的に，等級制から単級制へと移行し，その後学年別学級制へと移行するなかで，教授機能（学習指導的機能）とともに，生活共同体的な価値観に基づく訓育機能（生活指導的機能）が重視されてきた（安藤・内田，2015，201ページ）。等級制においては，教授機能を強く顕在化させていたのに対して，学力と年齢の面で異質な集団である単級制では，長期間同一の集団を形成することで家族主義的な集団観が生まれ，規律秩序の修得や習慣の形成といった訓育機能が顕在化した。学年別学級制が成立してからは，同一年齢の児童生徒が集められることで一斉授業が可能となり，単級制での訓育機能に加えて，教授機能を強めた（濱名，1983，152～153ページ）。つまり，日本の「学級」は，伝統的に「学習」の単位であるとともに，「生活」の単位としてもみなされてきたということである。また，「学級経営」の概念としては，学級経営論において，同質的な生活共同体としての前提のもとに，伝統的に集団づくりが志向され，教授機能を高める意味でも，集団の質を高めることが目指されてきた（安藤・内田，2015，201～202ページ）。そのなかでは，集団と個人の関係を常に考え，集団としての団結や，目的に向けての共通した態度や一致した集団行動，集団のなかでの価値や役割・責任などを重視してきた（内田，2016，122ページ）。

一方で，以上のような伝統的な「学級」観や「学級経営」観に対しては，いじめや不登校，学級崩壊などのほか，ニューカマーや障害のある子どもたちの学校適応を疎外してきたことが指摘され，児童生徒の実態や環境の変化にうまく対応できているのかどうか，そのあり方が問われてきた。

2　「学級」観・「学級経営」観を揺るがす教授・学習組織改革

このようななかで，教授・学習組織の改革は，日本における伝統的な「学級」観や「学級経営」観を揺るがすものになっている。これまでの「学級」とは別の学習組織が多様につくられることで，「学級」が有してきた「学習」としての単位と「生活」としての単位という2つの性格が，これまでそのほとんどを担ってきた「学級」だけでなく別の学習組織にも分散され，担われたりする可能性がある。また，学級担任を中心に担われてきた「学級経営」についても，教授・学習組織の改革によって，他の教師によって分担されたりするようになってきていると考えられる。教授・学習組織の改革を通じて，今後の「学級」や「学級経営」がどのように変化していくのかを注視していくとともに，そうした変化を踏まえつつ，学校の実態に応じて，今後の「学級」や学習組織の編成がどのようにありえるのか，それにともない，これまでの「学級経営」がどのようにありえるのかを考え，問い直し続けることが求められる。

▷13　「生活」の単位
このような「学級」観は，戦後に導入され，現在は高等学校で位置づけられている「ホームルーム」の日本的なあり方からも伺える。「ホームルーム」は，アメリカの中等教育を発祥とし，教科担任制や科目選択制のもとで，生活指導のために生徒を組織し，担任となる教師を置く仕組みとして生まれた。しかし，日本では，「学級」が「学習」と「生活」の単位であり，「学級経営」との相違点について十分な理解が得られず，「学習」ではなく「生活」中心で，異質的な集団のほうがよいとする理念が生かしきれないまま，実質は「学級」に近いものになっている（平井，2002）。

5　教授・学習組織改革の課題

　最後に，今後の教授・学習組織のあり方について課題を3点指摘したい。
　第一の課題は，児童生徒の実態や教育課程に応じて，よりよい教授・学習組織を採用することである。日本では，学年別学級制が多くの学校において前提となっている。しかし，これまで見てきたように，教授・学習組織にはさまざまな工夫が考えられ，多様な教授・学習組織を組み合わせたり，場合によっては，例えば学年を問わない教授・学習組織がよりよい教育活動を生み出す可能性もありえる。現在はトップ・ダウン的に政策が進行しているが，児童生徒の実態を踏まえながら，どのような教授・学習組織がよりよい教育活動を生み出すのか，各学校の教師が考えることが重要である。
　第二の課題は，よりよい教授・学習組織を考察する際に，学習指導上の効果のみならず，生活指導上の効果をも考慮することである。これまで，教授・学習組織の改革においては，学習指導的機能に注目してきた傾向にあると思われる。しかし，教授・学習組織の改革は，学習指導的機能のみならず，これまで「学級」が担ってきた生活指導的機能にも影響を与えていると考えられる。よって，よりよい教授・学習組織を考える際には，学習指導的機能だけでなく生活指導的機能にも着目して，その効果を検討する必要がある。
　第三の課題は，学校経営のなかに，教授・学習組織の改革を位置づけることである。一つ目の展開期で試みられた小学校の教科担任制やTTの導入は，単なる教育方法や授業方式の改革としてではなく，「協力教授組織」という形で，教師のチームとしての「協働」を通じた学校組織の改革をねらいとして，学校経営の課題に位置づけられていた（例えば，吉本，1984，342～362ページ）。しかし，その後停滞期が訪れるように，教授組織改革の浸透は不十分であり，教授組織改革を通じてどのように学校を組織し，経営していくかについての検討が深められなかったと指摘されている（吉本，1978，17ページ）。このように，一つ目の展開期においては，教授組織改革が学校の組織化に影響を与えると考えられていたが，現実には困難な営みとなった。
　そうした一つ目の展開期での経験を経て，1970年代後半以降は，「新しい指導形態が導入され，授業改善・指導組織改善が進んでも，それらに対して経営上の工夫がなければ継続され得ない」ことが指摘され（福島・水本，2006，24ページ），学校経営が，教授・学習組織改革の成否や継続に影響を与えることが明らかにされている。よって，学校経営のなかに，どのように教授・学習組織の改革を位置づけていくかを考えることが重要である。

Exercise

① 学年別学級制には、どのような意義や課題があるのかを説明してみよう。
② 教授・学習組織の改革が歴史的にどのように展開してきたのかを説明してみよう。
③ これまで自分が経験してきた教授・学習組織をあげ、それらの教授・学習組織がどのような意図をもって行われていたのかを考えてみよう。

次への一冊

蓮尾直美・安藤知子編著『学級の社会学――これからの組織経営のために』ナカニシヤ出版、2013年。
　学級を一般社会に開かれた場とみなす社会学を出発点としながら、さまざまな領域の研究者や専門家がこれからの学級経営にむけて新たな挑戦を試みた「理論と実践」の書。

末松裕基・林寛平編著『未来をつかむ学級経営――学級のリアル・ロマン・キボウ』学文社、2016年。
　学級づくりの現代的な課題と取り組み、学級経営についての歴史・理論・視点や諸外国の動向にふれることを通じて、学級経営のアイデアや視点が得られる未来志向の一冊。

天笠茂「指導組織の改善に関する史的考察――N小学校におけるケーススタディーを中心に」『学校経営研究』20、1995年、49～69ページ。
　スクール・ヒストリー研究を通じて、学校における教育イノベーションの観点から教授組織・学習組織改革を検討しており、その改革の継承について経営的な視座を与えてくれる。

福島正行・水本徳明「小学校への少人数学級導入に伴う指導改善の実態とその規定要因――二つの自治体における指導改善の展開の差異に注目して」『共生教育学研究』1、2006年、23～36ページ。
　トップ・ダウン的に政策が進む現在において、自治体の政策や学校経営のあり方が教授・学習組織改革にどのような違いをもたらしているのかについて示唆を与えてくれる。

引用・参考文献

天笠茂「指導組織の改善に関する史的考察――N小学校におけるケーススタディーを中心に」『学校経営研究』20、1995年、49～69ページ。

天笠茂「教授組織改革の展開過程に関する一考察――神奈川県における小学校教員の確保対策との関連を中心に」『学校経営研究』4、1979年、24～43ページ。

安藤知子・内田沙希「第12章　学級経営の実践と方法」小島弘道編著『全訂版　学校教

育の基礎知識』協同出版，2015年，200～214ページ。
臼井智美「第16章　外国人児童生徒の指導の実践と方法」小島弘道編著『全訂版　学校教育の基礎知識』協同出版，2015年，275～292ページ。
内田沙希「第8章　学級経営の理論」末松裕基・林寛平編著『未来をつかむ学級経営――学級のリアル・ロマン・キボウ』学文社，2016年，115～130ページ。
教育史編纂会編『明治以降教育制度発達史』3，1938年。
コメニュウス，鈴木秀勇訳『大教授学』1・2，明治図書出版，1962年。
鈴木明裕「算数科における少人数・TT指導の実施状況についての研究――岐阜・西濃地区における実践報告書をもとに」『岐阜聖徳学園大学紀要　教育学部編』49，2010年，33～48ページ。
鶴田清二「第8章　教育の道具・素材・環境を考える」田中耕治・鶴田清司・橋本美保・藤村宣之著『新しい時代の教育方法』有斐閣アルマ，2012年，197～218ページ。
濱名陽子「わが国における「学級制」の成立と学級の実態の変化に関する研究」『教育社会学研究』38，1983年，146～157ページ。
平井貴美代「第12章　学級・ホームルームの経営」小島弘道編著『新版　学校教育の基礎知識』協同出版，2002年，191～205ページ。
福島正行・水本徳明「小学校への少人数学級導入に伴う指導改善の実態とその規定要因――二つの自治体における指導改善の展開の差異に注目して」『共生教育学研究』1，2006年，23～36ページ。
丸山義王「小学校の教授組織改善の歩みと実践的課題――神奈川県の協力指導組織の変遷を通して」『学校経営研究』29，2004年，65～81ページ。
満岡誠治「クラスルームと運動場の起源に関する考察――英国における小学校建築に関する計画史的研究」『日本建築学会計画系論文集』75（654），2010年，1845～1854ページ。
矢澤雅「第6章　教授組織と学習組織」平沢茂編著『改訂版　教育の方法と技術』2014年，145～165ページ。
柳治男『〈学級〉の歴史学――自明視された空間を疑う』講談社選書メチエ，2005年。
吉本二郎『学校経営学』国土社，1965年。
吉本二郎「学校の内と外をみつめて――私の学校経営研究の歩み」『学校経営研究』3，1978年，1～27ページ。
吉本二郎『学校の経営行為と責任』ぎょうせい，1984年。

第12章
地域・保護者との連携と学校経営改革

〈この章のポイント〉

　戦後，地域コミュニティの変容により，地域・家庭の教育力の低下が指摘されるようになった。1980年代半ば頃から，それらの教育力の回復や学校の活性化が期待され，学校と地域の連携が模索されることとなる。具体的には，学校支援ボランティア，学校評議員・学校評価，地域運営学校，学校支援地域本部事業，地域学校協働本部・地域学校協働活動などの仕組みが整えられる。本章ではこれらの仕組みを通じた地域住民・保護者の学校参加によって，いかなる教育活動が可能となるのか，子どもや地域住民・保護者にとってどのような効用と課題があるのかを学ぶ。さらに，公正な社会づくりのための学校経営について理解を深める。

1　戦後社会の変化と地域・家庭の教育力

1　地域コミュニティの変容

　1950年代から日本社会では高度経済成長がはじまり，急激な産業構造の変化のもと，地方から都市への人口移動をともなう都市化が進行した。加えて，1960年代からは核家族化が進行し，性別役割分業のもと，父親は自宅から離れた職場で一日を過ごし，母親が子育ての多くを負担する形態が主流となっていった。そして，交通網の発達によって生活圏域が拡がり，情報化が進展すると，それぞれの生活スタイルや価値志向に応じた人間関係の形成が加速化していった。

　これらの変化を受けて，国民生活審議会答申「人間環境整備への指針」（1970年）では，地域社会における連帯意識の減退と従来の地域共同体の維持の困難が指摘された。このことは，子どもにとっては，遊び場の減少と地域における大人の社会的つながりの喪失および自分たちを取り巻く人間関係の希薄化を意味する。そして，臨時教育審議会第1次答申（1985）では，都市化の進展による地域の教育力の低下と家庭の変化による家庭の教育機能の低下を問題として指摘した。

　一方で，学校教育もその荒廃が指摘され，学校を開き，三者の協働を通して，21世紀に向けた時代の変化に対応する教育課題の達成が目指されることと

▷1　地域の教育力
仲間との遊びを基盤として，(1)自然にふれて生活の知識と技能を獲得する自然的体験，(2)民話や歌などの文化を継承し創造する文化的体験，(3)人間関係の学習や社会規範の習得をする社会的体験，(4)地域行事や共同作業で役割を果たす勤労体験や社会参加を通しての教育力とされる（児島，1987）。

▷2　家庭の教育機能
子どもたちが基本的生活習慣，人への信頼感，豊かな情操，思いやりや善悪の判断などの基本的倫理観，自立心や自制心，社会的マナーなどを身につけられるようにする役割のこと（中央教育審議会答申，2015a）。

なった。そのプロセスでは，地域や家庭の教育力の回復や学校の活性化が期待され，最終的には学校を核とした地域づくりが求められていくこととなる。

　ここで留意しなくてはならないのは，上述した地域社会の変化の背景に，地域の理不尽な拘束からの解放を望む人々の思いがあった点である。国民生活審議会『コミュニティ』（1969年）は，地域づくりにおいて，コミュニティという用語にこれまでの地域社会の反省と今後の期待を寄せ，「人々の間に新しいつながりが必要であるとしても，それは人々の自主性を侵害するものであってはならない。……現代市民社会は拘束からの自由と同時に参加する自由も保証するものである」と述べる。これからの地縁の回復や地域コミュニティ形成を考えるうえでは，この点を肝に銘じ，多様な価値観やライフスタイルへの配慮と尊重が重要となるだろう。

2　社会教育団体としてのPTAの展開

　学校と保護者の協働を促すのがPTAである。PTA (Parent Teacher Association) は，原則として，保護者と教職員で構成される社会教育団体で，保護者を運営主体として各学校単位で組織されている。PTAに関する法令は，PTA・青少年教育団体共済法第2条にPTAの構成員に関する規定があるのみで，その目的や活動内容などについて定めたものはない。各PTA規約のなかで目的がそれぞれ定められているが，総じて保護者と教職員の協力による児童生徒の成長促進と教育環境の整備などが謳われている。また，PTAの位置づけに関する法的根拠はなく，社会教育法第10条に定める「社会教育関係団体」の一つとされる。そのため，PTAは法的には任意団体であり，加入は義務づけられておらず，入退会に関しては自由な意思決定が認められる。

　ところが，これまでは子どもが学校に入学すると，PTA加入の意思確認をされることなく自動的に会員となる場合が非常に多く，会費の支払いも同様であった。加えて，PTAを運営する保護者の役割分担の平等性が志向されるため，保護者の負担感は大きく，委員のなり手がいなかったり，生活を犠牲にしてまで活動する必要性を感じないなどでPTAを廃止する学校が出てきている（岡田，2015）。

　そもそもPTAは，第二次世界大戦後，連合国軍総司令部（GHQ）の指導により，アメリカで広まりつつあったPTAをモデルとして結成されたものである。その目的は，保護者が教職員と協力して児童生徒の福祉の増進や学校の教育的環境の整備に努めるだけではなく，民主社会における市民の権利と義務に関する保護者自身の理解の促進という成人教育も視野に含むものであったとされる（藤田，1985）。つまり，PTAを通じての自治能力の育成と民主主義社会の形成が目指されていたのである。今後のPTAに求められるのは，子どもの

▷3　例えば「子ども一人につき必ず一回は委員をすること」という当該学校のPTA規約により，保護者は委員を引き受けざるをえない。PTA会議に出席するために，仕事を休んだり，親の介護者を雇ったり，子どもだけで留守番をさせたりしなければならない状況がみられる。

▷4　実際に，1970年代後半の中野区の教育委員準公選制度の要求にみられるように，保護者の教育への民主的関与と自治能力を高めて地域の教育文化運動を促進する活動はなされていた。ところが，それらの動きを積極的に支援する自治体はなく，また教育の中央集権化が進められるほど，PTAは学校に追従的な活動を担う団体へと矮小化されざるをえなかった。PTA衰退の背景には，こうした社会的動向も少なからず影響を与えているといえる。

教育と社会の民主化を促進するための活動内容の見直し，自治活動への自治体の支援，および加入のあり方や会議の時間・場所などに関する柔軟な活動形態の模索であろう。

2　1990年代以降における学校と地域・保護者の連携施策

1　連携施策推進の背景

ここでは，連携施策が推進された背景について，学校をめぐる動向に焦点をあてて述べる。

国の統制と教育委員会の管理を前提とする日本の学校経営のあり方は，先の臨時教育審議会答申における議論を契機として，学校に裁量権をもたせる方向へと舵を切った。それは，学校のおかれた状況に応じた柔軟な教育の実現を目指すもので，保護者や地域住民による学校経営への参加にも道を開いた。この背景として，臨時教育審議会第1次および第2次答申（1985年，1986年）そして中央教育審議会答申「新しい時代の教育や地方創生の実現に向けた学校と地域の連携・協働の在り方と今後の推進方策について」（2015年）に依拠しつつ，次の3点をあげておきたい。

一つ目は，学校教育の荒廃への認識である。1970年代より顕著になった子どもをめぐる問題が生み出された原因として，画一的・閉鎖的で管理的な学校のあり方や学歴偏重を促す教育活動，校長の行政への依存体質，教師の指導力の低下などが指摘された。そして，改善の方向性として学校を開き，子どもの自主的精神や個性，自律性を伸ばし，人権を尊重する教育活動を地域や保護者とともに創り上げることが目指されたのである。加えて，近年では特別支援や外国籍の日本語指導が必要な児童生徒数の増加により，学校が複雑化・困難化を極めており，子どもの教育責任の社会的分担が求められている。

▷5　子どもをめぐる問題として，いじめ，非行，不登校，校内・家庭内暴力，自殺などがある。2000年代以降は，薬物依存，精神不安，抑うつ，リストカットも含まれる。

二つ目は，変化の激しい時代への対応としての生涯学習体系への移行である。科学技術が発展し，産業のグローバル化が進むと，情報量は飛躍的に伸び，知の創出と消費は非常に速いスピードで行われるようになった。同時に，知の劣化も早まり，学校で学んだ内容だけでは生涯を生きていけず，生涯学び続けることが必要な生涯学習社会が到来した。そこでは，与えられた知を取り入れるだけではなく，自ら考え，表現し，判断し，新たな知を創出して社会を形成するための力が必要となる。加えて，これからの子どもたちには，厳しい挑戦の時代を乗り越え，高い志や意欲をもち，他者と協働しながら未来をつくり出し，課題を解決する力が求められる。そのため，学校には，時代の進展に対応した新しい教育や学問体系の形成に努め，学校教育と学校外学習との関連

を強める必要性が生じたのである。

　三つ目は，学校のスリム化である。二つ目と関連するが，生涯学習体系へと移行するにあたり，労働者の労働時間の短縮および週休2日制の実施などの社会的条件整備の促進が求められ，学校週5日制の導入が示唆された。そして，家庭・学校・社会の三者が一体となった総合的な学習機会の拡大整備に向け，学校には，肥大化した学校教育の役割の限界を明確化し，地域や家庭が担うべき課題については投げかけ，教育の機能が全体として低下しないよう留意しながら，それらの教育力の回復と活性化に資するようにすることが求められたのである。これに加えて近年では，地域住民が自ら生活する地域を創っていく主体的な意識の醸成が求められ，地域の振興・創生のための社会教育体制の整備と強化のための学校と地域の連携・協働が必要とされている。

2　学校と地域の連携施策の展開

①　学校支援ボランティア

　学校を開くために第一に考えられたのが，地域の教育力の活用としての外部人材の登用である。1988年には，教員免許状をもたない社会人が教科の一部を教えられる「特別非常勤制度」が教育職員免許法改正によってつくられた。また，この頃同時に学校支援ボランティアと呼ばれる保護者や地域住民が学校の部活動や特別活動の時間に出向き，子どもたちにスポーツや伝統的な遊びを教えたりする活動がはじまった。近年は，ボランティアの活躍する幅も広くなり，学校の施設設備の整理や清掃，花壇の管理，児童生徒の校外学習の引率，学校行事の推進と手伝い，授業中の補助活動など多岐にわたっている。

▷6　学校支援ボランティアに関する施策は各地方自治体によって制度化され，多くは人材バンクを設置し，ボランティアの登録を行っている。

②　学校評議員・学校評価

　中央教育審議会答申「今後の地方教育行政の在り方について」（1998年）で学校評議員の設置と学校評価の制度化の必要性が提言された。これを受けて，2000年に学校教育法施行規則が改正され，第49条で学校評議員制度が新設された。本制度は，外部人材の登用後も学校関係者だけが学校経営に責任をもって運営している状況に風穴を開け，外部者が意見を言えるしくみを制度化したもので，日本の公教育史上大きな転換点となる。

　次に，2007年の学校教育法（第42・43条）および学校教育法施行規則（第66〜68条）の改正により，学校評価の実施が規定された。文部科学省『学校評価ガイドライン［平成28年改訂］』（2016年）によると，学校評価は，教職員による「自己評価」，地域住民や保護者による「学校関係者評価」，学校運営に関する外部の専門家による「第三者評価」の三種からなる。このうち，自己評価の実施と結果の公表は義務化され，学校関係者評価については努力義務とされている。

　学校評価は，学校・地域・保護者間のコミュニケーション・ツールとして活

▷7　第49条では，「小学校には，設置者の定めるところにより，学校評議員を置くことができる。2　学校評議員は，校長の求めに応じ，学校運営に関し意見を述べることができる。3　学校評議員は，当該小学校の職員以外の者で教育に関する理解及び識見を有するもののうちから，校長の推薦により，当該小学校の設置者が委嘱する」と規定されている（中学校等は準用規定）。

用することにより、地域や保護者からの理解と参加を得ながら、Plan（目標設定）→ Do（実行）→ Check（評価）→ Action（改善）に基づく学校経営を促進するために実施するものである。公表にあたっては、地域住民や保護者が学校の実情を把握し、ともによりよい教育を創り上げるための双方向のやり取りができるよう工夫して提示することが重要である。

③ 地域運営学校

地域運営学校とは、学校運営協議会を設置する学校のことである。学校運営協議会は、校長や教頭などの管理職、教師・地域住民・保護者の代表、学識経験者などの教育委員会から任命されるメンバーで構成される合議体の組織である。(1)校長が作成した学校運営の基本的な方針を承認する、(2)学校の運営について、教育委員会や校長に対して意見を述べる、(3)学校の職員の人事について、教育委員会に対して意見を述べる権限を有する。学校運営協議会制度は、2000年12月の教育改革国民会議報告で「新しいタイプの学校（"コミュニティ・スクール"等）の設置を促進する」とされたことを受け、2004年の「地方教育行政の組織及び運営に関する法律」の改正により、第47条の6で新設された。本協議会は、学校経営に関与する権限を学校評議員よりも強くもつもので、地域住民や保護者の学校経営への参加システムを大きく前進させた（図12-1）。

▷8 地域住民や保護者の学校経営への参加は戦後直後から模索され続けてきた。例えば、戦後PTAが設置された当初、父母の学校経営への参加が求められていたが、それらの文言は消されることになる。また、臨時教育審議会（1987）では、「家庭・地域社会の建設的な意見をその運営に反映させるなどして」と提言されていたが、なかなか実現されてこなかった。地域運営学校の設置にともない、地域住民・保護者の学校経営への参加のしくみがようやく整ったといってよい。

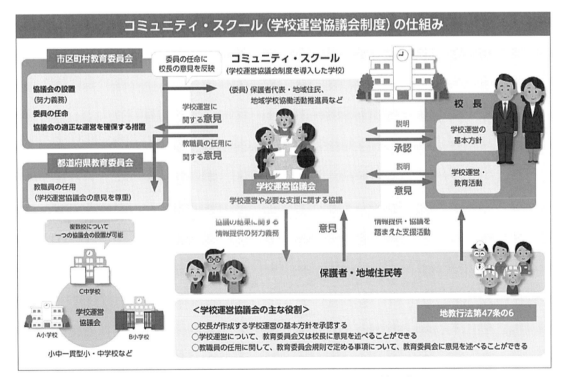

図12-1　コミュニティ・スクール（学校運営協議会制度）の仕組み
出所：文部科学省HP。http://www.mext.go.jp/a_menu/shotou/community/（2018年3月12日閲覧）

中央教育審議会答申（2015a）では，任意設置となっていた学校運営協議会の制度的位置づけを見直し，すべての公立学校にコミュニティ・スクールの設置を目指すことが示された。これを受け，2017年4月1日に「地方教育行政の組織及び運営に関する法律」（第47条の6）が改正され，各教育委員会に対して，協議会設置の努力義務が課せられた。

地域運営学校では，地域とともにある学校運営が目指され，備えるべき機能として，「熟議」「協働」「マネジメント」の三つがあるとされる（文部科学省，2017）。学校運営協議会は，学校と地域がビジョンや課題，情報などを共有し，熟議し，意思を形成する場であり，学校と地域が相互に連携・協働していくための基盤となる。

④ 学校支援地域本部事業

2006年に改正された教育基本法第13条では，学校と地域・保護者の連携に関する規定が新たに設けられた。これを具体化する方策の柱として2008年度に導入されたのが学校支援地域本部事業である。これは，「地域ぐるみで子どもを育てる」ことを目的として，地域住民を学校支援ボランティアとして組織し，学校教育の充実，生涯学習社会の実現，地域の教育力の向上を目指すものである。ただし，近年は，地域学校協働本部へと移行しつつある。

⑤ 地域学校協働本部・地域学校協働活動

地域が学校を支援するだけではなく，学校を核とした地域づくりを推進するために，地域と学校がパートナーとして，ともに子どもたちを育て，ともに地域を創るための拠点が，地域学校協働本部である。地域学校協働本部は，地域の人や団体による「緩やかなネットワーク」によって形成された任意性の高い体制をとるものである。それは，地域住民の子どもへの個別の活動を総合化・ネットワーク化させるもので，(1)コーディネート機能，(2)多様な活動，(3)継続的な活動が必須の三要素とされる。想定される地域学校協働活動は，学校支援活動，放課後や土曜日の学習支援活動，家庭教育支援活動，学びによるまちづくりなどの地域活動といった活動である。これらの活動には，子どもたちも担い手として参加する。協働活動を推進するために，「地域コーディネーター」「統括的なコーディネーター」の配置が求められている。中央教育審議会答申（2015a）では，コミュニティ・スクールと地域学校協働本部は，相互に補完し高めあう両輪として描かれている。

▷9 第13条では，「学校，家庭及び地域住民その他の関係者は，教育におけるそれぞれの役割と責任を自覚するとともに，相互の連携及び協力に努めるものとする」と規定されている。

3 学校参加とつながりの創出

1 参加の成果

　上記学校と地域の連携施策によって，地域住民や保護者の学校参加が推し進められてきた。地域住民や保護者が，例えば登下校の見守りや校内の清掃活動，子どもへの本の読み聞かせや授業のお手伝い，教師と協力しながらの放課後や土日の子どもの居場所づくり，PTAや学校運営協議会委員としての活動を担う過程で，教師・地域住民・保護者間につながりが創出されることが明らかにされている（大林，2015；柏木，2016）。そこでは，単に関係性ができるというだけではなく，自ら学校や地域に協力していこうとする積極的な姿勢が保護者や住民に育まれたり，学校と地域の信頼関係が構築されたりしている。

　また，地域住民や保護者の学校参加とそれによるつながりの創出，および連携活動や地域活動への子ども参加の促進によって，学校や地域の活性化や学校教育活動の改善，子どもの学習意欲・自己肯定感・学力の向上，生徒指導上の問題行動の減少に寄与するという成果認識や結果が示唆されている（柏木，2006；志水，2014；大林，2015；露口，2016など）。ただし，地域住民や保護者の学校参加による子どもへの影響は，即効性のあるものでも，強力なものでもない。つながりという目に見えないものがゆっくりと形成され，それがさまざまな人や活動を経由してじわじわと子どもに影響すると考える方がよい。

　このじわじわとした影響は，しかしながら，民主主義社会にとって重要なものである。学校参加は面倒くさく，負担感の大きいものではある。けれども，参加活動を通じて，さらなる学校教育活動や地域活動への大人の参加行為が促されたり，子どもの参加意欲も触発されたりする（中山，2016；柏木，2016）。学校は，子どもへの教育活動を通してのみ民主主義社会の構築に寄与するのではなく，学校を中心とするつながりの創出によって大人や子どもの市民性を育み，民主的な地域コミュニティの形成を促すといえる。

2 参加の陥穽

　地域住民や保護者の学校参加にはいくつかのレベルがある。それは，活動内容と頻度に分けて考えられる。活動内容として，例えば登下校の見守り活動，放課後の学習支援活動，授業での講師，学校運営協議会での委員活動では，子どもとのかかわりや学校経営への意見の反映に関してかなり異なるレベルにある。また，年に1回から毎日の活動にいたるまで，さまざまな活動頻度が想定できる。もちろん，いずれの活動も重要であるし，どの頻度であっても学校の

教育活動に参加をすること自体が大切である。ただ，参加というのは，基本的に主体的行為と〈声〉の反映を基本とするものである。決められた枠組みのなかで割り当てられた活動をするだけではなく，自らよりよいものへと活動を変えていくための意見の提示とそれに基づく行為が求められる。そのためには，活動内容や学校のあり方に関して，子どもを含めて誰もが〈声〉を出すことができ，聞いてもらえる空間と相互行為が必要となる。

　そのため，学校参加では，以下のような点に留意する必要がある。まず，ほとんどの地域住民や保護者，子どもが実は割り当てられた参加をしているだけであって，声を出し，主体的行為としての参加活動を行っている者は限られているのではないかという点である。次に，ごく一部の人たちが誰なのかという点である。会議場面での保護者や女性の劣位性はすでに指摘されているが（仲田，2015），地域住民間でも居住年数や性別によって発言に差はみられる。とくに，社会的・経済的下位層は，「言説の資源」をもてず，学校経営への参加からは排除される傾向にあるといえる。

　また，上野（2012）によると，地域住民というのは，既成政党，政治団体，商店街，商工会議所，経営者団体，NPO法人，公益法人，市民団体，宗教団体など，さまざまな利権や権益，利害関心が複雑に絡みあう関係を背景にもつ。そのため，学校には，住民の利害の対立や衝突を公共的にどのように調整し，合意形成を図り，社会正義を実現するのかを問う事態が生じるとされる。浜田（2012）は，こうした事態に対し，現実に主導可能なのは専門性を備えている教師か「市民文化の成熟性」を備えた，決して多数ではない一部の住民または保護者だと述べる。まずは，教師が，地域住民や保護者間の排除や対立，葛藤の構図を把握し，それらを調整する必要がある。そうしなければ，学校参加は，地域の権力構造や排除の構図とそこへの同調圧力に与することを子どもに学ばせるヒドゥンカリキュラムになりかねないのである。

4　多元的価値の取り込みと公正な社会づくり

1　貧困・格差問題

　2017年時点で，子どもの7人に1人が貧困状態にある。日本では，格差社会や不平等な社会の広がりが1980年代後半からさまざまなデータによってすでに示されていた（橘木，2006）。ところが，それらの示す問題の深刻さと子どもの貧困の重大性が認識され，政策論議が本格的に行われはじめたのが2008年の「子どもの貧困元年」であった。

　子どもの貧困が，大きな社会問題となっているのは，それが子どもの不利と

▷10　言説の資源
公共性へのアクセスのために，当面のコンテクストに相応しいとされる言葉の使用，語り方や書き方，公共の場に相応しいテーマを語らなければならないという暗黙の規範的要求への応答を可能とさせる力量のこと（齋藤，2000）。

▷11　これは，厚生労働省の「国民生活基礎調査」を用いて計算した相対的貧困率から割り出された数値である。

関連するからである。リスター（2011, 22ページ）は，物質的欠如が，子どものスティグマとして焼きつくと，屈辱や恥辱となって現れること，それが子どものネガティブな自己イメージや無力化を招き，子どものシティズンシップや声を奪ってしまうこと，それらの帰結として子どもの人権の否定を生じさせることを指摘する。日本でも，経済的貧困の子どもへの多面的影響が明らかとなっている。貧困世帯の子どもと低学力・低学歴・不健康・問題行動（攻撃性や多動，不安，引きこもりなど）・自己肯定感の低さなどとの関連が明らかにされている（阿部，2008）。より深刻なみえにくい不利として，貧困と虐待（ネグレクトを含む）との間に強い関連がみられるゆえの，子どもの発達上の課題発生も指摘されている（松本，2010）。

　子どもの貧困が大きな問題となるのは，これらの不利が幾重にも重なって，重複する不利として子どもに現れるからである。そして，重複する不利を抱えた子どものなかには，無力化が進み，生きるためのすべも生きる意味も見出せなくなる場合がある。▷12

▷12　もちろん，貧困世帯のすべての子どもたちが，こうした不利を被っているわけではない。重要なのは，貧困世帯の子どものなかに，不利や困難を抱える子どもの割合が多いということである。

2 子どもの貧困対策の推進

　2014年に「子どもの貧困対策の推進に関する法律」が施行され，「子供の貧困対策大綱」が閣議決定された。教育の支援では，「学校」を子どもの貧困対策のプラットフォームと位置づけ，福祉機関などと連携した総合的な支援体制の構築を推進するとされている。それを受けて，同年「文部科学省における子供の貧困対策の総合的な推進」資料が出され，学校などにおける組織的な対応の取り組みの推進が目指された。そこでは，スクールソーシャルワーカー・スクールカウンセラーの配置，教職員定数の改善，子どもの貧困や虐待問題への対応のあり方に関する先進的調査研究への予算措置が講じられている。そして，2015年には，中央教育審議会答申「チームとしての学校の在り方と今後の改善方策について」が出され，多様な専門性や経験を有する専門スタッフと教師がチームとして教育活動に取り組み，複雑化・多様化する問題解決を図ることが求められている。

3 公正な社会づくりのための学校の役割

　ところで，貧困とは何だろうか。貧困を社会的背景と結びつけて捉えたタウンゼンド（1977）の相対的貧困の定義には，重要な点が3つ示されている。

　まず，貧困状態にあるかどうかの判断は，同じ社会の，歴史上の同じ時点に暮らしている人々との関係においてのみ可能であるという点，次に，貧困は物質的・文化的・関係的な「人間としての生活の質」から捉えるべきである点，最後に，貧困を生じさせた社会の責任を問う点である。つまり，相対的貧困で

は，同じ時間を生きる他者との比較が重要であり，例えばクラスの仲間が，あるいは地域の友達が，何をもっているのか，どういった生活を送っているのかが貧困の指標となる。それらを享受したくてもできない子どもは，仲間が有する価値観や習慣といったものを身につけられず，社会で他者と適切な関係を構築しようにもできない状況にあると捉えるのである。

経済的困窮に加え，文化的にも関係的にも困窮する，こうした子どもたちに学校は何ができるのだろうか。大切なのは，貧困に陥る要因を当事者の子どもや保護者の自己責任ではなく，社会の構造に求め，社会が適切に対応せずに，放置した結果として捉える社会的排除の概念を教職員間で共有することである。そして，画一的な平等概念から，一人ひとりの生活と発達を保障する平等概念へと転換を図る必要がある。具体的には，(1)「すべての」子どもが学びやすい学習環境づくり，(2)「一人ひとり」に応じた個別的な支援，(3)子どもたちの正しい批判的思考力と社会的包摂力を高め，尊重・敬意（リスペクト）と人権を保障するためのカリキュラム・マネジメントが求められる。

(1)では，ノートや教科書，リコーダーなどのモノが揃わないことによって，子どもたちが授業に参加できない状況を生み出さないようにするため，授業における必需品は，誰もが借りられるような仕組みを校内につくる。また，林間学校で使用する大きなカバンやパジャマなど行事で必要になるものは，校舎のどこか一角にストックしておく場所をつくるとよい。(2)では，忘れ物をしない，宿題をしてくるといった習慣やルールを身につけられない場合，教師が子どもの背景をしっかりと理解し，寄り添う指導が重要である。自宅に机がなくて，集中できる場所がなくて，などさまざまな理由で宿題をできない状況が生まれる。それに対して，「持ってこなかった，してこなかった」と怒るのではなく，「持ってこられなかった，してこられなかった」とラベリングの張り替えをするのが先決である。そうすると，教師が事情を聞き，共感したり励ましたりする関係が生まれる。子どもの意欲ややる気は，教師とのあたたかな関係によって高まる。実際に，放課後や空き時間に宿題をみたり補習をしたりする教師もいる。

(3)については，困難を抱える子どもの屈辱や恥辱を払拭し，自己肯定感や意欲を高めるとともに，声を出せるようにすることを目標にしたカリキュラム開発が大切であろう。そうしたカリキュラムでは，困難を抱える他者をありのままに受け止め，生きる権利を有する人として，かれ／かのじょらを支援する人々の活動を学ぶことが重要である。子どもたちが，自他の人権を知り，社会構造に内在する不平等や不公正に気づき，それを正していこうとする批判的思考力をもつこと，自分とは異なる他者への関心や共感力を養い，想像力を働かせながら多元的価値を尊重する社会的包摂の意義と実践について学ぶことは，

経済的社会階層によって分断されつつある社会をつなぐための布石となる。学校の役割は，社会の分断を防ぐことであり，そのためのカリキュラム開発とマネジメントは，「社会に開かれた教育課程」とも連動するものである。

これらの仕組みやカリキュラムをつくるうえでは，教師間あるいは教師と学校事務職員・スクールソーシャルワーカー・スクールカウンセラーといった職員との協働は非常に重要であろう。また，モノと文化の剥奪を学校だけで回避するには限界がある。子ども食堂や学習支援といった外部諸団体・組織とつながり，地域住民の支援を得ることで，支援の包括的アプローチを可能にする学校マネジメントが必要になる。先に述べたコミュニティ・スクールや地域学校協働活動を基盤に，学校・地域・保護者・その他社会的組織や諸団体が協働して，すべての子どもを大切にする学校をつくることが求められる。

Exercise

① かつての村では（今でも一部の地域では），居住する人々で共同管理されていた諸活動（田畑に水を引くなど）があった。地域住民が協力せざるをえなかった理由を調べるとともに，協力のよさと課題（地域のボスによる理不尽な支配など）を調べてみよう。
② 第2節で示した学校と地域の連携施策について，深く調べてみよう。
③ 学校参加の効用と課題を踏まえ，保護者や地域住民と協力しながら，何に配慮しながら，どのような社会をつくり上げていくのがよいか，考えてみよう。

📖次への一冊

小島弘道『時代の転換と学校経営改革』学文社，2007年。
　　地域・保護者との連携を含めて，学校経営を多角的に論じた良書である。
佐藤一子『地域学習の創造』東京大学出版会，2015年。
　　学校と地域・保護者の連携による地域学習の理論，歴史，内容，方法について述べた優れた著書である。
末冨芳『子どもの貧困対策と教育支援』明石書店，2017年。
　　子どもの貧困対策を教育的見地から多角的に論じた書である。
内山隆・玉井康之『地域を探究する学習活動の方法』東洋館出版社，2016年。
　　学校と地域・保護者の連携による地域学習の具体的な実践内容・方法について，わかりやすく述べられている。

引用・参考文献

阿部彩『子どもの貧困』岩波書店，2008年。
上野正道「コミュニティと教育——共同性／協働性／協同性は教育に何をもたらすのか？」『近代教育フォーラム』教育思想史学会，第21号，2012年，171～179ページ。
大林正史『学校運営協議会の導入による学校教育の改善過程に関する研究』大学教育出版，2015年。
岡田芳廣「PTA人材による地域の絆とコミュニティの形成」『早稲田大学大学院教職研究科紀要』第7号，2015年，37～46ページ。
柏木智子「学校と地域の連携における子どもの主体形成」『教育制度学研究』第13号，2006年，122～135ページ。
柏木智子「学校と地域の連携による校区ソーシャル・キャピタルの醸成」露口健司『ソーシャル・キャピタルと教育』ミネルヴァ書房，2016年，64～86ページ。
国民生活審議会『コミュニティ』1969年。
国民生活審議会答申「人間環境整備への指針」1970年。
児島邦宏「教育環境としての地域社会」『地域教育経営の展開』ぎょうせい，1987年，19～50ページ。
齋藤純一『公共性』岩波書店，2000年。
志水宏吉『「つながり格差」が学力格差を生む』亜紀書房，2014年。
タウンゼンド，P.，高山武志訳「相対的収奪としての貧困」ウェッダーバーン，D.編著『イギリスにおける貧困の論理』光生館，1977年，19～54ページ。
橘木俊詔『格差社会』岩波新書，2006年。
中央教育審議会答申「今後の地方教育行政の在り方について」1998年。
中央教育審議会答申「新しい時代の教育や地方創生の実現に向けた学校と地域の連携・協働の在り方と今後の推進方策について」2015年a。
中央教育審議会答申「チームとしての学校の在り方と今後の改善方策について」2015年b。
露口健司『「つながり」を深め子どもの成長を促す教育学』ミネルヴァ書房，2016年。
仲田康一『コミュニティ・スクールのポリティクス』勁草書房，2015年。
中山満子「PTA活動経験が向社会活動への参加意向に及ぼす影響」『対人社会心理学研究』16，2016年，41～46ページ。
浜田博文「「学校ガバナンス」改革の現状と課題」『日本教育経営学会紀要』第54号，2012年，23～34ページ。
藤田秀雄「日本におけるPTAの歴史」『立正大学文学部研究紀要』第1号，1985年，79～119ページ。
松本伊智郎『子ども虐待と貧困』明石書店，2010年。
文部科学省『学校評価ガイドライン［改訂］』2010年。
文部科学省『文部科学省における子供の貧困対策の総合的な推進』2014年。
文部科学省『コミュニティ・スクール（パンフレット）』2017年。
リスター，R.，松本伊智朗・立木勝訳『貧困とはなにか』明石書店，2011年。
臨時教育審議会「教育改革に関する第一次答申」1985年。
臨時教育審議会「教育改革に関する第二次答申」1986年。
臨時教育審議会「教育改革に関する第三次答申」1987年。

第13章
学校安全と学校の危機管理

〈この章のポイント〉
　近年，想定外の自然災害や事件・事故等の発生により学校安全や学校の危機管理に注目が集まっている。そこでは，学校安全や学校の危機管理の実質化が課題となっている。では，これまで日本の学校教育において学校安全はどのように扱われてきたのだろうか。また，現代の学校教育において学校安全を実質化するには何が必要なのだろうか。本章では，学校安全の歴史とともに現代の学校安全における「組織活動」のあり方について学ぶ。

1　学校安全とは

1　学校安全の目的

　近年，想定外の自然災害や事件・事故等が発生している。現代の社会では，いつ，どのような「危機」が発生するかわからない不確実性のなかでの安全のあり方が問われている。

　学校教育における安全のあり方は学校安全によって示されてきた。学校安全は「児童生徒等が，自他の生命尊重を基盤として，自ら安全に行動し，他の人や社会の安全に貢献できる資質や能力を育成するとともに，児童生徒等の安全を確保するための環境を整えること」をねらいとしている（文部科学省，2010，11ページ）。すなわち，学校安全とは，学校内に安全な環境を整備するだけでなく，児童生徒への教育を通じた安全な社会形成を目的とした営みなのである。よって，不確実性のなかでの安全のあり方が問われている現在，学校教育においては，学校安全のあり方を検討する必要がある。

2　学校安全の構造と内容

　学校安全の構造は図13－1のように示され，「安全教育」「安全管理」「組織活動」によって構成されている。「安全教育」と「安全管理」は，日常生活で発生する事故等を対象とする「生活安全」，さまざまな場所での交通事故を対象とする「交通安全」，自然災害や火災，原子力災害を対象とする「災害安全」の三領域で捉えることができる。

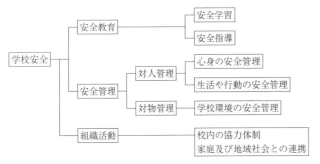

図13-1　学校安全の構造
出所：文部科学省（2010）。

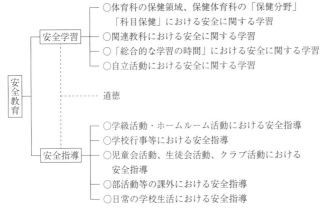

図13-2　安全教育の領域と構造
出所：文部科学省（2010）。

「安全教育」は図13-2のように領域と構造が示されており，「安全に関する基礎的・基本的事項を系統的に理解し，思考力，判断力を高めることによって安全について適切な意志決定ができる」ことを目指す「安全学習」と「当面している，あるいは近い将来当面するであろう安全に関する問題を中心に取り上げ，安全の保持増進に関するより実践的な能力や態度，さらには望ましい習慣の形成」を目指す「安全指導」に分けられる。「安全教育」は全教育課程にかかわるものとして位置づいている。

「安全管理」は「児童生徒等の心身状態の管理及び様々な生活や行動の管理」である「対人管理」と学校の施設設備の管理である「対物管理」に分けられる。「対人管理」は学級日誌や健康観察等の方法がある。「安全管理」は教職員が中心に行うが，安全教育の観点から児童生徒の参画は重要である。

また，「安全教育」と「安全管理」は相互に関連づけられなければならない。そのために「組織活動」が求められ，教職員の研修や校内の協力体制を学校内に構築することに加えて，家庭や地域社会との連携によって進められる。

2　学校安全の萌芽

1　戦前における学校安全の萌芽

以上のように構造化されている学校安全は次のような展開を辿ってきた。

1890（明治23）年に公布された「小学校令」では，伝染病流行時や伝染病以外の「非常変災」時における学校の一時閉鎖について規定する（第14条）とともに，疾病児童の出席停止を規定した（第23条）。また，「修身」「理科」「体操」のなかに児童生徒の疾病予防を目的とした衛生教育が位置づけられた。さらに，不衛生な学校の環境改善のために学校の設備基準を定める規定が設けら

れた（第19条）ことを受けて，1891（明治24）年に「小学校設備準則」が出された。当時の社会では罹患が課題とされていたため，疾病予防のために学校の環境整備が推進されたのである。

しかし，その後も児童生徒の健康状態は改善されなかったため，1894（明治27）年の「小学校ニ於ケル体育及衛生」（訓令）により，知育や徳育を偏重していた学校教育に対して体育と衛生の重要性が規定された。1920年代以降，米国の Health Education の考え方が紹介された。そして，衛生教育は「疾病を予防的にコントロールできる可能性をもった一般児童をも対象とし，今後の健康的生活を積極的に獲得するために導入」された健康教育へ転換され，戦時下の「体練科」の成立により健康教育は系統的学習として学校に定着した（七木田，2010，214ページ）。

▷1 文部省やその外郭団体である帝国学校衛生会等によってアメリカの Health Education の実践が紹介された。

1907（明治40）年には「学校ニ於ケル火災予防及生徒避難ノ方法等ニ関スル注意事項」が出され，学校での火災に備えた設備，発災時の教職員の役割や予防のための巡視が示された。大正期には理科実験時の配慮事項が示されるとともに，児童生徒の刃物の携帯を禁じる通牒が文部省から出された。1934（昭和9）年には「非常災害ニ対スル教養ニ関スル件」（訓令）が出され，自然災害に備えた設備や発災時の教職員の対応，児童生徒へ自然災害の特徴や避難方法を教授することが定められた。

このように，まず児童の疾病予防の環境整備に向けられた衛生教育への関心は，健康な心身をつくるための健康教育へ変容した。並行して，自然災害や火災に備えた施設設備の管理と教職員の対応にも関心が高まった。これらは今日の学校安全の萌芽と考えることができる。学校安全に関しても環境整備に重点をおきながら，火災や自然災害に関する知識を児童生徒に教授することで被害を最小限にすることが目指されたのである。

2　戦後における学校安全への関心

① 学校教育法と学習指導要領における「健康・安全」

戦後新たに制定された学校教育法（1947年）の目標規定には「健康」「安全」が明記された。それらは学校教育全体の目標のなかに盛り込まれた。

「学習指導要領一般編（試案）」（1947年）の教育目標には「健康を保ちかつ進めるための進歩した生活の習慣と態度とを養い，そのために必要な考え方と知識とを持ち，また公衆衛生についての理解と態度とを持つようになること」と示された。また，同年6月の「学校体育指導要綱」では，学校段階に応じた「体育」の教育内容が「運動」と「衛生」に分けて示され，「衛生」の教育内容として病気や傷害の予防，衣食住や社会生活における衛生，看護法および救急処置等が設けられた。戦前，複数教科で担ってきた「健康・安全」に関する教

育は「体育」に集約されたのである。

② 「健康・安全」の実質化を企図した「学校保健計画実施要領」

民間情報教育局（CIE）の指導のもとで作成されたのが「中等学校保健計画実施要領（試案）」（1947年）と「小学校保健計画実施要領（試案）」（1951年）である。これにより「健康・安全」に関する教育は学校環境の指針や教職員の役割とのかかわりのなかで示された。

「健康」については，健康に適した学校環境で児童生徒が学習することで，健康の保持増進，心身の安全，学習能率の向上，清潔で美しい環境での生活が達成されるとされた。そのうえで，理想的な学校環境としての校地や校舎，校具の指針が示された。

「安全」については，交通事故，家庭生活，学校生活，仕事上で発生する事故の原因と予防や救急処置が示された。「中等学校保健計画実施要領」では，溺水者への処置が示された。教育の方法としては，全教育課程を通じて，児童生徒の生活実態に即して教育すべきだとされた。とくに「小学校保健計画実施要領」では，児童の発達段階への考慮や他の職員との協力を前提とした学級担任による指導の重要性が指摘された。さらに，学校だけでなく家庭生活においても注意と指導が必要とされ，「禁止的指示を絶えず与えることはよい方法ではない」とされた。最も重要とされたのは交通安全であり，「徹底した訓練」が要請された。

③ 「健康・安全」を担う教職員の役割

教職員の役割についても記され，学校における「健康・安全」のための組織化が図られた。校長には，児童生徒と教職員の施設や校具の利用状況を確認し，健全な学校環境をつくりだすこと，学校保健計画を地域社会に認識させること，それを評価するために学校医や学校歯科医，地域社会の保健機関の助力を得ること等の役割が課された。また，保健計画の運営に責任をもつ保健主事が位置づけられ，体育教師や養護教諭，専門の経歴をもつものが適材とされた。養護教諭には，学校設置基準の達成と維持のための援助と助言，障害，急病，救急処置への助力，健康教育への協力等，広範で補助的な職務が示された。学校医や学校歯科医，一般教師の役割についても記述されている。

これらを受けて，1951（昭和26）年改訂の『学習指導要領一般編（試案）』には，教育課程を編成するうえで教師は「児童生徒の成長発達を促し，教育の目標を達成するような望ましい学習経験を用意しなければならない」と記述され，学習経験の一つとして「健康な生活についての経験」があげられた。そして，学習経験が「地域社会や，国家などにおける健康や安全の問題を改善していくような事がらやその実践にまでひろがっていくことが望ましい」とされたのである。

▷2　学校保健計画実施要領
作成された背景には，米国教育使節団報告書において，保健に関する教育の低調さが指摘されたことがある。各学校では，これをもとに学校保健を推進することになった。

④ 「健康・安全」の実態

このように学校教育全体のなかに「健康・安全」が位置づけられたが，教育の実施状況や環境整備の低調さは改善されなかった。

その原因の第一は，「健康・安全」の教育を担う人材不足である。体育教員は「体育」を「運動」のみをあらわすものと捉えていたため，身体構造や公衆衛生等の広範な内容を含む「健康・安全」の教育に対応できなかった（七木田，2010，204ページ）。第二は，保健管理に関する法的規定の未整備による財政上の問題である。当時は法的規定や国の補助金がない事項に対して地方公共団体が独自に予算を計上することが困難な状況だった（渋谷，1979，10ページ）。

また，当時は「予防医学の成果を背景として，人々に対する健康で合理的な生き方を推進するシステムの成立過程」にあった（七木田，2010，214ページ）。よって，学校の「健康・安全」は，地域や学校の実情に即したものではなかったため，「外部から求められているもの」として認識されたのである。

3 災害の補償を行う日本学校安全会の設立

一方で，1950年代後半から，学校の管理下における児童生徒の負傷や罹患，死亡（以下，負傷等）に対する補償を必要とする事故が相次いだ。1954年には相模湖で修学旅行中の中学生22名が死亡した相模湖事件，1955年には高松港の沖合で修学旅行中の小・中学生100名を含む乗客168名が死亡した紫雲丸事故，水泳訓練中の中学生36名が死亡した三重県津市の水難事故が発生している（日本スポーツ振興センター大阪支所，2011）。ところが，この当時は，被害児童生徒の保護者が医療費等を全額支出しており，ときにはPTAから一部見舞金が出されていた。

1955年4月に島根県で全県規模の児童生徒傷害補償組合が発足したことを発端に，上記の集団的災害が起きたことが契機となり，全国各地に類似の団体が設立された。これらの補償団体は保護者からの寄付金等によって児童生徒へ見舞金を支給した。このような草の根的な取り組みに対して，法務省と大蔵省（当時）は保険業法違反の疑いがあるとの見解を示したため，文部省（当時）は寄付による見舞金の支給を行う財団法人として運営するよう求めた。そのため，それらの補償団体は児童生徒への見舞金の支給を行うと同時に「全国学校安全会連絡協議会」を設立して救済法制定を要求する運動をはじめた。

これに並行して，1956年に「国立及び公立の義務教育諸学校の児童及び生徒の災害補償に関する法律案」が議員立法によって提出されたが，過失の有無を問わずに補償することが既存の法制に合わないという政府与党の反対で成立しなかった。1957年5月には衆参両院の文教委員会が被害児童生徒に対する救済措置について決議した。これと同様の趣旨の要望が全国都道府県教育委員長・

教育長協議会や全国PTA大会，全国連合小学校長会等から政府に対して出された。このような動きをうけて，文部省は3年間の実態調査をもとに法案を作成し，1959年12月17日に「日本学校安全会法」が公布された。ただし，条文の大半は学校の管理下における児童生徒の負傷等に対する共済給付にかかわるもので，学校安全のあり方に関する内容は盛り込まれていなかった。

　以上のように，児童生徒の傷害補償等を求める草の根的な運動が展開された結果，特殊法人として日本学校安全会が設立された。この一連の経緯による学校安全会の設立は，学校の管理下における児童生徒の負傷や罹患，死亡に対する補償が制度化されたという点で重要な出来事であった。学校安全会はその後，他組織と統合を繰り返し，日本学校健康会，日本体育・学校健康センターと名称を変え，現在は独立行政法人日本スポーツ振興センターとなった。

3　学校安全の展開

1　「学校保健法」の変遷にみる「安全」の位置

① 「学校保健法」における安全管理

　ここまで学校教育の発展過程に沿って学校安全への関心のあり方をみてきた。それによると，文部省により「健康・安全」のあり方が示されるとともに，児童生徒の負傷等に対する補償の仕組みが整備されたが，学校安全のあり方は示されなかった。そのため，安全は，独自の分野としての確立されないまま，学校保健とかかわりながら推進されることになったのである。

　こうしたなか，教育の場として健康に適した環境となる必要性から保健管理に関する事項を規定することを目的として「学校保健法」が1958年に施行された。安全管理に関しては，根拠規定を学校教育関連法令上に明記する必要性から，1978年の日本学校安全会法改正による給付水準の引き上げにともない，学校保健法のなかに安全管理に関する事項が規定された。当時は，学校保健のなかに学校安全を包含して使用していたことや安全管理について「独立した法律制度として定める程の事項・内容も煮つまって」いないことから，学校保健法のなかに必要最低限の基準が規定されたのである（渋谷，1979，38ページ）。

② 「学校保健安全法」への改正による学校安全概念の拡大

　「学校保健法」は2009年4月に「学校保健安全法」へ名称変更され，これまで学校保健の一領域として扱われてきた学校安全が法律上明確に位置づいた。「学校保健安全法」は児童生徒の安全をおびやかす原因として「事故」や「災害等」の他に「加害行為」を新たに加えた。2008年7月9日に文部科学省から出された「学校保健法の一部を改正する法律の公布について（通知）」では「加

害行為」を「学校に侵入した不審者が児童生徒等に対して危害を加えるような場合等を想定」し,「いじめや暴力行為など児童生徒同士による傷害行為も含まれる」とした。「学校保健安全法」には,これまで安全を享受する側であった児童生徒を,安全をおびやかす存在としても捉える場合があることが明記されたのである。

このような学校安全概念の拡大のなかで,学校にどのような役割が新たに求められたのか。第一に,「学校安全計画」と「危機等発生時対処要領」の作成である。「学校安全計画」は,施設設備の安全点検,児童生徒等に対する安全指導,教職員への研修についての計画である。そこには安全指導と教職員への研修が新たに加えられ,作成した計画の実施が義務づけられた。また,「事故,加害行為,災害等」が発生した際の具体的対応の内容や手順を定めた「危機等発生時対処要領」の作成を通して,被害拡大を予防する責任と,事故等により心身の健康に影響を受けた児童生徒等や関係者への支援の責任を学校に課した。「学校安全計画」と「危機等発生時対処要領」はPDCAサイクルのなかで定期的に見直しを行うことが求められている。第二に,校長の責務として学校環境の安全確保が規定され,体系的に学校安全に取り組むことが求められた。第三に児童生徒の保護者や地域の関係機関との連携が努力義務化された。

2 学校の危機管理への注目

このように学校安全概念が拡大するなかで,近年,危機管理に対する関心が高まっている。

学校安全に対する教育関係者や政策担当者等の認識に重大な変化を及ぼしたのは,1995年1月17日に発生した阪神・淡路大震災だった。震災後,学校の防災体制の課題が指摘され,自然災害時のマニュアル作成が義務化された。また,2001年の大阪教育大学附属池田小学校事件は,外部からの侵入者に備えるための危機管理に対する意識を高めることになり,文部科学省は不審者侵入時のマニュアルの雛形を作成した。また,2000年代に入ってから,学校管理下における暴力行為の発生件数やいじめの認知件数等の増加傾向がみられる。2011年3月11日に発生した東日本大震災では,想定外の「危機」が発生したことで,学校の危機管理の重要性を改めて認識する機会となった。

1990年代以降に発生した自然災害等は,学校内外における児童生徒の安全をおびやかす原因の多様化,広範化をあらわしている。このような変化を受けて,文部科学省(2010)では,危機管理を安全な環境整備と災害等の未然防止のための「事前の危機管理」,被害を最小限に抑えるための「発生時の危機管理」,心のケアや生活の再開とともに再発防止を図る「事後の危機管理」という三段階に分けて捉えている。そして,各段階に対応して安全教育と安全管理

▷3 阪神・淡路大震災
5時46分に発生した地震は最大震度7を記録した。学校は避難所として機能した一方で,自然災害時の学校の役割や防災体制に課題が残った。

▷4 大阪教育大学附属池田小学校事件
6月8日午前10時過ぎ頃,包丁を持った男が校内に侵入し,児童と教師が殺傷された事件。各学校には,不審者侵入時の対応について課題が突きつけられた。また,「開かれた学校」のあり方についても議論が巻き起こった。

▷5 東日本大震災
14時46分に発生した東北地方太平洋沖地震とこれにともなう福島第一原子力発電所事故による災害。地震と津波による被害が広範囲に及んだ。

が行われる必要があるとしている。また，学校の危機管理は実態に即したものとなる必要があり，さまざまな場面を想定し，多様な事件や事故に対応できるように体制を整備しておく必要がある。

4　学校における危機管理の動向

1　日常のなかに潜む「危機」への対応

　学校教育は，すべての子どもの教育を受ける権利を保障し，未来の社会の形成者として育成するための制度である。しかし，学校で行われている子どもたちの学習活動には，常に多くの「危機」が潜んでいる。前節までの内容は，そのようなさまざまな「危機」に学校がどのような対応をとってきたかを示している。

　では，どのような場面で児童生徒の死亡や負傷・疾病が発生しているのだろうか。2016年の学校の管理下における負傷・疾病発生数は，小学校と中学校で，各約36万件，高等学校・高等専門学校（以下，高等学校等）で約27万件であった。また，死亡発生数は小学校で18件，中学校18件，高等学校等41件である。これらはあくまでも災害共済給付対象の件数であり，実際の負傷・疾病はそれ以上の数にのぼる。

　小学校では，負傷・疾病は「休憩時間」に最も多く発生している。次に多いのが「各教科等」であり，その大半は「体育」である。中学校と高等学校では「体育的部活動」が最も多く，次に「体育」で多く発生している。ただし，死亡は，いずれの学校段階でも「通学中」に最も多く発生している。次に多いのは，小学校では「体育」，中学校では学校行事を含む「特別活動」や「休憩中」「体育的部活動」，高等学校等では「体育的部活動」である。

　以上から，児童生徒の日常のなかに多くの「危機」が潜在している。これに対して文部科学省（2018）は，まず，家庭や地域社会，関係機関等と連携しながら，三段階の危機管理に応じた体制整備の必要性を提起する。そのうえで，事前の危機管理では，学校内の施設設備等や通学路の安全点検，「危機」に関する理解と対応能力や安全教育の指導力を高める教職員研修，教育活動全体を通じた安全教育の充実等が重要となる。発生時の危機管理では，「危機」の特性を踏まえた適切な判断と指示が求められる。事後の危機管理では，被害児童生徒等の心のケアや事故等の原因を特定し，今後の事故防止に資するための調査・検証が必要とされる。

2　非日常の「危機」への対応

　自然災害や不審者侵入等，予測困難な突発的「危機」に対して文部科学省

(2012) は次のような対応を求めている。

　自然災害への対応における事前の危機管理では，第一に，体制整備と備蓄で，二次災害への対応を見据えることや地域の実態に即することが必要である。第二に，安全点検の実施で，校内の施設設備だけではなく，避難経路や避難所を含めて実施する必要がある。第三に，避難訓練の実施で，教科・領域と関連させて効果の向上への配慮が重要である。

　自然災害発生時には，混乱が予想されることから，学校と保護者の間で引き渡しに関してあらかじめ決めておく必要がある。また，避難所運営は本来的には防災担当部局の役割だが，引き継ぐまでの一定期間，教職員によって行われることが想定される。そのため，教職員の第一義的役割が児童生徒の安全確保と教育の早期再開であることを踏まえて，地域社会等と避難所運営について事前に体制を確認することが必要である。

　自然災害や不審者等に遭遇して強い衝撃を受けた場合，心身の変化が起こる。よって，事後の危機管理として変化に速やかに対応できるように，日常的な健康観察によって児童生徒の状態を把握しておく必要がある。また，保護者や関係機関等と連携を図り，組織的に支援をすることが求められるため，日常的な心のケアに対する組織づくりが重要になる。

　ここまでみてきたように，日常の中に潜む「危機」への対応と非日常の「危機」への対応には共通する点が多い。そのため文部科学省（2018）では，「学校安全計画」と「危機等発生時対処要領」を作成する際には，防災に関して作成したものをもとに，共通する内容と個別の「危機」に応じた内容に分けて作成することを例示している。

3　学校安全と学校の危機管理の意義と課題

　学校安全は教育的側面と管理的側面をあわせもっている。それは，教育を第一義的役割とする学校という場で安全を構造的に捉えることを可能にした。また，教師個人では対応が困難な「危機」の発生により，学校全体での「危機」への対応の重要性が認識されたことで，危機管理にこれまで以上に高い関心が向けられるようになった。危機管理は「危機」を時間軸で捉えるため，各段階における学校全体の具体的対応をあらかじめ描き出すことができる。

　一方で，2017年3月24日に閣議決定された「第2次学校安全の推進に関する計画」では，「学校安全計画」や「危機等発生時対処要領」が未策定の学校の存在や「全ての教職員が十分な知識や意識を備えて学校安全に取り組んでいるとは言い難い状況」が指摘されている。児童生徒や教職員が，学校安全を生活実態に即して主体的に考えることは今日においても依然として重要な課題なのである。

この指摘に対して「第2次学校安全の推進に関する計画」では，管理職のリーダーシップのもとで組織的な学校安全体制の構築や学校教育全体を通じた安全教育の推進，保護者や地域住民等との連携・協働の必要性が示されている。すなわち，地域社会とともに，学校安全の目的を達成する「組織活動」のあり方を検討する必要性を提起しているのである。一部の教師による学校安全の推進には継続性に課題がある。学校教育関係者が安全をおびやかす原因の多様性と広範性を理解し，地域とともに学校における安全を構築できる「組織活動」が求められているのである。

5 次世代のための学校安全に向けて

1 「危機」をのりこえる「危機からの学習」の必要性

2011年3月11日の東日本大震災は，学校安全と学校の危機管理のあり方を考えるうえで多くの示唆をもたらした。東日本大震災後に宮城県東松島市の中学校で生み出された「《命》とは何か」を問う教育実践（制野，2016）に注目して，「危機」後の学校の変化を捉え，学校における「危機からの学習」について考えてみよう。

この実践は被災地で「痛々しいほどの美辞麗句を並べながら必死に生きる子どもたちの本当の声を，仲間とともに聴き合う実践，子ども自身の生きた言葉で綴り語らせる」ことの必要性という課題意識から生まれたものである。被災した児童生徒の心のありようは多様であった。一方で，震災の記録や記憶は時間の経過とともに語られなくなるということに学校の教師は危機感を抱いていた。これらの課題に対して，制野教諭は生活綴方を中心とした授業を構想し，「震災で傷つく仲間の心の寄る辺なさに徹底的に共感すること」ができる生徒の関係づくり等に取り組んだ。それは，3年生83名を対象に，綴ることも話すことも強制はせず，「総合的な学習の時間」に実践された。

この実践を通して，生徒の生活実態に即して「『命とは何か』という問いは，子どもたちによって『生きる（死ぬ）とは何か』『命は本当に大事にされてきたか』『美しい命とは何か』などの問いに，スパイラルに転化」されるという，「『《問い》が《問い》を生む』状態」がつくりだされた。また，各生徒がもつ葛藤や逡巡等は授業のなかで「みんなのもの」になっていった。

制野教諭にとってこの教育実践は「否応なく『無』から『有』を創り出す稀有な経験」だった。その結果，制野教諭は生徒の「『本音』に耳を傾け，それに応える教材なり，方法を自前で探求すること」の必要性を認識した。したがってそれは「危機からの学習」の結果として生み出されたものといえる。

不審者侵入で児童21名（うち8名死亡）と教師2名が殺傷された大阪教育大学附属池田小学校では，事件後，「安全科」の設置や不審者対策訓練の実施等を通して，学校安全のあり方が模索されていた（松井，2017）。東日本大震災後には上記の他，各地で新たな教育実践が展開されている。原発事故によって全町避難を強いられた自治体では「ふるさと創造学」を立ち上げ，各自治体で教育実践を積み重ねている。次世代を担う児童生徒を地域とともに育成することを通して社会の形成を担う学校が，重大な「危機」に直面した場合，そこから脱するためにはこのような「危機からの学習」の取り組みが重要な意義をもつのではないだろうか。

2 次世代のための「安全な学校」の構築

「危機からの学習」によって「安全な学校」を構築するためには何が求められるのだろうか。制野教諭の教育実践から，災害後の学校教育には，災害経験を，被災者個人の経験に即して次世代に伝えるという役割があると考えられる。それを実現するためには，個人の災害経験を他者と共有し，相互に学び合うことができる仕組みを形成することが求められる。

しかし，災害経験からの学びとその共有には多くの課題がある。岡部（2016，168ページ）によると，自然災害等の暴力的な記憶の伝承は「語られたこと，語りうることだけではなく，その背後に潜在する言語化されないもの，言語化されえないものに注意／配慮する（care）ことが重要」だという。また，災害経験をもたないものが「言語化されえないもの」をどのように理解できるのかは被災者と非被災者の間で解決すべき課題である。大阪教育大学附属池田小学校に設置された「安全科」で安全教育に尽力していた松井は，発足から4，5年後，実態として一部の学級で「安全科」が実施されなくなっていたことを回顧している。このように，災害経験からの学びとその共有を持続するためには，いくつもの難しい課題を意識して克服していく必要がある。

Exercise

① 学校で発生した事件・事故等を新聞や裁判事例から探し，指摘されている問題点を踏まえて，学校安全や学校の危機管理の課題を検討してみよう。
② ①の事例を踏まえて，事件・事故等の後に安全教育，安全管理，組織活動をどのように推進していけばよいか検討してみよう。

📖 次への一冊

OECD編，立田慶裕監訳・安藤友紀訳『学校の安全と危機管理――世界の事例と教訓に学ぶ』明石書店，2005年。
　OECDが2005年に刊行した『Lessons in Danger school Safety and Security』の邦訳版。世界各国がそれぞれの背景を踏まえながら取り組んでいる学校の安全や危機管理の事例があげられている。

渡邊正樹編著『学校安全と危機管理 改訂版』大修館書店，2013年。
　学校安全と危機管理に関する知識が概説されている一冊。児童生徒を取り巻く事故や事件を具体的にあげながら発生要因と対応が示されている。また，学校安全や危機管理の具体的な進め方等が解説されている。

諏訪清二『防災教育の不思議な力――子ども・学校・地域を変える』岩波書店，2015年。
　兵庫県立舞子高等学校に設置された環境防災科で防災教育プログラムの開発に取り組んできた著者の実践をまとめた一冊。「未災地」と「被災地」という独自の概念をもとに，防災教育の可能性を指摘する。

山名淳・矢野智司編『災害と厄災の記憶を伝える――教育学は何ができるのか』勁草書房，2016年。
　災害と厄災の記憶を次世代にいかに伝承するかという実践的な問いに対する教育（学）の可能性を各執筆者が理論的・実践的に論述している一冊。

引用・参考文献

岡部美香「災害の社会的な記憶とは何か――出来事の〈物語〉を〈語り―聴く〉ことの人間的意味について」山名淳・矢野智司編『災害と厄災の記憶を伝える――教育学は何ができるのか』勁草書房，2016年，151～173ページ。
渋谷敬三『改訂新学校保健法の解説』第一法規，1979年。
制野俊弘『命と向きあう教室』ポプラ社，2016年。
七木田文彦『健康教育教科「保健科」成立の政策形成――均質的健康空間の生成』学術出版会，2010年。
日本学校保健会編『学校保健百年史』第一法規，1973年。
日本スポーツ振興センター『学校の管理下の災害［平成29年版］』2017年。
日本スポーツ振興センター大阪支所編「災害給付制度50年の変遷」『Kansai学校安全』第6号，2011年，18～22ページ。
松井典夫『どうすれば子どもたちのいのちは守れるのか――事件・災害の教訓に学ぶ学校安全と安全教育』ミネルヴァ書房，2017年。
文部科学省「『生きる力』をはぐくむ学校での安全教育」2010年。
文部科学省「学校防災マニュアル（地震・津波災害）作成の手引き」2012年。
文部科学省「学校の危機管理マニュアル作成の手引」2018年。

第14章
「チーム学校」論と学校経営

〈この章のポイント〉

　2015年12月,中央教育審議会「チームとしての学校の在り方と今後の改善方策について」答申が出され,それ以降,多職種構成の学校組織体制づくりが推進されている。本章では,「チーム学校」論の内容と背景を概説し,教育機能の強化のために相談機能の整備が進められていることを踏まえたうえで,生徒指導や教育相談において重要な役割を担う養護教諭,スクールカウンセラー,スクールソーシャルワーカーの専門性と役割について理解を深める。また,韓国の学校における相談教師を取り上げ,日本と異なった学校相談体制のあり方を紹介する。最後に,「チーム学校」による学校経営の課題について解説する。

1　新たな学校像としての「チーム学校」

1　「チーム学校」答申の内容

　「学校」というと教育が行われる場として,教育を受ける側の子どもと教育を行う側の教師だけがクローズアップされがちである。しかし,学校で行われる日々の教育実践はさまざまな人々の支えによって成り立っている。それぞれの存在を明確に位置づけようとする動きはこれまでも多々あったが,「チーム学校(チームとしての学校)」論は教師を含め,学校の教育活動にかかわる多様な人々や職を「チーム」と捉えようとした点で特徴的だといえる。
　この「チーム学校」論は,教育再生実行本部や教育再生実行会議の提言を受け,2014年7月の文部科学大臣から中央教育審議会への諮問「これからの学校教育を担う教職員やチームとしての学校の在り方について」と,これに対する答申「チームとしての学校の在り方と今後の改善方策について」(2015年12月)によって展開された学校組織の多職種構成に関する議論である。
　答申では「チーム学校」像について「校長のリーダーシップの下,カリキュラム,日々の教育活動,学校の資源が一体的にマネジメントされ,教職員や学校内の多様な人材が,それぞれの専門性を生かして能力を発揮し,子供たちに必要な資質・能力を確実に身に付けさせることができる学校」であると明記し,教師以外の多様な人材がそれぞれの専門性を基に学校内の教育活動にかか

わることを新しい学校のあり方として示している。

　チームの構成員とされる「専門スタッフ」については「子供たちへの指導を充実するために，専門的な能力や経験等を生かして，教員と連携・分担し，教員とともに教育活動に当たる人材」であるとし，心理と福祉の専門家としてスクールカウンセラーやスクールソーシャルワーカーをはじめ，授業等において教員を支援する専門スタッフ（ICT支援員，学校司書，ALT等），部活動に関する専門スタッフ（部活動指導員），特別支援教育に関する専門スタッフ（看護師，特別支援教育支援員等）をあげている。

　また，答申では「チーム学校」を実現するために，(1)専門性に基づくチーム体制の構築，(2)学校のマネジメント機能の強化，(3)教職員一人一人が力を発揮できる環境の整備という3つの視点に沿って検討を行い，学校のマネジメントモデルの転換を図る必要があると指摘している。

　「チーム学校」論はこれまで外部人材として教師と協働していた多様な専門スタッフを学校組織内部に位置づけ，従来から重視されてきたリーダーシップとマネジメントの重要性をより強調したものだといえる（安藤，2016）。

2　「チーム学校」答申の背景

　多職種で組織される「チーム学校」がなぜ求められるのだろうか。答申では体制整備の必要性について以下の3つをあげている。

　第一に，「新しい時代に求められる資質・能力を育む教育課程を実現するため」である。2020年度から小学校から順次実施される新学習指導要領では，「社会に開かれた教育課程」を実現するために「アクティブ・ラーニング」の視点から指導方法の不断の改善と学校全体として教育課程の編成，実施，評価及び改善を図る「カリキュラム・マネジメント」の確立が必要であると示している。そのため，答申では学校内外のさまざまな連携・協働や教師の授業準備等のための時間確保が重要であると指摘している。

　第二に，「複雑化・多様化した課題を解決するため」である。スマートフォンやパソコンを利用した「ネット上のいじめ」や依然として高い数値を示す不登校または不登校傾向のある児童生徒数など，学校が取り組むべき生徒指導上の課題は年々深刻さを増している。また，貧困の連鎖を断ち切るために学校が子どもの貧困対策のプラットフォームと位置づけられ，学校に求められる役割は拡張している。他にも「医療的ケア」や特別な教育的支援を必要とする児童生徒数の増加による特別支援教育の充実の必要性，安全確保対策，健康問題対策，帰国・外国人児童生徒への対応など新たな教育課題が続々と登場している。このように学校や教師だけでは対応困難な課題が増えていることを背景に，複雑・多様な課題に心理や福祉，医療等の専門家等と連携し，取り組むこ

とが必要とされている。

　第三に,「子供と向き合う時間の確保等のため」である。「教師が多忙である」ことは国内調査でも指摘されてきたが,国際調査結果は強いインパクトを与えた（加藤,2016）。2014年6月に公表されたOECD国際教員指導環境調査（TALIS）によると,前期中等教育段階の教師が1週間に従事した仕事時間の合計について日本は53.9時間（参加国平均38.3時間）で参加国のなかで最長にもかかわらず,指導（授業）に使った時間は17.7時間と参加国平均の19.3時間より下回っていた。また,国際比較の観点から,日本の学校は教師以外のスタッフが少なく,教師が授業以外にもさまざまな業務を担っていることが指摘されている。答申では教師が幅広い業務を担い,総合的な指導に取り組んできたことを成果として認めながらも,教職員の業務改善の必要性を指摘している。

　この他にも,「チーム学校」答申が中央教育審議会の「新しい時代の教育や地方創生の実現に向けた学校と地域の連携・協働の在り方と今後の推進方策について」（2015年12月）と「これからの学校教育を担う教員の資質能力の向上について～学び合い,高め合う教員育成コミュニティの構築に向けて～」（2015年12月）という答申と関連してまとめられたことを踏まえると,教師の働き方や「教職の専門性」に関する見直しの必要性,学校と地域の「連携・協働」関係の強化が背景にあったといえる。

2　「チーム学校」における相談機能の整備

1　学校における相談機能の拡充

　日本の学校や教師は学習指導以外にも生徒指導やさまざまな校務分掌等,多くの役割を担ってきた。子どもの人格形成を教育の目的とする学校において,とくに学習指導と生徒指導を含めた総合的な指導は,日本の教育の特長として評価されてきた。一方,不登校,いじめ,暴力など,子どもが直面する問題がより複雑・深刻になるにともなって,スクールカウンセラーやスクールソーシャルワーカーの配置が進められてきた。2010年3月に改訂された文部科学省「生徒指導提要」では,スクールカウンセラーとスクールソーシャルワーカーを活用し,教職員がチームで問題を抱える児童生徒を支援することの重要性が指摘されている。さらに近年では子どもの貧困や虐待が深刻な社会問題とされ,学校における対応がより強く求められている。このように,学校における教育機能の強化のために,心理と福祉の専門性に基づく相談機能の拡充は欠かせないものになっている。

　相談機能の充実を図るために,教師を対象とした生徒指導や教育相談に関す

る研修が整備されるとともに，学級担任やホームルーム担任が一人で問題を抱え込まないように，学校における組織的・体系的な取り組みが行われてきた。このような組織的対応において，非常勤の外部専門家であるスクールカウンセラーやスクールソーシャルワーカーとの連携・協働は，子どもの問題解決のみならず，教師の指導スキルの向上に資すると期待されてきた。

近年，「チーム学校」の整備に向けて生徒指導や教育相談のあり方がより重視されている。「チーム学校」答申では教師の業務の見直しを試み，業務の分類が示されている。そこに，生徒指導は「教員が行うことが期待されている本来的な業務」，カウンセリングは「教員に加え，専門スタッフ，地域人材等が連携・分担することで，より効果を上げることができる業務」とされている。生徒指導や教育相談は，職の多様化を通じた役割・責任範囲・専門性の分化が困難な側面があり，教師が抱え込みがちである。だからこそ，心理と福祉の専門家であるスクールカウンセラーやスクールソーシャルワーカーの学校内部への位置づけや専門性の発揮が求められている。生徒指導や教育相談の体制を組織的に機能させるために，教師と他の専門家の間での専門性の相互理解や協働のあり方が「チーム学校」の鍵を握るのである。

2　心理と福祉の専門職員の制度化

「チーム学校」答申は，心理の専門家であるスクールカウンセラーや福祉の専門家であるスクールソーシャルワーカーの学校における役割等を明確にし，生徒指導や教育相談の組織に位置づけることを指摘した。これを受け，2017年1月に公表された教育相談等に関する調査研究協力者会議の「児童生徒の教育相談の充実について～学校の教育力を高める組織的な教育相談体制づくり～」報告では，スクールカウンセラーやスクールソーシャルワーカーの職務内容や配置形態，校内体制づくりや連携体制づくりのための教職員や教育委員会の役割等を示した。また，これらの内容を盛り込んだガイドライン（試案）を作成し，各教育委員会が指針を策定する際に活用するように提示した。

その後，学校教育法施行規則が一部改正（2017年4月1日から施行）され，学校においてスクールカウンセラーは児童生徒の「心理に関する支援に従事する」職員として，スクールソーシャルワーカーは児童生徒の「福祉に関する支援に従事する」職員として，その名称や職務が明記された。このように，学校の生徒指導や教育相談の体制づくりに重要な役割を果たすことを期待し，スクールカウンセラーやスクールソーシャルワーカーの配置拡充に向けての各種整備が進められている。

しかし，スクールカウンセラーやスクールソーシャルワーカーの個人差や地域差などが指摘されており，養成や研修，人材確保が大きな課題である。配置

にとどまらず，有効に活用できる人材の確保のための方策も必要である。

3　「チーム学校」における課題

　「チーム学校」は，学習指導以外のさまざまな業務を「教師の職務範囲からは外部化しようとしているのだが，学校組織が対応する職務範囲は拡張する方向である」(安藤，2016)。生徒指導や教育相談の体制に心理や福祉の専門職員を位置づけることは，学校組織が担うべき業務範囲をより拡張し，教師の職務範囲は限りなく拡大されることになりうる。

　また，スクールカウンセラーとスクールソーシャルワーカーの配置が十分にされていない現状で，スクールカウンセラーとスクールソーシャルワーカーがもつ専門性が学級に求められるとき，それは学級担任（教師）に求められる力となる（加藤，2016）。非常勤であるスクールカウンセラーやスクールソーシャルワーカーに比べ，教師は学校に常駐し，児童生徒に対し多方面にわたる指導を行う存在として，児童生徒が抱える複雑・多様な問題に気づき，即時に対応することが求められている。学校組織が多様で複雑な課題に対応することを余儀なくされるなか，「チーム学校」の組織構造は，最終的には心理や福祉の力量を教師に対しても求めることにつながることが危惧される。

3　学校の相談機能を担う教職員

1　養護教諭

　生徒指導や教育相談にかかる組織体制において教師にスクールカウンセラーやスクールソーシャルワーカーとの協働がいっそう求められている。とくに養護教諭には，スクールカウンセラーやスクールソーシャルワーカーとの連携・分担体制における重要な役割が期待されている。

　養護教諭の歴史は，1905年に岐阜県の小学校でトラコーマ対策として学校看護婦が採用されたことから始まる。各地の自治体で公費による採用が広がり，1929年に公布された文部省訓令「学校看護婦に関する件」を通じて学校看護婦の職務内容が規定された。その後，1941年に公布された「国民学校令」において養護訓導という職名で教育職員として制度化された。1947年に制定された「学校教育法」で養護教諭へと名称が変更されるとともに養護教諭の職務が児童生徒の「養護をつかさどる」と規定され，今日に至る（日本学校保健会，2012）。長年の歴史をもつ養護教諭は「制度上，教育的な役割が付加される形で成立した」（水本，2016）。

　養護教諭の役割は，児童生徒の心身の健康課題の変化にともない，拡大され

てきた。1972年の保健体育審議会答申において，すべての児童生徒の保健および環境衛生の実態の把握，心身の健康に問題をもつ児童生徒への指導や健康な児童生徒への健康の増進に関する指導，そして教師の教育活動への協力が養護教諭の役割として示された。その後，1997年の同審議会答申において，いじめなどの心の健康問題がかかわっている身体的不調にいち早く気づくことのできる立場であることから，心や体の両面への対応を行う「ヘルスカウンセリング（健康相談活動）」が新たな役割として重要視された。また，いじめや不登校等の児童生徒への対応として「保健室登校」が注目され，「心の居場所」としての保健室の機能を生かす養護教諭の役割が重視された。

一方，2000年代中頃以降，スクールカウンセラーとの関連から養護教諭の職務が整理された（留目，2017）。2008年1月，中央教育審議会答申「子どもの心身の健康を守り，安全・安心を確保するために学校全体としての取組を進めるための方策について」において，(1)保健管理，(2)保健教育，(3)保健組織活動，(4)保健室経営，(5)健康相談の5項目に整理され，役割の明確化が図られた。また，同年6月に学校保健法が学校保健安全法に改正され，コーディネーターとしての役割が重視されるようになった。このように，今日の養護教諭には児童生徒の健康にかかわる専門職として健康面の指導だけでなく，生徒指導面でも大きな役割を担う教育者としての資質能力が強く求められるようになった。

2　スクールカウンセラー

文部省（当時）は1995年度に国の予算で「スクールカウンセラー活用調査研究委託事業」（2001年度より「スクールカウンセラー等活用事業」補助事業）を開始し，スクールカウンセラーが学校へ派遣されるようになった。「スクールカウンセラー」とは，「児童生徒の心理に関して高度に専門的な知識・経験を有する」者で，児童生徒へのカウンセリングや教職員と保護者に対する助言・援助等を行う職業名である。文部科学省が「スクールカウンセラー」と「スクールカウンセラーに準じる者」の要件を示し，都道府県または指定都市がその要件に該当する者から選考し，スクールカウンセラーとして認める。

スクールカウンセラーが登場した背景には，1980年代，いじめによる自殺など，深刻化するいじめ問題への対策に対する社会からの強い要求があった。1985年4月に発足した「児童生徒の問題行動に関する検討会議」が同年6月に出した「児童生徒の問題行動に関する検討会議緊急提言――いじめの問題の解決のためのアピール」において「外部カウンセラー」の導入が提案された。それまでは「学校カウンセラー」等と呼ばれる教師がカウンセリング活動を行っており，外部専門家を受け入れる学校現場の不安や抵抗は少なくなかった。

配置状況を見ると，スクールカウンセラーの約8割が臨床心理士の有資格者

▷1　スクールカウンセラーの選考要件
以下のいずれかに該当する者から選考する。
(1)公認心理師
(2)公益財団法人日本臨床心理士資格認定協会の認定に係る臨床心理士
(3)精神科医
(4)児童生徒の心理に関して高度に専門的な知識および経験を有し，学校教育法第1条に規定する大学の学長，副学長，学部長，教授，准教授，講師（常時勤務をする者に限る）または助教の職にある者またはあった者
(5)都道府県または指定都市が上記の各者と同等以上の知識および経験を有すると認めた者

▷2　スクールカウンセラーに準じる者の選考要件
以下のいずれかに該当する者から選考する。
(1)大学院修士課程を修了した者で，心理業務または児童生徒を対象とした相談業務について，1年以上の経験を有する者
(2)大学若しくは短期大学を卒業した者で，心理業務または児童生徒を対象とした相談業務について，5年以上の経験を有する者
(3)医師で，心理業務または児童生徒を対象とした相談業務について，1年以上の経験を有する者
(4)都道府県または指定都市が上記の各者と同等以上の知識および経験を有すると認めた者

である。臨床心理士の資格は1988年に発足した日本臨床心理士資格認定協会が1990年に文部省の認可を受け，心理関連資格のなかでは唯一，スクールカウンセラーの要件として認められてきた。臨床心理士会は臨床心理士によるカウンセリングを教師によるカウンセリングとは異質であるとし，スクールカウンセラーを「学校臨床心理士」と呼称し，カウンセリング活動をする教師を「教師カウンセラー」と呼称することで一線を引いている。

　このように，スクールカウンセラーの導入は教師ではない者による高度なカウンセリングを学校に取り入れることを意味した。そのため，スクールカウンセラーは「外部性」「第三者性」を確保することが重要であると強調されてきた。外部性とは，評価を行わない「教員と異なる第三者的存在」として，学校から一定の「距離」を置き，校内の日常の体制に組み込まれないことである。このような外部性は，児童生徒にとって「評価者として日常接する教職員とは異なることで教職員や保護者には知られたくない悩みや不安を安心して相談できる」ことや，教職員にとって「児童生徒やその保護者と教職員との間で第三者として架け橋的な仲介者の役割を果たしてくれる」ことで評価される一方，限られた児童生徒が利用することや教師との協働関係構築への課題が指摘されるなど，両義性をもつものである。また，スクールカウンセラーの勤務形態が週8～12時間の非常勤であることや教師との専門性の違いによる相互理解の困難も課題である。

　近年スクールカウンセラーに求められる役割は，不登校，いじめなどの事後対応のみならず，教育プログラムの実施を通じた未然防止や早期発見まで，またその対象が心の問題にとどまらず，学習，健康，人間関係にまで拡大している。これらのニーズに対応できるスクールカウンセラーの確保が重大な課題であるなか，スクールカウンセラーに必要な資格として新たに設けられた公認心理師に期待が集まっている。

3　スクールソーシャルワーカー

　スクールソーシャルワーカーの活動は1981年からスタートした埼玉県所沢市の実践のほか，地域の実情によって散見されていたが，事業として全国的に推進されたのは，2008年度に文部科学省の補助事業として開始した「スクールソーシャルワーカー活用事業」を通してである。この事業におけるスクールソーシャルワーカーは，「教育と福祉の両面に関して，専門的な知識・技術を有するとともに，過去に教育や福祉の分野において，活動経験の実績等がある者」であり，「教育分野に関する知識に加えて，社会福祉等の専門的な知識・技術を用いて，児童生徒の置かれたさまざまな環境に働き掛けて支援を行う」ことが求められている。スクールソーシャルワーカーの選考において，社会福

▷3　公認心理師
公認心理師は2017年9月に施行された「公認心理師法」による国家資格であり，2018年9月に第1回の試験が実施された。これまで心理分野の資格は「臨床心理士」「認定心理士」「学校心理士」などの民間資格のみで認定基準や試験などがさまざまであったのに比べ，「公認心理師」は国が設けた基準によって検証される資格である。

祉士や精神保健福祉士等の福祉に関する専門的な資格があげられているが，地域や学校の実情に応じて採用することができるため，教員免許や看護師資格等を有する者もおり，地域によってさまざまである。

スクールソーシャルワーカーが学校に配置された背景には，児童虐待問題がある。2006年「学校等における児童虐待防止に向けた取組について」（報告書）において，アメリカやカナダの児童虐待防止に向けた取組としてスクールソーシャルワーク機能が紹介された。そこでは，コーディネーターとしての環境改善や教師に対するコンサルテーション等，日本における先行事例もとりあげられた。ただし，すでに配置されているスクールカウンセラーの役割や機能との相違点を明確化してスクールソーシャルワーカーの有用性を証明する必要があるとされ，導入には慎重な姿勢がとられた。その後，スクールソーシャルワーカーは環境に働きかけるコーディネーター的存在として活用事業が始まった。2014年に策定された「子供の貧困対策に関する大綱」では，学校と福祉機関をつなぐものとしてスクールソーシャルワーカーの役割が強調された。

4　韓国の学校における相談教師

1　相談教師制度の背景や変遷

韓国では，学校における相談機能を専門的に担う相談教師が教職として位置づけられ，各学校に常勤配置されている。

韓国の学校に「相談」概念が導入されたのは，1950年代である。1952年アメリカ教育使節団により，"guidance" や "counseling" が紹介された。植民地解放後，朝鮮戦争を経た韓国は，貧困と混乱が極めて深刻であり，生徒問題の解決や教育機能の回復が喫緊の課題であった。そこで生活指導や相談が人間を変化させる科学的方法だと認識され，道義教育の一環として学校教育に導入された。

当初から，生活指導や相談は全教職員が相互協力し遂行すべきことであるが，一定期間訓練を受けた専門家を配置することでより高い効果が得られると考えられた。一部の地域で生活指導や相談を担当する専門家として「教導教師」を養成する研修が，一定の教職経験を有する現職教員を対象に行われた。その後，1963年に改正された「教育公務員法」において「教導教師」が教師の資格の一つとして制度化された。1990年代に入り，進路相談が重視され，「進路相談教師」へ名称が変更されるが，1997年に再び「専門相談教師」へと変更され，今日に至る。

長い間，教科指導を担当した教師が相談教師の資格を取得し，教科指導と相談業務を併行していた。しかし，過度な業務負担など，多くの課題を抱えてい

▷4　道義教育
韓国戦争後，国家再建の基となる国民像を示し，それにふさわしい人間を養成するために，個人生活，対人生活，公民生活，経済生活，愛国生活に関する内容を教えた。

▷5　教師の資格
現行の「初・中等教育法」第21条2項において定めている教師の資格は，正教師（1級・2級），準教師（1級・2級），専門相談教師（1級・2級），司書教師（1級，2級），実技教師，保健教師（1級・2級）および栄養教師（1級・2級）である。

た。2000年代に入り，校内暴力の深刻化や学校不適応生徒の増加が社会問題となり，多様かつ深刻な生徒問題への対策として専任の相談教師の配置が推進された。しかし，既存の資格基準では，資格所持者を確保することが困難であったため，2004年「初・中等教育法」を改正し，相談教師の資格を1級と2級に細分化することで資格基準の緩和を図った。正教師資格をもち3年以上の教職経験を要する従来の基準を1級とし，教職経験がなくても取得できる2級を新設したのである。それで心理・相談関連専攻で教職課程を履修した者や正教師資格をもち相談教師養成課程を受けた者が，教員採用試験を受け，専任の相談教師として学校に配置されるようになった。

相談教師制度の変遷をみると，深刻化する生徒の問題にいち早く対応するために，教師が担う相談業務を専門化させる形で学校の相談機能の強化が図られたことがわかる。相談教師の量的確保のために資格基準の緩和と養成課程の多様化が図られたものの，教職課程を必修とし，相談教師が教職から誕生した従来のルートを維持している。つまり，外部専門家を学校内部に位置づけるのではなく，相談業務の担い手を教職として位置づけることによって教師の職務の専門分化を図っているのである。

２ 相談教師の配置状況や職務内容

2004年の「初・中等教育法」改正により相談教師の配置に関する条項が新設された。また，同年に制定された「学校暴力予防及び対策に関する法律」において相談教師の配置や相談室の設置に関する規定が設けられた。これらにより，市・道（韓国の地方公共団体）教育行政機関や学校に専任の相談教師が配置されるようになった。市・道教育行政機関に配置される相談教師は管轄の小・中学校を巡回しながら相談業務を行う。管轄学校が31か所以上の場合は2名を，管轄学校が30か所以下の場合は1名を配置するという計画のもとに，2005年に全国182か所の教育行政機関に308名が配置された。

単位学校に常駐する相談教師の配置は2007年から始まった。表14-1のように，相談教師の数は年々増加している。とくに2013年の相談教師数は3年前に比べ2倍以上に急増しているが，そこには2010年代初頭に校内暴力による自殺が多発し，相談教師の配置が急速に拡充されたという背景がある。

相談教師の職務内容は，(1)相談活動（個別相談，グループ相談），(2)各種心理検査，(3)教育活動（児童生徒，保護者，教師を対象），(4)連携・調整（校内・外），(5)コンサルテーション（教師や保護者を対象），(6)企画および相談室運営などがあり，いじめや暴力問題をはじめとし，学習，進路相談，人間関係など，学校生活全般に関する相談・指導を行う。

表14-1 韓国における小・中・高の教員数 (単位:人)

	学校数	児童生徒数	教員数計	専門相談教師	司書教師	実技教師	保健教師	栄養教師
2007年	10,947校	7,734,531	395,379	197	532	143	7,050	1,540
2010年	11,237校	7,236,248	411,958	567	682	78	7,231	4,412
2013年	11,408校	6,481,492	427,689	1,483	674	42	7,364	4,563
2016年	11,563校	5,882,790	428,404	1,762	697	25	7,403	4,707
2019年	11,657校	5,378,429	432,263	2,585	1,051	8	8,035	5,500
2022年	11,794校	5,275,054	441,796	4,139	1,612	3	9,111	6,386

※「教員数計」には,臨時的任用教員数を含むが,非常勤講師数は含まない。
出所:韓国教育開発院『教育統計年報』各年度版。

このように,韓国では深刻な生徒問題への対応のために学校における相談機能が強化された。ただし,相談教師が教職として位置づけられ,校内に常駐していることや教育的な役割を含めた広範囲の相談業務を担っていることは日本と異なる。

5 「チーム学校」論による学校経営の課題

「チーム学校」論は,外部人材を学校組織に内部化し,学校が抱えるさまざまな課題を解決しようとする。それを通して教師が本来的な業務に集中できるようにし,学校の教育力を高めようとするが,一方で,学校に求められる役割や学校組織が担うべき業務範囲を拡張させることが懸念されている。

それでは「チーム学校」を実現するために,学校経営はどのように変わる必要があるのだろうか。

第一に,マネジメント機能の強化が求められる。これまでの学校経営は,学校が常勤の教職員で構成されることを前提に考え(水本,2016),「教職の専門性」を軸に捉えた議論が多くなされてきた(浜田,2016)。しかし,「チーム学校」論は構成員の専門性や勤務形態等の多様性を想定している。学校はそのような多様性を包摂しながら,すべての構成員が学校の目標や取組の方向性を共有し,組織として機能するために,従来以上にマネジメントを必要とする。そこで問題となるのは,人材の確保・育成やマネジメント体制の整備である。管理職や主幹教諭等がリーダーシップを発揮できる環境の整備が求められる。

第二に,分担と協働を促すコーディネート機能が求められる。生徒指導や教育相談の組織体制において養護教諭,スクールカウンセラー,スクールソーシャルワーカーはそれぞれ健康,心理,福祉の専門性に基づいて重要な役割を果たすことが期待されている。これらの専門職員の役割の明確化が試みられているが,その境界は曖昧であり,学級担任も専門職員に「任せきりにする」ことはできない。また,子どもの問題も一元的に解決できない複雑性があるた

め，教師と専門職員の間で役割を機械的に分担することはできない。そこで，一人ひとりがもつ専門性を理解したうえで，目の前にいる子どもの実態を多面的に把握し，いつ誰がどのような役割を担うかについて常にコミュニケーションをとりながら協働する必要がある。

Exercise

① 多様な専門家との協働を通して教育活動を展開する「チーム学校」の必要性について説明してみよう。
② 心理と福祉の専門職員であるスクールカウンセラーやスクールソーシャルワーカーの専門性と役割について，教師と比較しながら整理してみよう。

次への一冊

加藤崇英編著『「チーム学校」まるわかりガイドブック』教育開発研究所，2017年。
　「チーム学校」にかかわる幅広いキーワードをわかりやすく解説している一冊。「チーム学校」のねらいが広範であるため論点も多肢にわたるが，各分野の専門家による解説や先進的な事例の紹介を通して「チーム学校」全体を整理している。

藤原文雄『教職員理解が学校経営力を高める――学校で働く人たちのチームワークをどう活かすか』学事出版，2007年。
　学校で働くさまざまな職種の仕事と成長を描いた一冊。丹念なフィールドワークを通して学校で働く校長・教頭，教師，教務主任を含め，「一人職」と呼ばれる養護教諭，事務職員，学校栄養職員，用務員が日々どのような気持ちでどのような仕事を遂行しているかが理解できる。

末冨芳編著『子どもの貧困対策と教育支援――より良い政策・連携・協働のために』明石書店，2017年。
　社会問題とされている子どもの貧困問題に対する政策や教育支援を整理した一冊。子どもの貧困対策のための学校，教師，スクールソーシャルワーカー，地域の役割や連携・協働による取り組みの実際を紹介している。

引用・参考文献

安藤知子「『チーム学校』政策論と学校の現実」日本教師教育学会編『日本教師教育学会年報』第25号，学事出版，2016年，26〜34ページ。
加藤崇英「『チーム学校』論議のねらいと射程」大塚学校経営研究会編『学校経営研究』第41巻，2016年，1〜9ページ。
国立教育政策研究所『Co-teaching スタッフや外部人材を生かした学校組織開発と教職員組織の在り方に関する総合的研究・最終報告書』2013年。

張信愛「韓国における相談教師制度に関する研究――導入背景と変遷過程及び現状」筑波大学学校経営学研究会『学校経営学論集』第5号，2017年，24〜36ページ。

中央教育審議会「チームとしての学校の在り方と今後の改善方策について（答申）」2015年。

留目宏美「養護教諭の役割の変容と組織参加の形態」大塚学校経営研究会編『学校経営研究』第42巻，2017年，48〜69ページ。

日本学校保健会『学校保健の課題とその対応――養護教諭の職務等に関する調査結果から』2012年。

浜田博文「公教育の変貌に応えうる学校組織論の再編成へ――『教職の専門性』の揺らぎに着目して」『日本教育経営学会紀要』第58巻，2016年，36〜47ページ。

水本徳明「学校における教職員の多様化と協働」『教師の条件　改訂版――授業と学校をつくる力』学文社，2016年，95〜111ページ。

第15章
学校経営をめぐる現代的課題

〈この章のポイント〉
　この章では、本書全体の内容を踏まえながら、現代日本の学校が直面しているさまざまな課題状況を、具体的なデータを交えて把握する。また、現代教育改革の特徴を学校のガバナンス改革という点から捉えて「教職の専門性」を問い直す必要性について論じる。そのうえで、これからの学校経営において学校の自律性を確立するために必要なことは何かを考える。

1　学校をとりまく環境条件の変容

1　「ユニバーサル・アクセス」化のもとでの学校

　戦後70年余の年月を通じて、日本の学校は量・質ともに重大な変化をいくつも経験してきた（日本児童教育振興財団編, 2016）。
　学校は産業の近代化と近代国家の形成の過程で人間が創りあげた巨大な社会装置である。日本では、あらゆる人々が学校に通うということが、もはや当然とみなされていると言ってよい。学校基本調査によれば、義務教育段階の中学校を卒業した後に高等学校へ進学する者は、高度経済成長期に急上昇を遂げて1974（昭和49）年に90％を超えた。その後も漸増を続け、2018（平成30）年3月の中学校卒業者では98.8％に達している。また、同年の大学・短期大学への進学率は54.8％で、これに専門学校への進学率を加えると71.2％にのぼり、10人中7人は高等学校卒業後も上級学校へ進学する状況になっている。
　かつて、アメリカの社会学者、マーチン・トロウ（Martin Trow, 1926～2007）は、大学進学率が同一年齢層の15％を超えると高等教育は「エリート型」から「マス型」に変化し、さらに50％を超えると「ユニバーサル・アクセス型」に変化すると論じた（トロウ, 1976）。トロウがそれを提起した1970年代、日本で高等教育段階までがそれほど大衆化した状態を想像することは難しかったかもしれない。しかし、今や学校教育は広く普及し、高等教育まで含めて、行きたいと思えば行くことができる制度が構築されていると言ってよい。
　ただし、そのような状況のもとで、学校へ通うことの積極的な意義を児童生徒自身が見出しにくいという事態も生じている。あらゆる人々にとって身近な

▷1 「説明責任（アカウンタビリティ）」
学校に限られたことではないが，現代社会では，公共性や専門性の高い事業に携わる人や機関が，当該事業の内容やその効果・社会的意義等についてわかりやすく一般の人々に説明することが求められている。学校は多くの公費を遣って，社会的に隔離された空間のなかで，未成熟な児童生徒の成長発達に寄与する活動を行っている。それだけに，その活動内容や成果が保護者をはじめとする多くの人々の高い関心を集めることになる。

▷2 人口減少社会
総務省の人口統計によれば，日本は2004〜2008年頃に微少な増減状況を経た後，継続的で長期的な人口減少の社会に移行した。2015年の国勢調査では日本の総人口は1億2709万人であった。しかし，2040年の1億1092万人を経て，2053年には1億人を割って9924万人となり，2065年には8808万人に減少することが推計されている（国立社会保障・人口問題研究所，2017）。人口減少は少子高齢化と同時に進行しており，子どもが育ち，人々が生活する地域社会の環境を大きく変えている。
http://www.ipss.go.jp/pp-zenkoku/j/zenkoku2017/pp29_ReportALL.pdf（2018年12月28日閲覧）

存在になったことが，その存在価値を曖昧にさせてしまったと言えるかもしれない。「学校の正統性」そのものが揺らぎをみせるなかで，それぞれの学校が児童生徒や保護者，社会に向けて，学校に通うことの積極的な意味をわかりやすく示すことが必要になっている。

2 少子化・人口減少の進行

後期中等教育の進学率が限りなく100％に近づき，さらに高等教育段階の進学率が上昇を続けているという点に注目すると，学校教育は拡大・膨張への道を突き進んでいるかのようにみえる。ところが，現実はそうではない。少子高齢化から人口減少社会へと移行するなかで，初等・中等段階の学校教育は急激に"縮小"し，18歳人口の長期的減少を見据えての高等教育改革が焦眉の課題とされている。

文部科学統計要覧（平成30年度版）によれば，2017年5月現在，日本の国・公・私立小学校は2万95校（在籍者は644万8658名），同じく中学校は1万325校（在籍者は333万3334名）である。1990年5月時点では，それぞれ，2万4827校（937万3295名）と1万1275校（536万9162名）だった。27年間に小学校児童数は68.8％に，中学校生徒数は62.1％に，それぞれ減少したことになる。これにともなって小学校数は80.9％に，中学校数は91.6％に減少した。小学校と中学校の児童生徒数および学校数はいずれも戦後最小となっている（図15-1，図15-2を参照）。

児童生徒数全体の減少は，単位学校に通う児童生徒数の減少をもたらす。学級あたりの児童生徒数が減ることは，児童生徒一人ひとりへの手厚い指導を施しやすいプラスの面もある。しかし，学校が従来担ってきた，集団のなかでお互いの違いを理解したり，意見を交わし合ったり，協力し合ったりする場面を作ることが難しくなるという側面もある。さらに児童生徒数の減少が進むと，

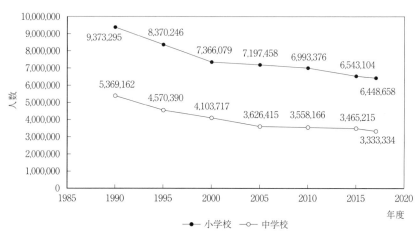

図15-1　小学校・中学校在籍者数の変化（1990〜2017年）
出所：「文部科学統計要覧」を基に作成。

第15章　学校経営をめぐる現代的課題

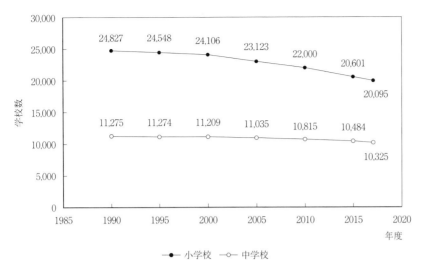

図15-2　小学校・中学校の変化（1990〜2017年）
出所：「文部科学統計要覧」を基に作成。

学校あたりの学級数が減り，学校行事を含めたさまざまな教育活動の実施に困難さが増す。財政効率の点から見ても，近隣の小規模校を統合することは教職員数の削減をはじめとする諸種の経費削減に効果を有する。多くの地方自治体では，さまざまな角度から議論を重ね，結果として学校統廃合が進行し，学校数は全国的に急激に減少している。

1958（昭和33）年，学校教育法施行規則により小学校と中学校の学級数は，「12学級以上18学級以下を標準とする」（第41条，中学校も第79条により準用）と定められているが，図15-3と図15-4にあるように，2013（平成25）年度の時点で「標準」を下回る公立学校の数は，小学校で9353校（45.8％），中学校で4942校（51.3％）に至っていた。多くの市町村では学校統廃合が進められていることもあり，文科省も，小学校と中学校の適正な規模はどうあるべきかを検

▷3　学校統廃合

何らかの理由により，2つ以上の学校を統合して1つにすること。この場合，既存の学校を1つ以上廃校にする措置がともなうため，統廃合と呼ばれる。近年では少子化にともなって教育効果や財政効率等の点から自治体内の学校の配置状況を見直す必要が生じて，学校統廃合を行うケースが多いようである。高等学校の場合は統廃合に合わせて特色ある教育を行う学校を創る場合が少なくない。小・中学校の場合は法制化された義務教育学校への移行を図る場合がみられる。

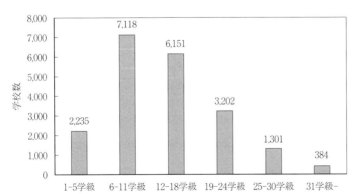

図15-3　公立小学校の学校規模（平成25年度）
出所：文部科学省「少子化に対応した活力ある学校づくりに関する参考文献」。
（http://www.mext.go.jp/component/a_menu/education/micro_detail/_icsFiles/afieldfile/2015/01/29/1354768_3.pdf　2017年1月27日閲覧）

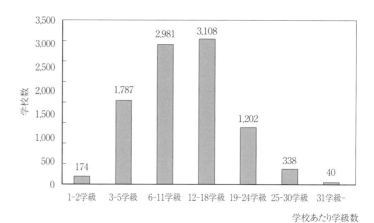

図15-4　公立中学校の学校規模（平成25年度）
出所：図15-3に同じ。

討する必要が高まってきた。

　だが，学校の「適正」規模を一律に定めることは困難である。なぜなら，学校は地域の多種多様な条件のもとに存立し，通学する児童生徒にとって有効な教育条件を整備するにはどうすべきか，という答えは単一ではないからである。通学区域の広さ，通学のための所要時間や手段，学校と地域との関係など，考慮すべき条件は多岐にわたる。そのため，それぞれの地域と自治体が種々の条件を十分に配慮しながら，統廃合の適否やあり方を主体的に検討することが必要である（文部科学省，2015）。

　学校経営という視点で考えると，学校統廃合は，通学区域の範囲を大幅に拡大する。それは，児童生徒の通学距離と通学時間を増大させるだけでなく，保護者や地域住民と学校との物理的な距離を遠くし，それによって心理的距離も疎遠になる可能性が高い。こうして，学校と保護者・地域社会との関係のとり方にも変化が及ぶ。

　本書ですでに論じられてきたように，現代の学校にとって，保護者・地域住民との連携・協力・協働の重要性は日増しに高まっている。しかし，学校統廃合を余儀なくされた地域では，むしろその取り組みを阻害する条件が膨らむことになる。学校に関わる量的・質的な基礎データを用いて多面的なモノグラフを描きつつ，学校経営をとりまくさまざまな状況変化を把握することが必要になっていると言えよう（屋敷，2012など）。

2　学校と地域社会の関係をめぐる課題状況

　2018年4月現在，学校運営協議会を設置した学校（いわゆるコミュニティ・スクール）は5432校に達した。2017年4月が3600校だったから，わずか1年の間

第15章 学校経営をめぐる現代的課題

に1832校もの学校が新たにコミュニティ・スクールになったことになる（文部科学省ウェブサイトによる）。その背景には，2017年4月に施行された「地方教育行政の組織及び運営に関する法律」（地教行法）一部改正で，学校運営協議会の設置が教育委員会の努力義務とされ，かつ，教育委員会規則によって学校運営協議会の権限を限定することが可能になったことなどがある。

2000年に教育改革国民会議が「コミュニティ・スクール」を提案した際には「地域独自のニーズに基づき，地域が運営に参画する新しいタイプの学校」（教育改革国民会議, 2000）というコンセプトが強く打ち出された。2004年の制度化の際にも，学校運営協議会には，(1)校長が作成する学校運営の基本方針を承認すること，(2)学校運営について，教育委員会又は校長に意見を述べることができること，(3)教職員の任用に関して，教育委員会に意見を述べることができること，という権限が付与されており，とくに(3)については教育委員会に忌避意識が強くあったようである。しかし，2017年の法改正では，「学校運営への必要な支援についても協議すること」などが加えられ，前掲(3)は付与しないことを教育委員会規則で規定できることになった。「地域とともにある学校づくり」を目指して学校と地域が連携・協働することが強く意識されている。

つまり，制度化にあたっては学校ガバナンスの改革が意識されていたが，現時点ではむしろ，子どもの教育をめぐる学校と地域の相互支援の推進に軸足が移行していると捉えることができよう。この点については，地域住民・保護者による学校運営参画という施策方向が後退したという見方もありうる。ただし，地域住民・保護者が学校の教育実践や運営のさまざまな局面に関与している事実からみると，必ずしも「後退」とは言い切れない。

前述のように，少子化や学校統廃合が進行して学校と地域社会の対応関係には新たな事態が生じている。地域に生活する人どうしの関係も疎遠になりがちである。地理的に近隣で生活する人々だからと言って，地縁血縁で繋がっているとは限らない。すべての住民が学校に愛着をもち，お互いに協力し合う関係をもっているわけでもない。現代の地域コミュニティには，そのような実態が少なくない。

地域コミュニティのあり方に注目が集まった出来事として，阪神淡路大震災と東日本大震災がある。第13章で論じられたように，われわれの生活は自然災害や突発的な事故などの危険と隣り合わせの状況にある。学校は児童生徒の健康と安全を守るための方策を常に考え，危機管理に努めなければならない。そのためには，学校が存立し，児童生徒が生活している地域社会との親密な協働関係の構築に努める必要がある。

このように考えると，それぞれの地域の実情に合わせて，学校と地域がお互いに子どもの教育をめぐってコミュニケーションの回路を開き，維持していく

▷4 学校ガバナンスの改革
1990年代以降，さまざまな領域でガバナンス改革が行われており，公教育システムにも波及している。ガバナンス概念は一概に規定できないが，関係当事者による参加と評価は不可欠の要素となっている。こうした仕組みにより，事業内容の適切性・妥当性やその成果が多様なアクターによって統制される仕組みになっている。学校ガバナンスでは，保護者・地域住民による学校運営への参加と評価が法制化されている。

ことが必要だと考えられる。それは学校運営に関する意思決定の手続きに限定せず，地域のなかでの子どもの育ちに関する情報や意見を交流し合い，アイデアを出し合い，一緒に教育活動を生み出していくようなコミュニケーションであることが重要になるだろう。

3 児童生徒の多様性の増大をめぐる課題状況

児童生徒の多様性が増大しているというと，学力面での多様性がすぐに想起されるかもしれない。もちろんその点での多様性に配慮することは重要である。しかし，近年ではそれにとどまらずさまざまな角度から児童生徒の多様性を捉え，学校としての課題を把握することが求められている。

一つ目は，日本語指導を必要とする児童生徒の増大である。それは，外国にルーツをもつ子どもたち，および海外帰国児童生徒の増大を示している。グローバル化の進展とともに，日本で働く外国人の数は増加傾向にある。それにともない，外国人の児童生徒が公立学校で学ぶというケースも増えている。多くの外国人児童生徒は日本語が十分に使えないので，学校では日本語指導を必要とする。また，長期間，外国で生活した後に帰国した児童生徒のなかにも，日本語指導を必要とするケースが増えている（図15-5参照）。

たとえ日常的な会話で不自由しない状態であっても，教科の学習に困難を抱える児童生徒は少なくない。外国人の場合，保護者も日本語でのコミュニケーションが難しいケースが多く，日本の学校の文化や慣習が十分に理解できない

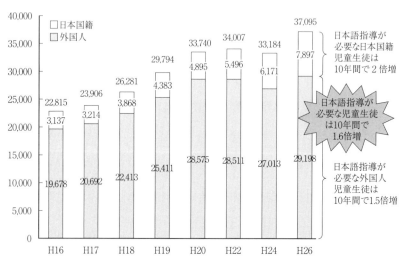

図15-5 公立学校における日本語指導が必要な児童生徒数の推移（小・中・高・中等教育学校・特別支援学校）

出所：「外国人児童生徒教育の現状と課題」（平成28年度都道府県・市区町村等日本語教育担当者研修，平成28年7月1日）文部科学省初等中等教育局国際教育課。

こともあって，教員と保護者との相互理解には難しさを抱えてしまう。

二つ目は，障害のある児童生徒への配慮と，障害の有無にかかわらずすべての児童生徒がともに学び生活する機会を保障することである。

2006年の学校教育法改正により，従来の盲学校・聾学校・養護学校は「特別支援学校」に，「特殊学級」は「特別支援学級」に改称され，「特別支援教育」▷5が推進されてきている。障害により，通常の学級での指導だけでは十分に能力を伸ばすことが困難なケースでは，一人ひとりの障害の種類・程度等に応じ，特別な配慮の下に，特別支援学校や小学校・中学校の特別支援学級，あるいは「通級による指導」で適切な教育を行うことが目指されている。

2012年に文部科学省が実施した「通常の学級に在籍する発達障害の可能性のある特別な教育的支援を必要とする児童生徒に関する調査」の結果によると，学習障害（LD），注意欠陥多動性障害（ADHD），高機能自閉症等，学習や生活の面で特別な教育的支援を必要とする児童生徒は約6.5％程度の割合で通常の学級に在籍している可能性がある。特別支援学校はもとより，通常学校の通常の学級においても，さまざまな支援を必要とする児童生徒が在籍しており，そうしたニーズに適切に応えながらすべての児童生徒の教育を保障することが必要である。

三つ目は，経済的格差にともなう多様性である。厚生労働省の国民生活基礎調査のデータによると，2015年時点で日本の子どもの貧困率は13.9％で，およそ7人に1人の割合が相対的貧困の状況で生活しているとされている（図15-▷66）。名実ともに経済大国と呼ばれる日本で貧困な状況にある子どもがそれほど多いことに驚く向きも多いに違いない。

このような意味での子どもの貧困は，見えにくく，しかも多様で複雑な背景

▷5 特別支援教育
2007年4月1日施行の改正学校教育法で，従来「盲学校，聾学校，養護学校」とされていた学校が「特別支援学校」に改められた（第1条）。「特殊教育」という従来の概念から「特別支援教育」という概念への転換を意図した法改正である。同日付けの文部科学省初等中等教育局長「特別支援教育の推進について（通知）」は，「特別支援教育は障害のある幼児児童生徒の自立や社会参加に向けた主体的な取組を支援するという視点に立ち，幼児児童生徒一人一人の教育的ニーズを把握し，その持てる力を高め，生活や学習上の困難を改善又は克服するため，適切な指導及び必要な支援を行うもの」と説明している。どの学校に在籍しているかを問わず障害のある児童生徒等を対象にした支援を行うと同時に，障害の有無にかかわらずすべての人々が活躍できる共生社会の形成が意図されている。

▷6 相対的貧困率
厚生労働省が実施する国民生活基礎調査における相対的貧困率は，一定基準（貧困線）を下回る等価可処分所得しか得ていない者の割合を指す。等価可処分所得とは，世帯の可処分所得（収入から税金・社会保険料等を除いたいわゆる手取り収入）を世帯人員の平方根で割って調整した所得で，生活するために消費可能な一人あたりの所得額だと考えられる。OECDは，各国において等価可処分所得の中央値の半分の額を貧困線として，それを下回る状態にある人の割合を「相対的貧困率」としている。「相対的貧困」とは，住居

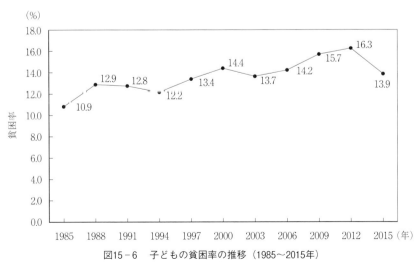

図15-6　子どもの貧困率の推移（1985〜2015年）
出所：厚生労働省「国民生活基礎調査」を基に作成。

や食事が一切ないような「絶対的貧困」とは区別される概念で，当該地域や国のなかでは普通とされる生活水準を大きく下回る水準にある，という意味である。これらの算出方法は，OECD（経済協力開発機構）の作成基準に基づく。

とつながっている。家族関係，保護者の就業状況，本人の学業不振，さらには進学率の低さ，そして将来の就業の難しさなど，いわゆる「貧困の連鎖」というジレンマを抱える。それだけに，そのような児童生徒には教育上の支援と生活上の支援を多様な角度から行っていく必要がある。

4　教職員の勤務環境をめぐる課題状況

　2013年，OECD（経済協力開発機構）は34か国の前期中等教育段階の教員を対象に「国際教員指導環境調査（Teaching and Learning International Survey: TALIS）」を実施した。この調査は，教員の性別や学歴，雇用形態，学校の雰囲気，職能開発の状況，あるいは校長のリーダーシップなど，教員の勤務環境に関係するさまざまなことを質問紙で尋ねたものである。日本で調査結果が公表された2014年7月，とくに社会の関心を集めたのが中学校教員の仕事時間の長さであった。教員の1週間あたりの仕事時間は，参加国平均が38.3時間であるのに対して，日本は53.9時間で，群を抜いて長いという結果であった（国立教育政策研究所，2014）。

　学校における教員の業務は時間や範囲を明確に決めることが難しい性質をもつ。近年では持ち帰り仕事も含めて，教員の業務はいっそう広範化・多様化しており，慢性的な長時間勤務が問題視されてきた。TALIS調査は，国際比較のデータに基づいて日本の現状の深刻さをあらためて示したといえよう。

　文部科学省による教員勤務実態調査の結果で平成18年度と平成28年度を比較すると，教員の勤務時間はむしろ長くなっている（図15-7参照）。

　文部科学大臣は2017年6月に中央教育審議会（中教審）に対して「新しい時代の教育に向けた持続可能な学校指導・運営体制の構築のための学校における働き方改革に関する総合的な方策について」諮問を行い，中教審は「学校における働き方改革特別部会」を設置してさまざまな角度から審議を続けてきた。

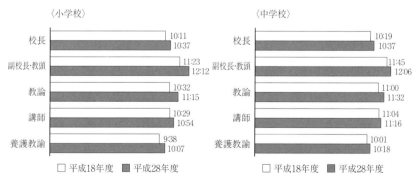

図15-7　職種別教員の1日当たりの学内勤務時間（持ち帰り時間は含まない。）（平日　時間：分）
出所：「教員勤務実態調査（平成28年度）（確定値）について」文部科学省より。

そして2019年1月25日付で,「新しい時代の教育に向けた持続可能な学校指導・運営体制の構築のための学校における働き方改革に関する総合的な方策について」答申と別添1「公立学校の教師の勤務時間の上限に関するガイドライン」を公表した。

　教職員の長時間勤務の背景にはさまざまな要因がある。上述のように児童生徒の多様性が増大し,学校で対応すべき教育課題がより複雑化していることは重要な要因であろう。にもかかわらず,長期的な少子化傾向のもとでは,教員数の増大という施策の実現は難しい。

　また,1971年に制定された「公立の義務教育諸学校等の教育職員の給与等に関する特別措置法」(いわゆる給特法)により,公立学校の教員の給与には時間外勤務手当を支給しない代わりにあらかじめ教職調整額として給料月額の4％が一律支給されてきた。そのことが,教員の勤務時間管理を曖昧にしてしまい,ほぼ無制限に近い超過勤務の実態を招いているとも考えられる。

　学校経営という点でみれば,教職員の健康管理,ひいては児童生徒の教育条件整備という意味で,勤務時間の適正管理や効率的な業務配分と組織体制づくりは喫緊の課題である。同時に,勤務時間や働き方という形式的な課題に留まらせることなく,学校が担うべき教育課題と業務の範囲を見極め,それに対応しうる十分な教育条件を保障する手立ても検討される必要がある。

5　ガバナンス改革のなかの教育専門職

　2000年代以降の教育改革は,ガバナンスの改革だと言われる。「ガバナンス(governance)」とは,公的事業の提供主体を政府(government)の専有から非政府アクター(住民,企業,NPO等)に開放して「共同統治」のもとに置くことを意味する。事業のさまざまな関係当事者(stakeholders)が主体的に事業の管理運営に関与すること,またはその過程だと換言できよう(浜田,2012)。学校教育の関係当事者としては,児童生徒,保護者,地域住民,一般納税者,企業等,多種多様な主体が想定される。本書の第4章や第12章などを中心に論じられてきた近年の制度改革が,保護者や地域住民など,従来は学校の外部者とされてきた主体による参加や評価を含んでいるのはそのためである。

　こうした動向は,公教育システムにおける教職(教員)の位置を相対化しているとみることができる。戦後の民主社会において,学校教育は根幹をなす社会的装置の一つであり,その実践を社会から委ねられた教育の専門家こそが教員であった。だから公教育の理論において「教職の専門性」は最も重要な基軸として捉えられてきた。しかし,ガバナンス改革には,その「教職の専門性」を他のさまざまなアクターと並列して相対化するという性質がある。

その相対化には少なくとも2つの面がある。一つは，従来公教育システムに関与してきた保護者や地域住民といった素人（layman）のアクターとの関係である。保護者や住民等の委員で構成される学校運営協議会が学校運営の基本方針の意思決定に公式参加する仕組みはその代表例である。もう一つは，教育や経営に関係する「民間人」との関係である。教員免許をもたず，民間企業の管理職を経験した人材を学校の校長として任用できる仕組みはその例である。また，佐賀県武雄市で行われているように，民間学習塾の教育方法を公立学校に取り入れるという発想や施策もこれに該当する（浜田ほか，2018）。

他方で，学校教育を担う専門家の存在意義やキャリアの確立を指向する改革も行われている。例えば，「事務職員は，事務に従事する」という学校教育法第37条第14項の規定が，2017年4月から「事務職員は，事務をつかさどる」と改められた。これは，学校の自律性を確立するため，学校の総務・財務という専門性をもつ学校事務職員の権限を強化するとともに，学校事務職員としてのキャリアを明確に位置づける意味をもっている（藤原，2017）。

ガバナンス改革が浸透しても，教育についての専門性を軸にしてこそ学校の自律性は担保される。だが，肝心の専門性に対する当事者の自覚や認識が曖昧であると，安定的な学校経営は難しい。そう考えると，教諭はもとより，養護教諭，学校事務職員，学校管理職といった，学校教育の主軸をなしている諸職を「教育専門職」として系統づけ，その専門性とキャリア形成のあり方を総合的に構想することが必要ではないだろうか。

6　学校の自律性と協働性の確立へ向けて

本書で既述のように，戦後の歴史を辿ってみると，高校進学率が上昇して限りなく100％に近づくにつれて，人々にとって「学校へ通うこと」自体の意味や意義が曖昧さを増すことになった。すべての人が学校で学ぶ機会を得ることができ，より上級段階の学歴を獲得することが可能な社会システムが構築されたことによって，学校教育の「質」はさまざまな角度から問い直されつつある。

「不登校」の児童生徒は，小学校ではおよそ200人に1人，中学校では33人に1人くらいの割合で推移している。不登校の背景や要因はさまざまであり，慎重な対応が必要なことは言うまでもない。ただし，「学校は誰もが通いたいと思う場所」「学校へ行けば必ずよいことがある」という認識は，必ずしもすべての子どもにあてはまるわけではない，と受けとめる必要がある。換言すれば，従来の「学校」という制度や枠組みとは異なる場で学ぶことも，子どもにとっての「教育を受ける権利」の保障の選択肢になりうる。

2016年に公布された「義務教育の段階における普通教育に相当する教育の機

会の確保等に関する法律」（いわゆる教育機会確保法）の制定過程では，「不登校」児童生徒に対する支援や「フリースクール」を教育機会の一つとすべきかどうか，さらにはさまざまな事情で義務教育を修了できなかった人のための「夜間中学」の整備などが検討された。いずれにおいても，学習者自身の固有性と主体性を軸にして，学校における教授・学習活動のあり方を考えることが必要であることを示唆している。

　他方で，2030年の社会を想定した検討のもとに新学習指導要領が策定されたように，予測困難な変化をみせる社会のなかで，児童生徒の将来を見据えた教育の「質」を考える必要性が増している。右肩上がりで皆が同じ方向へ進むことを前提にした社会であれば，各学校がそこまで視野に入れて検討する必要は低かったかもしれない。しかし，「主体的・対話的で深い学び」を指向して「社会に開かれた教育課程」を追求することが要請されている今日では，それぞれの学校が，地域・保護者との協働を通じて児童生徒の教育のあり方を検討し，その質を保証していく必要があると言えよう。

　近代公教育制度の創始から間もなく150年が経過する。国民の「教育を受ける権利」の保障を掲げた戦後教育の出発から数えても，70年余りが過ぎた。教育の機会均等を保障するための制度は網の目のごとく張り巡らされている。しかし，一人ひとりの児童生徒の固有性を大切にした教育はそれぞれの学校現場で，一つひとつの教室・授業のなかで創造的に実現していくほかない。

　そのために，諸種の教育専門職とさまざまな立場のステークホルダーの自主性・主体性をもとに，学校の自律性を協働で確立することが求められる。

▷7　**教育機会確保法**
不登校児童生徒に対する教育機会の確保，夜間等において授業を行う学校における就学機会の提供その他の義務教育の段階における普通教育に相当する教育の機会の確保等を総合的に推進するため制定され，2016年12月に公布された。

▷8　**フリースクール**
英語の"Free School"には，「授業料無償の学校」や「規制によらず子どもの自主性に基づいて教育を行う学校」など，さまざまな意味がある。だが日本の「フリースクール」という言葉は，不登校の児童生徒が通う，法令に基づく教育課程に拠らない場や組織を指して用いられている。2001年にはNPO法人フリースクール全国ネットワークという組織も作られ，さまざまな子どもたちの成長と学びの場に関わる情報交流等が行われている。

Exercise

① 学校統廃合は地域や学校にどのような変化をもたらし，どのような対応の必要性をもたらすだろうか，考えてみよう。
② 教職員の長時間勤務が常態化している原因は何か。それを解消するためにはどのようなことが有効だろうか，考えてみよう。
③ 学校の自律性と協働性はどのような関係にあるだろうか。相互の関係構造について考えてみよう。

次への一冊

天笠茂編著『〔学校管理職の経営課題1〕次代を拓くスクールリーダー』ぎょうせい，2011年。

21世紀に入って10年という時点で，これからのスクールリーダーに求められる力に着目して，現代教育改革の方向性と学校の経営課題についてわかりやすく論じている。学校管理職の候補者を読者と想定して編集されているが，学校経営に関する政策展開がよく整理されている。また実践者による3つの論考も収録されており，学校経営の実際を理解するのに有効である。

日本教育経営学会編『〔講座現代の教育経営1〕現代教育改革と教育経営』学文社，2018年。

学校経営と教育経営の専門学会である日本教育経営学会が編集した，教育改革と学校経営に関する最新動向に関わる論文が収録されている。今後の学校経営のあり方を考えるための豊かな情報が得られる。

浜田博文編著『学校を変える新しい力――教師のエンパワーメントとスクールリーダーシップ』小学館，2012年。

現代の学校経営に関係する教育改革を把握したうえで，各学校が自律的に教育活動の改善に取り組むための方策を，理論と実践の観点からわかりやすく解説している。教職員が主体となって学校を変えた4つの具体的な事例が詳細に検討され，学校を変えるために必要な条件を考察している。

引用・参考文献

教育改革国民会議『教育改革国民会議報告――教育を変える17の提案』2000年。

国立教育政策研究所編『教員環境の国際比較――OECD国際教員指導環境調査（TALIS）2013年調査結果報告書』明石書店，2014年。

国立社会保障・人口問題研究所「日本の将来推計人口――平成28（2016）～77（2065）年」『人口問題研究資料』第336号，2017年。

http://www.ipss.go.jp/pp-zenkoku/j/zenkoku2017/pp29_ReportALL.pdf （2018年12月28日閲覧）

トロウ，マーチン著，天野郁夫・喜多村和之訳『高学歴社会の大学――エリートからマスへ』東京大学出版会，1976年。

日本児童教育振興財団編『学校教育の戦後70年史』小学館，2016年。

浜田博文「『学校ガバナンス』改革の現状と課題」『日本教育経営学会紀要』54号，2012年，23～34ページ。

浜田博文・安藤知子・山下晃一・加藤崇英・大野裕己・髙谷哲也・照屋翔大・朝倉雅史・高野貴大「新たな学校ガバナンスにおける『教育の専門性』の再定位――武雄市『官民一体型学校』とB市『コミュニティ・スクール』の事例分析」『筑波大学教育学系論集』第42巻第2号，2018年，45～71ページ。

藤原文雄編著『事務職員の職務が「従事する」から「つかさどる」へ』学事出版，2017年。

文部科学省「公立小学校・中学校の適正規模・適正配置等に関する手引～少子化に対応した活力ある学校づくりに向けて～」2015年。

http://www.mext.go.jp/component/a_menu/education/micro_detail/__icsFiles/afieldfile/2015/07/24/1354768_1.pdf （2018年12月28日閲覧）

屋敷和佳「小・中学校統廃合の進行と学校規模」『国立教育政策研究所紀要』第141集，2012年，19～41ページ。

付　録

- 教育基本法　……………………………………………………… 190
- 教育基本法［旧］………………………………………………… 192
- 学校教育法［抄］………………………………………………… 193
- 学校教育法施行規則［抄］……………………………………… 194
- 教育職員免許法［抄］…………………………………………… 196
- 地方教育行政の組織及び運営に関する
　法律［抄］……………………………………………………… 196
- 学校保健安全法［抄］…………………………………………… 198
- 校長の専門職基準2009（一部修正版）
　──求められる校長像とその力量［抄］………………… 199

教育基本法

平成18年法律第120号

　我々日本国民は，たゆまぬ努力によって築いてきた民主的で文化的な国家を更に発展させるとともに，世界の平和と人類の福祉の向上に貢献することを願うものである。

　我々は，この理想を実現するため，個人の尊厳を重んじ，真理と正義を希求し，公共の精神を尊び，豊かな人間性と創造性を備えた人間の育成を期するとともに，伝統を継承し，新しい文化の創造を目指す教育を推進する。

　ここに，我々は，日本国憲法の精神にのっとり，我が国の未来を切り拓く教育の基本を確立し，その振興を図るため，この法律を制定する。

（教育の目的）

第一条　教育は，人格の完成を目指し，平和で民主的な国家及び社会の形成者として必要な資質を備えた心身ともに健康な国民の育成を期して行われなければならない。

（教育の目標）

第二条　教育は，その目的を実現するため，学問の自由を尊重しつつ，次に掲げる目標を達成するよう行われるものとする。

　一　幅広い知識と教養を身に付け，真理を求める態度を養い，豊かな情操と道徳心を培うとともに，健やかな身体を養うこと。

　二　個人の価値を尊重して，その能力を伸ばし，創造性を培い，自主及び自律の精神を養うとともに，職業及び生活との関連を重視し，勤労を重んずる態度を養うこと。

　三　正義と責任，男女の平等，自他の敬愛と協力を重んずるとともに，公共の精神に基づき，主体的に社会の形成に参画し，その発展に寄与する態度を養うこと。

　四　生命を尊び，自然を大切にし，環境の保全に寄与する態度を養うこと。

　五　伝統と文化を尊重し，それらをはぐくんできた我が国と郷土を愛するとともに，他国を尊重し，国際社会の平和と発展に寄与する態度を養うこと。

（生涯学習の理念）

第三条　国民一人一人が，自己の人格を磨き，豊かな人生を送ることができるよう，その生涯にわたって，あらゆる機会に，あらゆる場所において学習することができ，その成果を適切に生かすことのできる社会の実現が図られなければならない。

（教育の機会均等）

第四条　すべて国民は，ひとしく，その能力に応じた教育を受ける機会を与えられなければならず，人種，信条，性別，社会的身分，経済的地位又は門地によって，教育上差別されない。

２　国及び地方公共団体は，障害のある者が，その障害の状態に応じ，十分な教育を受けられるよう，教育上必要な支援を講じなければならない。

３　国及び地方公共団体は，能力があるにもかかわらず，経済的理由によって修学が困難な者に対して，奨学の措置を講じなければならない。

（義務教育）

第五条　国民は，その保護する子に，別に法律で定めるところにより，普通教育を受けさせる義務を負う。

２　義務教育として行われる普通教育は，各個人の有する能力を伸ばしつつ社会において自立的に生きる基礎を培い，また，国家及び社会の形成者として必要とされる基本的な資質を養うことを目的として行われるものとする。

３　国及び地方公共団体は，義務教育の機会を保障し，その水準を確保するため，適切な役割分担及び相互の協力の下，その実施に責任を負う。

４　国又は地方公共団体の設置する学校における義務教育については，授業料を徴収しない。

（学校教育）

第六条　法律に定める学校は，公の性質を有するものであって，国，地方公共団体及び法律に定める法人のみが，これを設置することができる。

２　前項の学校においては，教育の目標が達成されるよう，教育を受ける者の心身の発達に応じて，体系的な教育が組織的に行われなければならない。この場合において，教育を受ける者が，学校生活を営む上で必要な規律を重んずるとともに，自ら進んで学

習に取り組む意欲を高めることを重視して行われなければならない。
（大学）
第七条　大学は，学術の中心として，高い教養と専門的能力を培うとともに，深く真理を探究して新たな知見を創造し，これらの成果を広く社会に提供することにより，社会の発展に寄与するものとする。
2　大学については，自主性，自律性その他の大学における教育及び研究の特性が尊重されなければならない。
（私立学校）
第八条　私立学校の有する公の性質及び学校教育において果たす重要な役割にかんがみ，国及び地方公共団体は，その自主性を尊重しつつ，助成その他の適当な方法によって私立学校教育の振興に努めなければならない。
（教員）
第九条　法律に定める学校の教員は，自己の崇高な使命を深く自覚し，絶えず研究と修養に励み，その職責の遂行に努めなければならない。
2　前項の教員については，その使命と職責の重要性にかんがみ，その身分は尊重され，待遇の適正が期せられるとともに，養成と研修の充実が図られなければならない。
（家庭教育）
第十条　父母その他の保護者は，子の教育について第一義的責任を有するものであって，生活のために必要な習慣を身に付けさせるとともに，自立心を育成し，心身の調和のとれた発達を図るよう努めるものとする。
2　国及び地方公共団体は，家庭教育の自主性を尊重しつつ，保護者に対する学習の機会及び情報の提供その他の家庭教育を支援するために必要な施策を講ずるよう努めなければならない。
（幼児期の教育）
第十一条　幼児期の教育は，生涯にわたる人格形成の基礎を培う重要なものであることにかんがみ，国及び地方公共団体は，幼児の健やかな成長に資する良好な環境の整備その他適当な方法によって，その振興に努めなければならない。
（社会教育）
第十二条　個人の要望や社会の要請にこたえ，社会において行われる教育は，国及び地方公共団体によって奨励されなければならない。

2　国及び地方公共団体は，図書館，博物館，公民館その他の社会教育施設の設置，学校の施設の利用，学習の機会及び情報の提供その他の適当な方法によって社会教育の振興に努めなければならない。
（学校，家庭及び地域住民等の相互の連携協力）
第十三条　学校，家庭及び地域住民その他の関係者は，教育におけるそれぞれの役割と責任を自覚するとともに，相互の連携及び協力に努めるものとする。
（政治教育）
第十四条　良識ある公民として必要な政治的教養は，教育上尊重されなければならない。
2　法律に定める学校は，特定の政党を支持し，又はこれに反対するための政治教育その他政治的活動をしてはならない。
（宗教教育）
第十五条　宗教に関する寛容の態度，宗教に関する一般的な教養及び宗教の社会生活における地位は，教育上尊重されなければならない。
2　国及び地方公共団体が設置する学校は，特定の宗教のための宗教教育その他宗教的活動をしてはならない。
（教育行政）
第十六条　教育は，不当な支配に服することなく，この法律及び他の法律の定めるところにより行われるべきものであり，教育行政は，国と地方公共団体との適切な役割分担及び相互の協力の下，公正かつ適正に行われなければならない。
2　国は，全国的な教育の機会均等と教育水準の維持向上を図るため，教育に関する施策を総合的に策定し，実施しなければならない。
3　地方公共団体は，その地域における教育の振興を図るため，その実情に応じた教育に関する施策を策定し，実施しなければならない。
4　国及び地方公共団体は，教育が円滑かつ継続的に実施されるよう，必要な財政上の措置を講じなければならない。
（教育振興基本計画）
第十七条　政府は，教育の振興に関する施策の総合的かつ計画的な推進を図るため，教育の振興に関する施策についての基本的な方針及び講ずべき施策その他必要な事項について，基本的な計画を定め，これを国会に報告するとともに，公表しなければならない。

2　地方公共団体は，前項の計画を参酌し，その地域の実情に応じ，当該地方公共団体における教育の振興のための施策に関する基本的な計画を定めるよう努めなければならない。

第十八条　この法律に規定する諸条項を実施するため，必要な法令が制定されなければならない。

附　則　抄

（施行期日）

1　この法律は，公布の日から施行する。

教育基本法 ［旧］

昭和22年3月31日法律第25号

　われらは，さきに，日本国憲法を確定し，民主的で文化的な国家を建設して，世界の平和と人類の福祉に貢献しようとする決意を示した。この理想の実現は，根本において教育の力にまつべきものである。

　われらは，個人の尊厳を重んじ，真理と平和を希求する人間の育成を期するとともに，普遍的にしてしかも個性ゆたかな文化の創造をめざす教育を普及徹底しなければならない。

　ここに，日本国憲法の精神に則り，教育の目的を明示して，新しい日本の教育の基本を確立するため，この法律を制定する。

（教育の目的）

第一条　教育は，人格の完成をめざし，平和的な国家及び社会の形成者として，真理と正義を愛し，個人の価値をたつとび，勤労と責任を重んじ，自主的精神に充ちた心身ともに健康な国民の育成を期して行われなければならない。

（教育の方針）

第二条　教育の目的は，あらゆる機会に，あらゆる場所において実現されなければならない。この目的を達成するためには，学問の自由を尊重し，実際生活に即し，自発的精神を養い，自他の敬愛と協力によつて，文化の創造と発展に貢献するように努めなければならない。

（教育の機会均等）

第三条　すべて国民は，ひとしく，その能力に応ずる教育を受ける機会を与えられなければならないものであつて，人種，信条，性別，社会的身分，経済的地位又は門地によつて，教育上差別されない。

②　国及び地方公共団体は，能力があるにもかかわらず，経済的理由によつて修学困難な者に対して，奨学の方法を講じなければならない。

（義務教育）

第四条　国民は，その保護する子女に，九年の普通教育を受けさせる義務を負う。

②　国又は地方公共団体の設置する学校における義務教育については，授業料は，これを徴収しない。

（男女共学）

第五条　男女は，互に敬重し，協力し合わなければならないものであつて，教育上男女の共学は，認められなければならない。

（学校教育）

第六条　法律に定める学校は，公の性質をもつものであつて，国又は地方公共団体の外，法律に定める法人のみが，これを設置することができる。

②　法律に定める学校の教員は，全体の奉仕者であつて，自己の使命を自覚し，その職責の遂行に努めなければならない。このためには，教員の身分は，尊重され，その待遇の適正が，期せられなければならない。

（社会教育）

第七条　家庭教育及び勤労の場所その他社会において行われる教育は，国及び地方公共団体によつて奨励されなければならない。

②　国及び地方公共団体は，図書館，博物館，公民館等の施設の設置，学校の施設の利用その他適当な方法によつて教育の目的の実現に努めなければならない。

（政治教育）

第八条　良識ある公民たるに必要な政治的教養は，教育上これを尊重しなければならない。

②　法律に定める学校は，特定の政党を支持し，又はこれに反対するための政治教育その他政治的活動をしてはならない。

（宗教教育）
第九条　宗教に関する寛容の態度及び宗教の社会生活における地位は、教育上これを尊重しなければならない。

② 国及び地方公共団体が設置する学校は、特定の宗教のための宗教教育その他宗教的活動をしてはならない。

（教育行政）
第十条　教育は、不当な支配に服することなく、国民全体に対し直接に責任を負つて行われるべきものである。

② 教育行政は、この自覚のもとに、教育の目的を遂行するに必要な諸条件の整備確立を目標として行われなければならない。

（補則）
第十一条　この法律に掲げる諸条項を実施するために必要がある場合には、適当な法令が制定されなければならない。

附　則
この法律は、公布の日から、これを施行する。

学校教育法［抄］

昭和22年法律第26号（平成30年6月1日公布（平成30年法律第39号）改正）

第一条　この法律で、学校とは、幼稚園、小学校、中学校、義務教育学校、高等学校、中等教育学校、特別支援学校、大学及び高等専門学校とする。

第二条　学校は、国（国立大学法人法（平成十五年法律第百十二号）第二条第一項に規定する国立大学法人及び独立行政法人国立高等専門学校機構を含む。以下同じ。）、地方公共団体（地方独立行政法人法（平成十五年法律第百十八号）第六十八条第一項に規定する公立大学法人（以下「公立大学法人」という。）を含む。次項及び第百二十七条において同じ。）及び私立学校法（昭和二十四年法律第二百七十号）第三条に規定する学校法人（以下「学校法人」という。）のみが、これを設置することができる。

② この法律で、国立学校とは、国の設置する学校を、公立学校とは、地方公共団体の設置する学校を、私立学校とは、学校法人の設置する学校をいう。

第十六条　保護者（子に対して親権を行う者（親権を行う者のないときは、未成年後見人）をいう。以下同じ。）は、次条に定めるところにより、子に九年の普通教育を受けさせる義務を負う。

第三十七条　小学校には、校長、教頭、教諭、養護教諭及び事務職員を置かなければならない。

② 小学校には、前項に規定するもののほか、副校長、主幹教諭、指導教諭、栄養教諭その他必要な職員を置くことができる。

③ 第一項の規定にかかわらず、副校長を置くときその他特別の事情のあるときは教頭を、養護をつかさどる主幹教諭を置くときは養護教諭を、特別の事情のあるときは事務職員を、それぞれ置かないことができる。

④ 校長は、校務をつかさどり、所属職員を監督する。

⑤ 副校長は、校長を助け、命を受けて校務をつかさどる。

⑥ 副校長は、校長に事故があるときはその職務を代理し、校長が欠けたときはその職務を行う。この場合において、副校長が二人以上あるときは、あらかじめ校長が定めた順序で、その職務を代理し、又は行う。

⑦ 教頭は、校長（副校長を置く小学校にあつては、校長及び副校長）を助け、校務を整理し、及び必要に応じ児童の教育をつかさどる。

⑧ 教頭は、校長（副校長を置く小学校にあつては、校長及び副校長）に事故があるときは校長の職務を代理し、校長（副校長を置く小学校にあつては、校長及び副校長）が欠けたときは校長の職務を行う。この場合において、教頭が二人以上あるときは、あらかじめ校長が定めた順序で、校長の職務を代理し、又は行う。

⑨ 主幹教諭は、校長（副校長を置く小学校にあつて

は，校長及び副校長）及び教頭を助け，命を受けて校務の一部を整理し，並びに児童の教育をつかさどる。
⑩　指導教諭は，児童の教育をつかさどり，並びに教諭その他の職員に対して，教育指導の改善及び充実のために必要な指導及び助言を行う。
⑪　教諭は，児童の教育をつかさどる。
⑫　養護教諭は，児童の養護をつかさどる。
⑬　栄養教諭は，児童の栄養の指導及び管理をつかさどる。
⑭　事務職員は，事務をつかさどる。
⑮　助教諭は，教諭の職務を助ける。
⑯　講師は，教諭又は助教諭に準ずる職務に従事する。
⑰　養護助教諭は，養護教諭の職務を助ける。
⑱　特別の事情のあるときは，第一項の規定にかかわらず，教諭に代えて助教諭又は講師を，養護教諭に代えて養護助教諭を置くことができる。
⑲　学校の実情に照らし必要があると認めるときは，第九項の規定にかかわらず，校長（副校長を置く小学校にあつては，校長及び副校長）及び教頭を助け，命を受けて校務の一部を整理し，並びに児童の養護又は栄養の指導及び管理をつかさどる主幹教諭を置くことができる。

第四十二条　小学校は，文部科学大臣の定めるところにより当該小学校の教育活動その他の学校運営の状況について評価を行い，その結果に基づき学校運営の改善を図るため必要な措置を講ずることにより，その教育水準の向上に努めなければならない。
第四十三条　小学校は，当該小学校に関する保護者及び地域住民その他の関係者の理解を深めるとともに，これらの者との連携及び協力の推進に資するため，当該小学校の教育活動その他の学校運営の状況に関する情報を積極的に提供するものとする。

学校教育法施行規則［抄］

昭和22年文部省令第11号（平成30年8月31日公布（平成30年文部科学省令第28号）改正）

第二十条　校長（学長及び高等専門学校の校長を除く。）の資格は，次の各号のいずれかに該当するものとする。
一　教育職員免許法（昭和二十四年法律第百四十七号）による教諭の専修免許状又は一種免許状（高等学校及び中等教育学校の校長にあつては，専修免許状）を有し，かつ，次に掲げる職（以下「教育に関する職」という。）に五年以上あつたこと
　イ　学校教育法第一条に規定する学校及び同法第百二十四条に規定する専修学校の校長（就学前の子どもに関する教育，保育等の総合的な提供の推進に関する法律（平成十八年法律第七十七号）第二条第七項に規定する幼保連携型認定こども園（以下「幼保連携型認定こども園」という。）の園長を含む。）の職
　ロ　学校教育法第一条に規定する学校及び幼保連携型認定こども園の教授，准教授，助教，副校長（幼保連携型認定こども園の副園長を含む。），教頭，主幹教諭（幼保連携型認定こども園の主幹養護教諭及び主幹栄養教諭を含む。），指導教諭，教諭，助教諭，養護教諭，養護助教諭，栄養教諭，主幹保育教諭，指導保育教諭，保育教諭，助保育教諭，講師（常時勤務の者に限る。）及び同法第百二十四条に規定する専修学校の教員（以下本条中「教員」という。）の職
　ハ　学校教育法第一条に規定する学校及び幼保連携型認定こども園の事務職員（単純な労務に雇用される者を除く。本条中以下同じ。），実習助手，寄宿舎指導員及び学校栄養職員（学校給食法（昭和二十九年法律第百六十号）第七条に規定する職員のうち栄養教諭以外の者をいい，同法第六条に規定する施設の当該職員を含む。）の職
　ニ　学校教育法等の一部を改正する法律（平成十九年法律第九十六号）第一条の規定による改正前の学校教育法第九十四条の規定により

廃止された従前の法令の規定による学校及び
　　　旧教員養成諸学校官制（昭和二十一年勅令第
　　　二百八号）第一条の規定による教員養成諸学
　　　校の長の職
　　ホ　ニに掲げる学校及び教員養成諸学校における
　　　教員及び事務職員に相当する者の職
　　ヘ　海外に在留する邦人の子女のための在外教育
　　　施設（以下「在外教育施設」という。）で，
　　　文部科学大臣が小学校，中学校又は高等学校
　　　の課程と同等の課程を有するものとして認定
　　　したものにおけるイからハまでに掲げる者に
　　　準ずるものの職
　　ト　ヘに規定する職のほか，外国の学校における
　　　イからハまでに掲げる者に準ずるものの職
　　チ　少年院法（平成二十六年法律第五十八号）に
　　　よる少年院又は児童福祉法（昭和二十二年法
　　　律第百六十四号）による児童自立支援施設
　　　（児童福祉法等の一部を改正する法律（平成
　　　九年法律第七十四号）附則第七条第一項の規
　　　定により証明書を発行することができるもの
　　　で，同条第二項の規定によりその例によるこ
　　　ととされた同法による改正前の児童福祉法第
　　　四十八条第四項ただし書の規定による指定を
　　　受けたものを除く。）において教育を担当す
　　　る者の職
　　リ　イからチまでに掲げるもののほか，国又は地
　　　方公共団体において教育事務又は教育を担当
　　　する国家公務員又は地方公務員（単純な労務
　　　に雇用される者を除く。）の職
　　ヌ　外国の官公庁におけるリに準ずる者の職
　二　教育に関する職に十年以上あつたこと

第四十四条　小学校には，教務主任及び学年主任を置
　くものとする。
2　前項の規定にかかわらず，第四項に規定する教務
　主任の担当する校務を整理する主幹教諭を置くとき
　その他特別の事情のあるときは教務主任を，第五項
　に規定する学年主任の担当する校務を整理する主幹
　教諭を置くときその他特別の事情のあるときは学年
　主任を，それぞれ置かないことができる。
3　教務主任及び学年主任は，指導教諭又は教諭をも
　つて，これに充てる。
4　教務主任は，校長の監督を受け，教育計画の立案
　その他の教務に関する事項について連絡調整及び指
　導，助言に当たる。
5　学年主任は，校長の監督を受け，当該学年の教育
　活動に関する事項について連絡調整及び指導，助言
　に当たる。
第四十五条　小学校においては，保健主事を置くもの
　とする。
2　前項の規定にかかわらず，第四項に規定する保健
　主事の担当する校務を整理する主幹教諭を置くとき
　その他特別の事情のあるときは，保健主事を置かな
　いことができる。
3　保健主事は，指導教諭，教諭又は養護教諭をもつ
　て，これに充てる。
4　保健主事は，校長の監督を受け，小学校における
　保健に関する事項の管理に当たる。
第四十六条　小学校には，事務長又は事務主任を置く
　ことができる。
2　事務長及び事務主任は，事務職員をもつて，これ
　に充てる。
3　事務長は，校長の監督を受け，事務職員その他の
　職員が行う事務を総括する。
4　事務主任は，校長の監督を受け，事務に関する事
　項について連絡調整及び指導，助言に当たる。

第四十八条　小学校には，設置者の定めるところによ
　り，校長の職務の円滑な執行に資するため，職員会
　議を置くことができる。
2　職員会議は，校長が主宰する。
第四十九条　小学校には，設置者の定めるところによ
　り，学校評議員を置くことができる。
2　学校評議員は，校長の求めに応じ，学校運営に関
　し意見を述べることができる。
3　学校評議員は，当該小学校の職員以外の者で教育
　に関する理解及び識見を有するもののうちから，校
　長の推薦により，当該小学校の設置者が委嘱する。

第六十五条の二　スクールカウンセラーは，小学校に
　おける児童の心理に関する支援に従事する。
第六十五条の三　スクールソーシャルワーカーは，小
　学校における児童の福祉に関する支援に従事する。

第六十六条　小学校は，当該小学校の教育活動その他
　の学校運営の状況について，自ら評価を行い，その
　結果を公表するものとする。
2　前項の評価を行うに当たつては，小学校は，その

実情に応じ，適切な項目を設定して行うものとする。

第六十七条　小学校は，前条第一項の規定による評価の結果を踏まえた当該小学校の児童の保護者その他の当該小学校の関係者（当該小学校の職員を除く。）による評価を行い，その結果を公表するよう努めるものとする。

第六十八条　小学校は，第六十六条第一項の規定による評価の結果及び前条の規定により評価を行つた場合はその結果を，当該小学校の設置者に報告するものとする。

教育職員免許法［抄］

昭和24年法律第147号（平成29年5月31日公布（平成29年法律第41号）改正）

（この法律の目的）
第一条　この法律は，教育職員の免許に関する基準を定め，教育職員の資質の保持と向上を図ることを目的とする。

（定義）
第二条　この法律において「教育職員」とは，学校（学校教育法（昭和二十二年法律第二十六号）第一条に規定する幼稚園，小学校，中学校，義務教育学校，高等学校，中等教育学校及び特別支援学校（第三項において「第一条学校」という。）並びに就学前の子どもに関する教育，保育等の総合的な提供の推進に関する法律（平成十八年法律第七十七号）第二条第七項に規定する幼保連携型認定こども園（以下「幼保連携型認定こども園」という。）をいう。以下同じ。）の主幹教諭（幼保連携型認定こども園の主幹養護教諭及び主幹栄養教諭を含む。以下同じ。），指導教諭，教諭，助教諭，養護教諭，養護助教諭，栄養教諭，主幹保育教諭，指導保育教諭，保育教諭，助保育教諭及び講師（以下「教員」という。）をいう。

地方教育行政の組織及び運営に関する法律［抄］

昭和31年法律第162号（平成29年5月17日公布（平成29年法律第29号）改正）

（この法律の趣旨）
第一条　この法律は，教育委員会の設置，学校その他の教育機関の職員の身分取扱その他地方公共団体における教育行政の組織及び運営の基本を定めることを目的とする。

（基本理念）
第一条の二　地方公共団体における教育行政は，教育基本法（平成十八年法律第百二十号）の趣旨にのつとり，教育の機会均等，教育水準の維持向上及び地域の実情に応じた教育の振興が図られるよう，国との適切な役割分担及び相互の協力の下，公正かつ適正に行われなければならない。

（教育委員会の職務権限）
第二十一条　教育委員会は，当該地方公共団体が処理する教育に関する事務で，次に掲げるものを管理し，及び執行する。
一　教育委員会の所管に属する第三十条に規定する学校その他の教育機関（以下「学校その他の教育機関」という。）の設置，管理及び廃止に関すること。
二　教育委員会の所管に属する学校その他の教育機関の用に供する財産（以下「教育財産」という。）の管理に関すること。
三　教育委員会及び教育委員会の所管に属する学校その他の教育機関の職員の任免その他の人事に関すること。
四　学齢生徒及び学齢児童の就学並びに生徒，児童及び幼児の入学，転学及び退学に関すること。
五　教育委員会の所管に属する学校の組織編制，教

育課程，学習指導，生徒指導及び職業指導に関すること。
六　教科書その他の教材の取扱いに関すること。
七　校舎その他の施設及び教具その他の設備の整備に関すること。
八　校長，教員その他の教育関係職員の研修に関すること。
九　校長，教員その他の教育関係職員並びに生徒，児童及び幼児の保健，安全，厚生及び福利に関すること。
十　教育委員会の所管に属する学校その他の教育機関の環境衛生に関すること。
十一　学校給食に関すること。
十二　青少年教育，女性教育及び公民館の事業その他社会教育に関すること。
十三　スポーツに関すること。
十四　文化財の保護に関すること。
十五　ユネスコ活動に関すること。
十六　教育に関する法人に関すること。
十七　教育に係る調査及び基幹統計その他の統計に関すること。
十八　所掌事務に係る広報及び所掌事務に係る教育行政に関する相談に関すること。
十九　前各号に掲げるもののほか，当該地方公共団体の区域内における教育に関する事務に関すること。

（教育機関の設置）
第三十条　地方公共団体は，法律で定めるところにより，学校，図書館，博物館，公民館その他の教育機関を設置するほか，条例で，教育に関する専門的，技術的事項の研究又は教育関係職員の研修，保健若しくは福利厚生に関する施設その他の必要な教育機関を設置することができる。

（学校等の管理）
第三十三条　教育委員会は，法令又は条例に違反しない限度において，その所管に属する学校その他の教育機関の施設，設備，組織編制，教育課程，教材の取扱その他学校その他の教育機関の管理運営の基本的事項について，必要な教育委員会規則を定めるものとする。この場合において，当該教育委員会規則で定めようとする事項のうち，その実施のためには新たに予算を伴うこととなるものについては，教育委員会は，あらかじめ当該地方公共団体の長に協議しなければならない。
2　前項の場合において，教育委員会は，学校における教科書以外の教材の使用について，あらかじめ，教育委員会に届け出させ，又は教育委員会の承認を受けさせることとする定を設けるものとする。

（教育機関の職員の任命）
第三十四条　教育委員会の所管に属する学校その他の教育機関の校長，園長，教員，事務職員，技術職員その他の職員は，この法律に特別の定めがある場合を除き，教育委員会が任命する。

第四節　学校運営協議会
第四十七条の六　教育委員会は，教育委員会規則で定めるところにより，その所管に属する学校ごとに，当該学校の運営及び当該運営への必要な支援に関して協議する機関として，学校運営協議会を置くように努めなければならない。ただし，二以上の学校の運営に関し相互に密接な連携を図る必要がある場合として文部科学省令で定める場合には，二以上の学校について一の学校運営協議会を置くことができる。
2　学校運営協議会の委員は，次に掲げる者について，教育委員会が任命する。
一　対象学校（当該学校運営協議会が，その運営及び当該運営への必要な支援に関して協議する学校をいう。以下この条において同じ。）の所在する地域の住民
二　対象学校に在籍する生徒，児童又は幼児の保護者
三　社会教育法（昭和二十四年法律第二百七号）第九条の七第一項に規定する地域学校協働活動推進員その他の対象学校の運営に資する活動を行う者
四　その他当該教育委員会が必要と認める者
3　対象学校の校長は，前項の委員の任命に関する意見を教育委員会に申し出ることができる。
4　対象学校の校長は，当該対象学校の運営に関して，教育課程の編成その他教育委員会規則で定める事項について基本的な方針を作成し，当該対象学校の学校運営協議会の承認を得なければならない。
5　学校運営協議会は，前項に規定する基本的な方針に基づく対象学校の運営及び当該運営への必要な支援に関し，対象学校の所在する地域の住民，対象学

校に在籍する生徒，児童又は幼児の保護者その他の関係者の理解を深めるとともに，対象学校とこれらの者との連携及び協力の推進に資するため，対象学校の運営及び当該運営への必要な支援に関する協議の結果に関する情報を積極的に提供するよう努めるものとする。
6　学校運営協議会は，対象学校の運営に関する事項（次項に規定する事項を除く。）について，教育委員会又は校長に対して，意見を述べることができる。
7　学校運営協議会は，対象学校の職員の採用その他の任用に関して教育委員会規則で定める事項について，当該職員の任命権者に対して意見を述べることができる。この場合において，当該職員が県費負担教職員（第五十五条第一項又は第六十一条第一項の規定により市町村委員会がその任用に関する事務を行う職員を除く。）であるときは，市町村委員会を経由するものとする。
8　対象学校の職員の任命権者は，当該職員の任用に当たつては，前項の規定により述べられた意見を尊重するものとする。
9　教育委員会は，学校運営協議会の運営が適正を欠くことにより，対象学校の運営に現に支障が生じ，又は生ずるおそれがあると認められる場合においては，当該学校運営協議会の適正な運営を確保するために必要な措置を講じなければならない。
10　学校運営協議会の委員の任免の手続及び任期，学校運営協議会の議事の手続その他学校運営協議会の運営に関し必要な事項については，教育委員会規則で定める。

学校保健安全法　［抄］

昭和33年法律第56号（平成27年6月24日公布（平成27年法律第46号）改正）

（目的）
第一条　この法律は，学校における児童生徒等及び職員の健康の保持増進を図るため，学校における保健管理に関し必要な事項を定めるとともに，学校における教育活動が安全な環境において実施され，児童生徒等の安全の確保が図られるよう，学校における安全管理に関し必要な事項を定め，もつて学校教育の円滑な実施とその成果の確保に資することを目的とする。

（健康相談）
第八条　学校においては，児童生徒等の心身の健康に関し，健康相談を行うものとする。

（保健指導）
第九条　養護教諭その他の職員は，相互に連携して，健康相談又は児童生徒等の健康状態の日常的な観察により，児童生徒等の心身の状況を把握し，健康上の問題があると認めるときは，遅滞なく，当該児童生徒等に対して必要な指導を行うとともに，必要に応じ，その保護者（学校教育法第十六条に規定する保護者をいう。第二十四条及び第三十条において同じ。）に対して必要な助言を行うものとする。

（学校安全に関する学校の設置者の責務）
第二十六条　学校の設置者は，児童生徒等の安全の確保を図るため，その設置する学校において，事故，加害行為，災害等（以下この条及び第二十九条第三項において「事故等」という。）により児童生徒等に生ずる危険を防止し，及び事故等により児童生徒等に危険又は危害が現に生じた場合（同条第一項及び第二項において「危険等発生時」という。）において適切に対処することができるよう，当該学校の施設及び設備並びに管理運営体制の整備充実その他の必要な措置を講ずるよう努めるものとする。

（学校安全計画の策定等）
第二十七条　学校においては，児童生徒等の安全の確保を図るため，当該学校の施設及び設備の安全点検，児童生徒等に対する通学を含めた学校生活その他の日常生活における安全に関する指導，職員の研修その他学校における安全に関する事項について計画を策定し，これを実施しなければならない。

（学校環境の安全の確保）
第二十八条　校長は，当該学校の施設又は設備について，児童生徒等の安全の確保を図る上で支障となる事項があると認めた場合には，遅滞なく，その改善

を図るために必要な措置を講じ，又は当該措置を講ずることができないときは，当該学校の設置者に対し，その旨を申し出るものとする。
（危険等発生時対処要領の作成等）
第二十九条　学校においては，児童生徒等の安全の確保を図るため，当該学校の実情に応じて，危険等発生時において当該学校の職員がとるべき措置の具体的内容及び手順を定めた対処要領（次項において「危険等発生時対処要領」という。）を作成するものとする。
2　校長は，危険等発生時対処要領の職員に対する周知，訓練の実施その他の危険等発生時において職員が適切に対処するために必要な措置を講ずるものとする。
3　学校においては，事故等により児童生徒等に危害が生じた場合において，当該児童生徒等及び当該事故等により心理的外傷その他の心身の健康に対する影響を受けた児童生徒等その他の関係者の心身の健康を回復させるため，これらの者に対して必要な支援を行うものとする。この場合においては，第十条の規定を準用する。
（地域の関係機関等との連携）
第三十条　学校においては，児童生徒等の安全の確保を図るため，児童生徒等の保護者との連携を図るとともに，当該学校が所在する地域の実情に応じて，当該地域を管轄する警察署その他の関係機関，地域の安全を確保するための活動を行う団体その他の関係団体，当該地域の住民その他の関係者との連携を図るよう努めるものとする。

校長の専門職基準2009（一部修正版）
——求められる校長像とその力量［抄］

日本教育経営学会　2009年（http://jasea.jp/wp-content/uploads/2016/12/teigen2012.6.pdf）

2．基準の基本枠組と構造

　教育活動の組織化をリードする校長像は，次の7つの基準によって構成される。校長はこれらの実現を図りながら教育活動の組織化をリードすることによって，あらゆる児童生徒のための教育活動の質を改善する。

基準1　「学校の共有ビジョンの形成と具現化」
　校長は，学校の教職員，児童生徒，保護者，地域住民によって共有・支持されるような学校のビジョンを形成し，その具現化を図る。

基準2　「教育活動の質を高めるための協力体制と風土づくり」
　校長は，学校にとって適切な教科指導及び生徒指導等を実現するためのカリキュラム開発を提唱・促進し，教職員が協力してそれを実施する体制づくりと風土醸成を行う。

基準3　「教職員の職能開発を支える協力体制と風土づくり」
　校長は，すべての教職員が協力しながら自らの教育実践を省察し，職能成長を続けることを支援するための体制づくりと風土醸成を行う。

基準4　「諸資源の効果的な活用」
　校長は，効果的で安全な学習環境を確保するために，学校組織の特徴を踏まえた上で，学校内外の人的・物的・財政的・情報的な資源を効果的・効率的に活用し運用する。

基準5　「家庭・地域社会との協働・連携」
　校長は，家庭や地域社会の様々な関係者が抱く多様な関心やニーズを理解し，それらに応えながら協働・連携することを推進する。

基準6　「倫理規範とリーダーシップ」
　校長は，学校の最高責任者として職業倫理の模範を示すとともに，教育の豊かな経験に裏付けられた高い見識をもってリーダーシップを発揮する。

基準7　「学校をとりまく社会的・文化的要因の理解」
　校長は，学校教育と社会とが相互に影響し合う存在であることを理解し，広い視野のもとで公教育および学校を取り巻く社会的・文化的要因を把握する。

以上の各基準の相互関係構造は，仮説的に以下のように描くことができるものと考えられる。それは，教育活動の組織化をリードする校長に求められる力量内容とその構造を示すものでもある。なお，これらの関係構造は，3で提示する各基準の具体項目の内容に即して描かれたものである。

```
              ┌──────────────────────────────────────┐
              │  あらゆる児童生徒のための教育活動の質的改善  │
              └──────────────────────────────────────┘
                              ↑
              ┌──────────────────────────┐
              │  教育活動の組織化をリードする  │
              └──────────────────────────┘
```

①　学校の共有ビジョンの形成と具現化

②　教育活動の質を高めるための協力体制と風土づくり

③　教職員の職能開発を支える協力体制と風土づくり

④　諸資源の効果的な活用

⑤　家庭・地域社会との協働・連携

⑥　倫理規範とリーダーシップ

⑦　学校をとりまく社会的・文化的要因の理解

図　校長に求められる力量の構造

索　引

あ行

アカウンタビリティ（説明責任） 110, 118
秋田喜代美 101
アクティブ・ラーニング 87, 166
旭川学力テスト事件 82
「新しい時代の教育や地方創生の実現に向けた学校と地域の連携・協働の在り方と今後の推進方策について」 143, 167
『新しい中学校の手引』 25
新たな教員評価 52
安全学習 154
安全管理 153, 154, 159
安全教育 153, 154, 159
安全指導 154
家永三郎教科書裁判 83
一斉授業 130
伊藤和衛 29
ウィルダースピン，S. 130
運営組織 95
衛生教育 155
オーウェン，R. 130
大阪教育大学附属池田小学校事件 159
オープン・スクール 134
オープン・スペース 134
公の性質 58
オルゼン，E.G. 24

か行

海外帰国児童生徒 182
外国にルーツをもつ子ども 182
科学的管理法 29, 107
核家族化 141
学習指導要領 59, 82, 135
『学習指導要領一般編（試案）』 24, 82, 156
学習する組織（learning organization） 110-112, 114
学習の個別化・個性化 133
学年 129, 130
学年共同経営 133
学年制 132
学年別学級制 131, 137
学級 129-131
学級王国 100

「学級」観 137
学級経営 137
「学級経営」観 137
学級担任 169, 174
学級担任制 100, 132
学級編制 73
学級編制基準 134
学級編制の標準 67
学級崩壊 7, 13
学校 1, 2
学校安全 153, 154, 158, 159, 161
学校安全計画 159, 161
学校医 156
学校運営協議会 51, 145, 146
学校運営協議会制度 50
学校改善 117, 118, 124
学校ガバナンスの改革 181
学校関係者評価 52, 144
学校看護婦 169
学校教育法 193
学校教育法施行規則 194
学校経営 5, 6
学校経営の近代化論 29
学校経営の現代化論 31, 42
学校経営の合理化論 30
学校経営の相対的独立性 6, 42
学校経営の民主化論 30
学校財務 76
学校支援地域本部 146
学校支援ボランティア 144
学校歯科医 156
学校事務職員 186
学校週五日制 144
学校設置義務 62
学校選択制 50
学校組織開発 55, 124
学校徴収金 76
学校統廃合 179, 180
学校に基礎を置いたカリキュラム開発（SBCD） 119
学校の自主性・自律性の確立 8, 47, 66
学校の正統性 118, 178
「学校の正統性」の揺らぎ 6
学校の組織力 126
学校配当予算 76

学校評価 51, 144
『学校評価ガイドライン［平成28年改訂］』 52, 144
学校評議員 50, 51, 144
学校保健 158
学校保健安全法 158, 159, 170, 198
学校保健計画 156
学校保健法 158
学校無力論 16
学校に基礎を置いた経営（SBM） 120, 121
カリキュラム 89, 90, 119
カリキュラム評価 90
カリキュラム・マネジメント 88-91, 166
官僚制（bureaucracy） 106, 111
危機からの学習 162, 163
危機管理 159, 161
危機等発生時対処要領 161
義務教育 62, 72
義務教育の段階における普通教育に相当する教育の機会の確保等に関する法律（教育機会確保法） 186
義務教育費国庫負担制度 74, 75
義務教育費国庫負担法 74
義務性 61
逆コース 27
ギャラリー方式 129, 130
教育委員会 70
教育委員会規則 59
教育委員会制度 70
教育委員会法 26
教育改革国民会議 48, 50, 63, 105, 181
「教育改革国民会議報告―教育を変える17の提案」 48, 63
教育課程 11, 24, 119
教育課程経営 84
教育基本法 21, 60, 63-66, 82, 190
教育基本法［旧］ 192
教育行政 69
教育公務員特例法 60
教育職員免許法 196
教育振興基本計画 64-66
教育専門職 186

201

教育相談　167, 168
教育組織　95
教育投資論　34
教育内容の現代化　120, 133
教育の機会均等　3, 23, 61, 78
教育の現代化　39
教育の人間化　39
教育を受ける権利　2, 57, 61
教員　4
教員勤務実態調査　184
教員のエンパワメント　126
教員の専門的自律性　99-101
教科書　83
教科書の無償給与　63
教科書無償給与　78
教科担任制　100, 132
教科用図書検定調査審議会　83
教師　4
教師の地位に関する勧告（the Recommendation Concerning the Status of Teachers）　40
教師文化　101
教授・学習過程　18
教授・学習組織　138
教授・学習組織改革　136, 137
教職員配置　67, 73
教職調整額　185
教職の専門性　185
行政委員会　27, 59
行政改革委員会　49
行政裁量　57
教頭　94
「教頭」の法制化　40
教諭　94
協力教授組織　133, 138
近代公教育制度　2
経験主義　24, 28, 37
「経済発展における人的能力開発の課題と対策」　34
形式的効力の原理　60
系統主義　28
研究開発学校　84
原級留置　131
県費負担教職員制度　67, 73
憲法　59
「効果的な学校(effective schools)」に関する研究　15-18
公教育　2
公選制教育委員会　26
校長　94
校長・教頭の任用資格の見直し　53
校長の専門職基準　14, 199
高等専門学校　35
高度経済成長　33, 141
公認心理師　171
公費　76
公費負担　76
交付税交付金　71
後法優先の原理　60
校務分掌　96
公立義務教育諸学校の学級編制及び教職員定数の標準に関する法律（義務教育標準法）　67, 73, 131, 134, 135
公立高等学校の授業料無償に関する措置　63
公立高等学校の適正配置及び教職員定数の標準等に関する法律（高等学校標準法）　131
公立の義務教育諸学校等の教育職員の給与等に関する特別措置法（給特法）　185
コールマン・レポート　16
国際教員指導環境調査（TALIS）　167, 184
告示　59
個性重視の原則　45
国庫補助金　71
子どもの貧困　118, 148
子どもの貧困対策に関する大綱　172
子どもの貧困対策の推進に関する法律　149
コミュニティ・スクール　24, 145-146, 180
コメニウス　129
「これからの学校教育を担う教員の資質能力の向上について〜学び合い，高め合う教員育成コミュニティの構築に向けて〜」　167
「今後における学校教育の総合的な拡充整備のための基本的施策について」　40
「今後の学校の管理運営の在り方について」　50
「今後の地方教育行政の在り方について」　47, 58, 134, 144
コンピテンシー　86

さ行

災害共済給付　160
財的資源　14
佐古秀一　101
私教育　2
自己評価　52, 144
資質・能力　88
システム思考　111
児童虐待　172
指導教諭　99
私費　76
私費負担　76
事務職員　95
事務組織　95
シャイン，E. H.　122
社会に開かれた教育課程　87, 89, 151, 166
就学援助義務　62
就学援助制度　78
就学義務　62, 78
宗教的中立性　63
重層・単層構造論争　31
受益者負担の原則　77, 78
主幹教諭　67, 99
授業料無償　78
受験競争　38
主体的・対話的で深い学び　86, 88, 135
主任制　67
生涯学習体系への移行　45
『小学校経営の手引』　25
小学校設置基準　51
省察的実践家（reflective practitioner）　91
情報的資源　14
省令　59
条例　59
職員会議　47, 66, 67, 95
人口減少社会　178
人事評価　53
『新制中学校・新制高等学校　望ましい運営の指針』　25
人的資源　14
スクールカウンセラー（SC）　95, 166-171, 174
スクールカウンセラーに準じる者　170
スクールソーシャルワーカー（SSW）　95, 166-169, 171, 172, 174
ストウ，D.　130
スプートニク・ショック　37
3R's（読み・書き・計算）　130

索　引

政治的中立性　63, 70
生徒指導　167, 168
成文法　58
成文法主義　58
政令　59
設置者負担主義　72, 77
説明責任　48, 51, 52
全教科担任制　132
センゲ，P.　110
全国学力・学習状況調査　86
先生　4
専門職（profession）　108
総額裁量制　74, 75
総合学科　46
総合規制改革会議　50
総合教育会議　70
総合的な学習の時間　84, 162
相対的貧困　149, 183
相対的貧困率　183
相談教師　173, 174
相談教師制度　172
組織　93
組織活動　153
組織文化（organizational culture）　101, 122, 123
組織マネジメント　48, 66

た行

『第一次米国教育使節団報告書』　22
大学における教員養成　5
第三者評価　52, 144
大衆教育社会　36
第6次教職員定数改善計画　134
第7次教職員定数改善計画　134
タウンゼンド，P.　149
高野桂一　41
多級の学校　131
多目的スペース　134
単位制高等学校　46, 132
単級の学校　131
地域運営学校　145
地域学校協働活動　146
地域学校協働本部　146
地域コーディネーター　146
「チーム学校」論　165, 166
チームとしての学校　110
「チームとしての学校の在り方と今後の改善方策について」　94, 149, 165
地方教育行政　70
地方教育行政の組織及び運営に関する法律（地教行法）　27, 59, 70, 196
中央教育行政　69
中央教育審議会　64, 69
中高一貫教育　46
中等教育学校　46
中立性　63
勅令主義　21, 57
通級指導教室　136
ティーム・ティーチング（TT）　133
テイラー，F. W.　29, 107
デューイ，J.　24
道義教育　172
等級　131
等級制　130
同僚性（collegiality）　101
特別権力関係　30
特別支援教育　136, 183
特別支援教育支援員　166
特別非常勤制度　144
特別法優先の原理　60
独立行政法人日本スポーツ振興センター　158
トロウ，M.　177

な行

「なべぶた型」組織　97-99
日本学校安全会　157, 158
日本学校安全会法　158
日本教育経営学会　14
日本国憲法　21, 57

は行

ハーグリーブス　101
バーナード，C. I.　5, 93
浜田博文　93, 118
ハルカナイゼーション　100
阪神・淡路大震災　159
東日本大震災　159
避止義務　62
避難所運営　161
標準授業時数　82
部活動指導員　95, 166
福岡県立伝習館高校事件　82

副校長　67, 99
複式学校　131
普通教育　62
物的資源　14
不登校　7
不文法　58, 60
フリースクール　187
ベビーブーム世代　35
ヘルスカウンセリング（健康相談活動）　170
法の下の平等　61
法律　59
法律主義　21, 57
保健室登校　170
保健主事　156

ま行

「マトリクス型」組織　96, 97
無学年制　132
無償性　62
宗像誠也　30
免許状主義　5
免許状授与の開放制　5
モニトリアル・システム　129, 130
文部科学省　69

や行

夜間中学　187
「ゆとり教育」批判　49
養護教諭　156, 169, 170, 174
吉本二郎　5, 41

ら行

乱塾時代　38
リーダーシップ　113
リスター，R.　149
臨時教育審議会　45, 46, 133, 141, 143
臨床心理士　171
ルース・カップリング論　100

欧文

GHQ／SCAP（連合国最高司令官総司令部）　21
JSLカリキュラム　136
OECD　117
PDCAサイクル　88, 90, 120, 159
PISA型学力　86
PISAショック　49, 86
PTA（Parent Teacher Association）　26, 142, 157

《監修者紹介》
吉田武男(よしだたけお)（筑波大学名誉教授，貞静学園短期大学学長）

《執筆者紹介》(所属，分担，執筆順，＊は編著者)
＊浜田博文(はまだひろふみ)（編著者紹介参照：序章，第1章，第15章）
照屋翔大(てるやしょうた)（沖縄国際大学経済学部准教授：第2章）
鈴木　瞬(すずきしゅん)（金沢大学人間社会研究域学校教育系准教授：第3章）
大林正史(おおばやしまさふみ)（鳴門教育大学大学院学校教育研究科准教授：第4章）
福島正行(ふくしままさゆき)（盛岡大学文学部准教授：第5章）
田中真秀(たなかまほ)（川崎医療福祉大学医療技術学部助教：第6章）
髙野貴大(たかのたかひろ)（茨城大学大学院教育学研究科助教：第7章）
古田雄一(ふるたゆういち)（筑波大学人間系助教：第8章）
織田泰幸(おだやすゆき)（三重大学大学院教育学研究科教授：第9章）
川口有美子(かわぐちゆみこ)（公立鳥取環境大学環境学部准教授：第10章）
内田沙希(うちださき)（鳴門教育大学嘱託講師：第11章）
柏木智子(かしわぎともこ)（立命館大学産業社会学部教授：第12章）
吉田尚史(よしだなおふみ)（独立行政法人教職員支援機構助教：第13章）
張　信愛(ちゃんしんえ)（共愛学園前橋国際大学国際社会学部専任講師：第14章）
奥田修史(おくだしゅうじ)（筑波大学大学院人間総合科学研究科教育学専攻：付録）

《編著者紹介》

浜田博文（はまだ・ひろふみ／1961年生まれ）

筑波大学人間系教授
『学校経営研究における臨床的アプローチの構築』（共編著，北大路書房，2004年）
『「学校の自律性」と校長の新たな役割』（一藝社，2007年）
『学校を変える新しい力』（編著，小学館，2012年）
『アメリカにおける学校認証評価の現代的展開』（編著，東信堂，2014年）
『学校教育の戦後70年史』（日本児童教育振興財団編；編集委員，小学館，2016年）
『［講座現代の教育経営1］現代教育改革と教育経営』（共編著，学文社，2018年）

MINERVA はじめて学ぶ教職⑨
学校経営

2019年3月30日　初版第1刷発行　　　　　　　　　〈検印省略〉
2023年3月20日　初版第2刷発行

定価はカバーに表示しています

編著者　浜　田　博　文
発行者　杉　田　啓　三
印刷者　藤　森　英　夫

発行所　株式会社　ミネルヴァ書房
607-8494　京都市山科区日ノ岡堤谷町1
電話代表　(075)581-5191
振替口座　01020-0-8076

©浜田博文ほか，2019　　　　　　　　　亜細亜印刷

ISBN978-4-623-08503-3
Printed in Japan

MINERVA はじめて学ぶ教職

監修　吉田武男

「教職課程コアカリキュラム」に準拠　　全20巻＋別巻1

◆ B5判／美装カバー／各巻180～230頁／各巻予価2200円（税別） ◆

① 教育学原論　滝沢和彦 編著
② 教職論　吉田武男 編著
③ 西洋教育史　尾上雅信 編著
④ 日本教育史　平田諭治 編著
⑤ 教育心理学　濱口佳和 編著
⑥ 教育社会学　飯田浩之・岡本智周 編著
⑦ 社会教育・生涯学習　手打明敏・上田孝典 編著
⑧ 教育の法と制度　藤井穂高 編著
⑨ 学校経営　浜田博文 編著
⑩ 教育課程　根津朋実 編著
⑪ 教育の方法と技術　樋口直宏 編著
⑫ 道徳教育　田中マリア 編著
⑬ 総合的な学習の時間　佐藤真・安藤福光・緩利誠 編著
⑭ 特別活動　吉田武男・京免徹雄 編著
⑮ 生徒指導　花屋哲郎・吉田武男 編著
⑯ 教育相談　高柳真人・前田基成・服部環・吉田武男 編著
⑰ 教育実習　三田部勇・吉田武男 編著
⑱ 特別支援教育　小林秀之・米田宏樹・安藤隆男 編著
⑲ キャリア教育　藤田晃之 編著
⑳ 幼児教育　小玉亮子 編著
＊＊＊
別　現代の教育改革　吉田武男 企画／徳永保 編著

【姉妹編】
MINERVA はじめて学ぶ教科教育　全10巻＋別巻1

監修　吉田武男　　B5判美装カバー／各巻予価2200円（税別）～

① 初等国語科教育　塚田泰彦・甲斐雄一郎・長田友紀 編著
② 初等算数科教育　清水美憲 編著
③ 初等社会科教育　井田仁康・唐木清志 編著
④ 初等理科教育　大髙泉 編著
⑤ 初等外国語教育　卯城祐司 編著
⑥ 初等図画工作科教育　石﨑和宏・直江俊雄 編著
⑦ 初等音楽科教育　笹野恵理子 編著
⑧ 初等家庭科教育　河村美穂 編著
⑨ 初等体育科教育　岡出美則 編著
⑩ 初等生活科教育　片平克弘・唐木清志 編著
別　現代の学力観と評価　樋口直宏・根津朋実・吉田武男 編著

ミネルヴァ書房
https://www.minervashobo.co.jp/